U0552717

中国环境治理中的传媒策略研究

姚劲松 著

中国社会科学出版社

图书在版编目(CIP)数据

中国环境治理中的传媒策略研究/姚劲松著. —北京：中国社会科学出版社，2018.12

ISBN 978 - 7 - 5203 - 3705 - 2

Ⅰ.①中… Ⅱ.①姚… Ⅲ.①环境综合整治—传播媒介—策略—研究—中国 Ⅳ.①G206.2②X322

中国版本图书馆 CIP 数据核字(2018)第 272516 号

出 版 人	赵剑英
责任编辑	刘 艳
责任校对	陈 晨
责任印制	戴 宽

出 版	中国社会科学出版社
社 址	北京鼓楼西大街甲 158 号
邮 编	100720
网 址	http://www.csspw.cn
发 行 部	010 - 84083685
门 市 部	010 - 84029450
经 销	新华书店及其他书店
印 刷	北京明恒达印务有限公司
装 订	廊坊市广阳区广增装订厂
版 次	2018 年 12 月第 1 版
印 次	2018 年 12 月第 1 次印刷
开 本	710×1000 1/16
印 张	16.25
插 页	2
字 数	239 千字
定 价	69.00 元

凡购买中国社会科学出版社图书，如有质量问题请与本社营销中心联系调换
电话:010 - 84083683
版权所有　侵权必究

序

当下的中国,环境污染、生态危机、能源困境"三大问题"共同积聚成发展的阻碍因素;烟煤、扬尘、尾气相结合的"三重污染"共时存在,已成为公众的日常负担;突发性、群体性环境事件伴随环境污染同时到来,环境问题已成为诱发其他危机、影响社会稳定的"导火索"。对此,中央不断强调、凸显生态环境议题,绿色政治共识日渐形成,生态环境考量在现代化建设事业中的地位不断提升,环保政策法规密集出台,治理手段日益刚性强硬……生态文明建设正从理念共识加速向环境治理实践转化。然而,环境危机空前严峻且已融入公众的日常生活中,加之关涉发展理念转型、多方利益博弈、环境公平诉求等诸多议题,使政府难以独自承受环境治理之重。所以,将环境福祉的利益相关者纳入环境治理网络,构建全民参与的环境治理体系日渐迫切。

治理理论是20年来国际社会科学中卓有影响的理论,但国内学者在用该理论观照中国现实的过程中,对其适用性一直存在争议:持否定态度者大多基于结构分析的路径,强调中国缺乏实施治理的条件;支持者大多基于"治理"能促使治理条件生成,继而又为"治理"提供条件的循环逻辑展开分析、论证。对此,有学者提出应采用"策略—关系"的分析路径寻找、发现"治理"存在的空间和发展契机;发展中国家治理变革的实践必须体现策略性、能动性和阶段性。[①] 在当前中国整体不具备有效实施"治理"的条件

[①] 郁建兴、王诗宗:《治理理论的中国适用性》,《哲学研究》2010年第11期。

下，本书采用"策略—关系"的研究路径，不纠缠于环境治理的障碍，而是紧扣中国面临环境危机的现实，把握生态文明建设和国家治理体系建设的要求，策略性地将传媒这一重要力量设置为行动者，从国家与社会合作而非对立的框架出发，系统研究传媒如何在现有结构和制度的隙缝之间，以策略的、能动的话语实践去发现环境治理存在的空间和发展契机，去促使环境治理网络生成和共同环境治理行动产生，以期能在一定程度上丰富治理理论的中国适用性研究和本土化、实践性的传媒功能研究。

具体而言，本书的研究问题为：在中国既有的制度框架和社会结构下，哪些因素为传媒在中国环境治理中出场提供了可能？传媒通过何种策略选择和怎样的话语实践，去主动促进环境治理网络的生成与生长，去促使基于不同基础的共同环境治理行动产生？这样的话语实践需要怎样的制度支持？基于研究问题之间的内在逻辑，本书的写作思路与内容安排如下：

首先，回答为什么研究、怎么去研究的问题。以阐述选题的背景与语境为基础，提出明确的研究问题，在背景与语境中阐述研究的意义与价值；以概念界定为核心，对治理理论进行必要的梳理与介绍；围绕研究目标，对国内外学者关于传媒功能、传媒与环境议题的相关研究进行整理与述评，并交代研究的路径与方法。

接着，回答的问题是：在当下的制度框架和社会结构中，哪些制度空间和结构缝隙为中国环境治理及传媒参与其中提供了机会和可能？中国传媒在环境治理中出场有着怎样的契机与动力？在中国整体不具备治理条件的情况下，"国家—社会"关系变迁释放的治理空间、中国行政体制变迁提供的治理机会、非制度性因素所产制的治理资本，为推进环境治理提供了缝隙与空间。这些转型与变迁映射到传媒领域，也改变着传媒的生态环境和生存方式，市场的拉力、传媒非常规实践的能力与传统、传媒调控机制的变化等因素，为传媒在环境治理中出场创造着机会和条件。与此同时，新媒体技术的应用、网民力量的壮大、网络社会的崛起，正不断改变着中国社会的权力分配格局，为中国的环境治理提供了平台、创造着空间、生成着条件，而网络社会所产制、容纳的"社会话语"，又在相当程度上冲击着传媒话语的生产常规，倒逼着传媒响应社会诉求，在很大程度上驱使着传媒在环境治理中出场。

然后，回答的问题是：中国传媒通过何种策略选择和能动的话语实践，去主动促进环境治理网络的生成与生长？构建一个整合了环境福祉利益相关者的环境治理网络，是网络治理机制生成与运行的前提条件，也是展开环境治理的结构性基础。在环境治理网络的基础构建方面，环境公民是环境治理网络的逻辑起点，传媒应提供与环境公民身份相匹配的"参考框架"和"身份话语"，以此培育环境公民身份意识；应普及环境治理知识、展示环境治理方法、推动公众参与公共生活等，以此涵养公民的环境治理能力。在环境治理网络的机制构建方面，传媒应从治理网络不同于科层、市场的结构特征和运行机制出发，在环境治理信息的共享与流通、治理主体的对话与协商、治理网络的监督与约束等方面发挥积极效用，努力促使网络治理机制的出现与运行。在环境治理网络的舆论资源方面，网络成员拥有的舆论资源在一定程度上决定着治理网络运行的环境和获取更多资源的能力，传媒需更多地将公众设置为报道的叙事主体，更多地承载关乎着公共利益的公众话语，努力将公众话语整合、提升为蕴含着沟通权力和约束力的舆论资源；需尽可能地提高环保NGO及其活动的能见度，通过提供表达与展现的空间、赋予社会地位与身份等策略，为其产制与累积舆论资源；应基于维护公共利益的原则，积极主动地为生态环境部门增强执法力度、树立行政权威产制丰沛的舆论资源，为其提供舆论与道义支持。

再继续回答，中国传媒如何促使基于不同基础的共同环境治理行动产生？环境治理是一种合作治理的行为模式，需要各行动者采取共同的治理行动。相互承认是共同环境治理行动的基本起点。在近年来的环境维权运动中，传媒通过能动的话语策略塑造与重构了"承认"的话语秩序，使公众要求"承认"和维护权利的诉求借助传媒得以公开表达，由此产生的舆论压力迫使地方利益集团开始响应、考虑和承认公众的权利诉求，并在维稳压力机制下将公众的意向作为彼此共同治理行动的意向。然而，共识才是共同环境治理行动的正当前提。在中国的环境治理和传媒领域都不同程度地存在着"共识焦虑"的问题，分化的传媒对环境议题的分化报道进一步凸显和加剧了这种"焦虑"，而长期聚焦于公民权利诉求议题，也易使传媒远离、疏于对"环境治理共识危机"的关注。传媒应成为"共识达成程序"的一部分，借由搭建一个开放、包容、平等的协商平台，以能动的话语策略推动环境治理主体展开对话与协商，努力寻求共识性的环境治理思路和方案，并通过构建以公共协商为主导的报道，提高公共协商的社会能见度，不断培育协商的文化和营造理性的氛围，从而增益于环境治理共识的达成。默契是共同环境治理行动的理想形态，其养成依赖于特定的语境。传媒需将"人与自然和谐共生"的理念、社会主义生态文明观、生态知识、参与文化与协商文化等融入到各类传媒产品中，为促使环境治理默契养成营造绿色语境。

最后，简单回答：中国传媒在环境治理中的话语实践要不断深化乃至常态化，需要怎样的传媒制度支持？在现阶段，传媒在中国环境治理中的策略实践带有相当的非常规实践特征，其不断深化乃至常态化，需要在传媒制度设计上增强公共利益取向，在传媒体系中建构公众的传播空间，在传媒调控机制中导入公众的力量。

需说明的是，本书将传媒设置为行动者，绝非认为仅凭传媒之力便能实现环境治理，而是基于"策略—关系"的分析路径和"以传媒为阐释中心"的研究需要。另外，因新媒体有一套不同于传统媒体的运作逻辑与体系，本书出于论述集中的考虑选择将传媒限定为报纸、广播和电视三大传统媒体，而新媒体及其建构的空间更多地被视为传媒的环境予以考量。不同类型的媒体如何通过有效的融合与互动，形成推动中国环境治理的合力，将是今后深化研究的方向。

环境治理关乎着美丽中国的建设与中华民族永续发展的实现，不仅需要传媒策略的、能动的话语实践，还有赖于政府职能的转型与服务型政府的建设，有赖于将生态文明教育、绿色生活理念、环境、公民培育等融入国民教育系统中。然而，普利策曾说，"忠于最高使命的报纸，必须关心明天应该发生的事，下个月、下一年要发生的事。必须让应该的事情发生，不应该的事情不发生……"[①] 竭尽所能地推动环境治理，努力让"美丽中国"和"中华民族永续发展"得以实现，当属中国传媒"最高使命"的范畴！

---

① ［美］斯旺伯：《普利策传》，陆志宝等译，新华出版社1989年版，第123页。

目 录

第一章 导论 …………………………………………………… (1)
  第一节 中国环境治理中传媒策略研究的背景与意义……… (1)
    一 共同的议题：融入日常生活的环境危机…………… (1)
    二 生态文明建设：从生态共识到共同行动…………… (6)
  第二节 传媒与环境治理议题研究的知识图谱 …………… (10)
    一 概念界定：环境、治理、环境治理 ……………… (10)
    二 传媒功能研究的知识图谱 ………………………… (19)
    三 传媒与环境议题研究的知识图谱 ………………… (32)
  第三节 中国环境治理中传媒策略研究的路径与方法 …… (51)
    一 "策略—关系"研究路径 ………………………… (51)
    二 具体研究方法 ……………………………………… (52)

第二章 中国环境治理中传媒出场的背景 ………………… (55)
  第一节 缝隙与空间：传媒在中国环境治理中有出场的
        机会 ……………………………………………… (56)
    一 "国家—社会"关系变迁释放的治理空间 ……… (56)
    二 中国行政体制变迁提供的治理机会 ……………… (61)
    三 非制度性因素产制的治理资本 …………………… (66)
  第二节 变迁与分化：传媒在中国环境治理中有出场的
        条件 ……………………………………………… (72)
    一 市场力量拉出传媒行动空间 ……………………… (72)
    二 非常规实践挤出传媒行动空间 …………………… (78)

三　传媒调控机制变迁放出传媒行动空间 …………… (84)
　第三节　冲击与倒逼：传媒在中国环境治理中有出场的
　　　　　必要 ……………………………………………………… (91)
　　　一　新媒体生成环境治理所需条件 ……………………… (92)
　　　二　新媒体冲击传媒话语生产常规 ……………………… (98)

第三章　中国传媒与环境治理网络的构建 …………………… (103)
　第一节　中国传媒与环境治理网络的基础构建 ……………… (104)
　　　一　环境公民：环境治理网络的逻辑起点 …………… (104)
　　　二　中国传媒与环境公民身份意识的培育 …………… (111)
　　　三　中国传媒与环境公民治理能力的培育 …………… (117)
　第二节　中国传媒与环境治理网络的机制构建 ……………… (122)
　　　一　中国传媒与环境治理信息的共享与流通 ………… (122)
　　　二　中国传媒与环境治理主体的对话与协商 ………… (127)
　　　三　中国传媒与环境治理网络的监督与约束 ………… (132)
　第三节　中国传媒与环境治理网络的舆论资源 ……………… (138)
　　　一　中国传媒与普通公众的舆论资源 ………………… (139)
　　　二　中国传媒与环保组织的舆论资源 ………………… (142)
　　　三　中国传媒与政府部门的舆论资源 ………………… (149)

第四章　中国传媒与共同环境治理行动的产生 ……………… (155)
　第一节　中国传媒与基于承认的共同环境治理行动 ………… (156)
　　　一　承认：共同环境治理行动的基本起点 …………… (156)
　　　二　中国传媒与环境领域的"承认"之争 …………… (161)
　　　三　中国传媒与"承认"话语秩序的塑造 …………… (165)
　第二节　中国传媒与基于共识的共同环境治理行动 ………… (169)
　　　一　共识：共同环境治理行动的正当前提 …………… (170)
　　　二　中国传媒与环境治理共识的焦虑 ………………… (173)
　　　三　中国传媒与环境治理共识的达成 ………………… (179)
　第三节　中国传媒与基于默契的共同环境治理行动 ……… (186)

一　默契：共同环境治理行动的理想形态 …………… (187)
二　营造绿色语境：传媒促进环境治理默契养成的
　　着力点 ………………………………………… (191)
三　娱乐教育：传媒营造绿色语境的重要策略 ……… (195)

第五章　结语：中国传媒"公共性"的制度想象 ………… (203)
　第一节　传媒制度设计：增强公共利益取向 …………… (204)
　第二节　传媒结构调整：建构公众的传播空间 ………… (209)
　第三节　传媒调控机制：导入公众力量 ………………… (214)

参考文献 …………………………………………………… (218)

后　记 ……………………………………………………… (248)

第一章

导　论

> 人类将会杀害大地母亲，抑或将使她得到拯救？如果滥用日益增长的技术力量，人类将置大地母亲于死地；如果克服了那导致自我毁灭的放肆的贪欲，人类则能够使她重返青春，而人类的贪欲正在使伟大母亲的生命之果——包括人类在内的一切生命造物付出代价。何去何从，这就是今天人类所面临的斯芬克斯之谜。[①]
>
> ——阿诺德·汤因比

第一节　中国环境治理中传媒策略研究的背景与意义

一　共同的议题：融入日常生活的环境危机

没有谁会预料到，2011年冬天，"PM2.5"[②] 这一原本属于环境工程和公共卫生领域的专业词语，会在北京等大城市的漫天灰霾中迅

[①] [英] 阿诺德·汤因比：《人类与大地母亲：一部叙事体世界历史》，徐波等译，上海人民出版社2001年版，第529页。

[②] 注：PM是英文Particulate Matter（颗粒物）的首字母缩写。PM2.5是指空气中直径小于或等于2.5微米的颗粒物，又称"可入肺颗粒物"，主要源于人为排放，是在工业生产、汽车尾气排放、日常垃圾处理等过程中，化石燃料（煤、汽油、柴油）、生物质（秸秆、木材）、垃圾焚烧等经燃烧而排放的残留物；在空气中转化为PM2.5的气体污染物主要有二氧化硫、氮氧化合物、氨气、挥发性有机物。其他的人为来源包括道路扬尘、建筑施工扬尘、工业粉尘、厨房烟气等。医学专家认为，PM2.5由于小，不易被阻挡，被吸入人体后会直接进入支气管，从而对呼吸系统和心血管系统造成伤害；如果空气中PM2.5的浓度长期高于10微克/立方米，死亡风险就开始上升。

速成为公众热议的话题。网络、电视、报纸、杂志等纷纷对此给予了极高的关注,并引发了一场大讨论。这场大讨论,不仅将"一度感到无力的环保部推到了危机前端"①,而且还在公众对"空气质量检测"的认知方面有着启蒙意义,使公众接触、了解了PM2.5,并产生了升级换代"中国环境空气质量标准"的诉求,要求发布PM2.5监测数据的呼声日高。之后不久,时任国务院总理温家宝在2011年中国环境与发展国际合作委员会年会上提出,"环境监测结果要与百姓感受接近"。第二天,环保部第二次向全社会公开征求《环境空气质量标准》的意见,并最终于2011年底将PM2.5纳入空气质量评价指标。2012年2月29日,温家宝总理召开国务院常务会议,同意发布新修订的《环境空气质量标准》,PM2.5终于写入"国标",纳入各省市强制检测范畴。2012年,PM2.5被首次写进政府工作报告……从公众质疑到最终将PM2.5纳入"国标",经历了四个月的时间,呈现出政府顺应民意、重视民生的姿态。2014年,全国338个地级及以上城市1436个监测点位全部具备实施新空气质量标准监测能力。然而,不可否认,PM2.5的检测与公布,仅仅只是对其予以治理的一个起点,而治理、削减PM2.5远比检测、公布数据更显任重道远……五年之后的2017年,全国338个地级及以上城市中,仅99个城市环境空气质量达标,占全部城市数的29.3%;239个城市环境空气质量超标,占70.7%。②

PM2.5只是当前中国所面临环境危机的一个缩影——中国的环境问题已不再是宏观的话题、抽象的概念和枯燥的统计数据,不再是沙漠化吞噬北方、长江水系"十年崩溃"、青藏高原湖泊萎缩、陆源污染祸及海洋、黑土层将在50年内消失等让公众感到遥不可及、事不关己的话题,也不再仅仅只是环境突发事件,而是日积月累而成的环境危机正渐渐嵌入公众的日常生活之中,日益成为一种常态,成为需要公众长期面对的一种日常负担。所以,公众对环境危机的体验从

---

① 张墨宁:《灰霾背后的环境危机》,《南风窗》2012年第2期。
② 中华人民共和国生态环境部:《2017中国生态环境状况公报》,2018年。

未像今天这样透彻,而对环境治理的诉求也从未像今天这样强烈。与此同时,日常生活中的公众也日渐成为环境污染的重要来源。仍以PM2.5为例,《中国机动车环境管理年报(2018)》显示,2017年,全国机动车保有量达3.1亿辆,排放一氧化碳(CO)3327.3万吨,碳氢化合物(HC)407.1万吨,氮氧化物(NOx)574.3万吨,颗粒物(PM)50.9万吨,而汽车是机动车大气污染排放的主要贡献者,排放的CO和HC超过80%,NOx和PM超过90%。可以说,移动源污染已成为中国空气污染的重要来源,部分城市机动车排放已成为PM2.5的首要来源,在北京、上海等特大型城市以及东部人口密集区,移动源对PM2.5浓度的贡献高达10%至50%以上,在极端不利的条件下贡献率会更高。2012—2017年,全国机动车保有量年均增长5.9%,其中汽车保有量年均增长13.9%。据测算,未来五年中国还将新增机动车1亿多辆。[1]公众日常生活中汽车使用带来的空气污染压力可想而知。这也意味着,政府难以独自承受环境治理之重,急需广大公众积极参与、共同行动。

事实上,中国当前所面临的环境困境比公众在日常生活中所感受到的危机严重得多。在过去30多年时间里,中国以前所未有的速度和规模成长为世界第二大经济强国,经济增长速度全世界第一,外汇储备全世界第一,引进外资全世界第一。这种经济至上主义的主导思想,高能耗、高污染、低产出的发展方式,"先发展、后治理"的延滞性策略,使得中国的环境问题、能源问题、生态问题,伴随着经济的高速发展积聚成危机。

历年《中国环境状况公报》[2]显示,中国土壤侵蚀总面积294.9万平方千米,占普查范围总面积的31.1%;尽管自2004年以来,全国荒漠化和沙化状况连续三个监测期"双缩减",但防治形势依然严峻;截至2014年,全国荒漠化土地面积仍达261.16万平方千米,沙

---

[1] 中华人民共和国生态环境部:《中国机动车环境管理年报(2018)》,2018年。
[2] 中华人民共和国生态环境部:《历年中国环境状况公报》。自2017年起,更名为《中国生态环境状况公报》(http://www.zhb.gov.cn/hjzl/zghjzkgb/lnzghjzkgb/)。

化土地面积172.12万平方千米。截至2016年底，中国耕地面积13492.1万公顷，而低等地占比达27.6%；人均耕地面积不到0.1公顷，不及世界平均水平的一半。与此同时，20多年间（1991—2010），中国的废水排放量从336.2亿吨上升到617.3亿吨，差不多增长了1倍；工业固体废物产生量从5.9亿吨上升到24.1亿吨，增长了4倍。化学需氧量（COD）是水质污染度的重要指标，中国每年的环境容量是700万吨，但实际平均每年[①]排放2358.9万吨；二氧化硫是空气污染度的重要指标，每年的环境容量是1200万吨，但实际平均每年排放2042.6万吨。从公布的数据看，尽管自2012年开始，全国化学需氧量、二氧化硫、氨氮、氮氧化物等主要污染物呈现出逐年下降的可喜趋势，但排放量仍然巨大，环境治理任务依然艰巨。与此相伴随，环境污染与破坏事故频发，公报能查询到的连续数据显示，2012—2014年，全国平均每年发生突发环境事件575起。2017年，生态环境部门受理群众环境举报13.5万件，调度处置突发环境事件302起，其中重大事件1起，较大事件6起。

时任环保部副部长的潘岳也给出了这样一组数据：中国的煤炭、石油、钢等能源消耗全世界第一，建材消耗全世界第一，原材料进口全世界第一，工业用木材纸浆纸产品市场全世界第二，石油进口全世界第二；中国GDP占世界4%，却消耗了全球26%的钢、37%的棉花、47%的水泥，单位GDP能耗是发达国家的8—10倍，劳动生产率是发达国家的1/30，而污染则是发达国家的30倍；化学需氧量排放全世界第一，二氧化硫排放量全世界第一，碳排放是全世界第二，中国在世界空气污染最严重的20个城市中占了16个，一多半的城市空气不达标，而1/3的国土被酸雨覆盖；江河水系70%受到污染、40%严重污染，3亿多农民喝不到干净的水；城市垃圾无害化处理率

---

① 自2011年度的《中国环境状况公报》开始，对主要污染物排放总量统计范围进行了调整，2016、2017年度公报未提供相关数据，所以化学需氧量、二氧化硫的数据为2011—2015年的平均值。

不足20%，工业危险废物化学物质处理率不足30%。[①] 耶鲁大学和哥伦比亚大学联合研究小组发布的全球环境绩效指数（EPI），用"生态系统活力"和"公共环境健康"两大指标体系共25个绩效指标，描绘出了中国的环境危机图谱：中国在参与评估的国家或地区中的排名持续靠后：2006年为94/133，2008年为105/149，2010年为121/163，2012年为116/132，2014年为118/178，2016年为109/180，2018年为120/180。一组组枯燥数据所勾勒出的环境危机和能源困境，比公众切身体会到的环境危机要严峻得多，也比公众想象的来得快得多。而且，中国面临着环境危机共生的问题，即出现了历时性的环境问题共时态存在的问题。譬如在空气污染方面，西方发达城市先后依次经历了烟煤污染、扬尘污染和尾气污染三个阶段，但中国却同时面临着烟煤、扬尘、尾气相结合的"三重污染"。

当下的中国，正处于"社会转型期""矛盾凸显期"，已身处"高风险社会"[②]，这些因素相互叠加，致使中国生态环境领域蕴含的风险因素越来越多，一旦有刺激因素、焦点事件出现，环境危机便会交织着其他危机提前爆发。譬如，在人体健康风险方面，1996年的公报就显示，环境因素已是影响居民健康和死亡的四个重大因素之一。在社会风险方面，环境问题直接关联着人体健康、生存安全、环境公平等问题，正日益成为当代中国社会公共危机事件、群体性行动、社会冲突的重要诱致性因素，对社会秩序构成了一定的冲突和挑战。数据显示，自1996年以来，因环境问题引发的群体性事件以年均29%的速度递增[③]，日益呈现出多发态势。在经济发展风险方面，从各方考量，中国尚不具备"先污染后治理"的"资本"，在目前资源、环境约束加剧的情况下，"高能耗、高污染、低产出"的发展道路难以为继。对此，美国哥伦比亚大学地球研究所主任杰弗里·萨克

[①] 潘岳：《关于环境与发展问题的几点看法》（上），《资源与人居环境》2008年第19期。

[②] 早在2004年，国家发改委就向社会发布报告称，当代中国社会正在进入"高风险社会"。

[③] 王姝：《环境群体事件年均递增29%》，《新京报》2012年10月27日A5版。

斯认为,"经济体制的改革早已不是什么重要的问题,而能源战略、环境污染才是最致命的,这些问题的解决程度决定了中国是否会有一个美好的未来。"① 总之,环境危机不仅仅只是环境污染、资源短缺,还映射出了经济、社会发展的风险与困境。

二 生态文明建设:从生态共识到共同行动

面对危机,中央给予了前所未有的重视。1997年9月,党的十五大报告提出"实施可持续发展战略",坚持"保护环境的基本国策"。2002年11月,党的十六大报告提出"经济发展和人口、资源、环境相协调",坚持"保护环境和保护资源的基本国策"。2005年12月,《国务院关于落实科学发展观加强环境保护的决定》在国家层面首提"倡导生态文明"。2006年3月,"十一五"规划纲要首次将"节约资源和保护环境"作为基本国策写入国家规划,"两型社会"被确定为国民经济和社会发展中长期规划的一项重要内容和战略目标,并制定了"单位国内生产总值能耗降低20%左右,主要污染物排放总量减少10%的约束性指标";同年10月,《中共中央关于构建社会主义和谐社会若干重大问题的决定》把"资源利用效率显著提高,生态环境明显好转"作为构建和谐社会的九大目标任务之一,并专门提出建设"两型社会"。2007年10月,党的十七大报告把"建设生态文明"纳入全面建设小康社会的奋斗目标,"必须把建设资源节约型、环境友好型社会放在工业化、现代化发展战略的突出位置";同年11月,国务院发布《国家环境保护"十一五"规划》,是国务院第一次以国发形式印发专项规划,成为指导经济、社会与环境协调发展的纲领性文件。2008年3月,十一届全国人大一次会议决定组建"环境保护部",以加大环境政策、规划和重大问题的统筹协调力度。2011年3月,"十二五"规划纲要以1篇6章的篇幅提出"绿色发展,建设资源节约型、环境友好型社会";同年10月,国务

---

① 胡卉:《中国面临的主要问题是环境问题——专访哥伦比亚大学地球研究所主任杰弗里·萨克斯》,《南风窗》2009年第15期。

院印发了《关于加强环境保护重点工作的意见》；12月，国务院发布《国家环境保护"十二五"规划》，与"十一五"相比，约束性指标由两项增加到四项，减排领域也在工业、生活的基础上增加了交通、农村两个领域。2012年11月，党的十八大报告把"大力推进生态文明建设"独立成篇集中论述，将"生态文明建设"纳入社会主义现代化建设"五位一体"的总体布局，提出要"把生态文明建设放在突出地位""建设美丽中国""坚持节约优先、保护优先、自然恢复为主的方针，着力推进绿色发展、循环发展、低碳发展"。2013年8月，国务院印发《关于加快发展节能环保产业的意见》，提出一系列激励政策促进节能环保产业发展；同年9月，国务院印发《大气污染防治行动计划》。2014年4月，被誉为史上最严环保法的新《环境保护法》公布，将"推进生态文明建设，促进经济社会可持续发展"列入立法目的，提出了促进人与自然和谐的理念和保护优先的基本原则；环境保护部发布按日计罚、查封扣押、限产停产、行政拘留、企业事业单位环境信息公开、突发环境事件调查处理等配套文件。2015年4月，中共中央、国务院印发《关于加快推进生态文明建设的意见》，9月印发《生态文明体制改革总体方案》，共同形成深化生态文明体制改革的战略部署和制度架构，并出台党政领导干部生态环境损害责任追究等配套文件；同年4月，国务院印发《水污染防治行动计划》；7月，环境保护部公布《环境保护公众参与办法》；10月，党的十八届五中全会提出创新、协调、绿色、开放、共享的发展理念。2016年3月，"十三五"规划纲要以1篇7章的篇幅提出"加快改善生态环境"，在确定的25项经济社会发展主要指标中，资源环境指标从"十二五"的8项升级为10项，且全部为约束性指标，占13项约束性指标的3/4以上；同年5月，国务院印发《土壤污染防治行动计划》；11月，国务院印发《"十三五"生态环境保护规划》，环境质量指标首次进入五年规划的约束性指标。2017年2月，中共中央办公厅、国务院办公厅印发《关于划定并严守生态保护红线的若干意见》，9月印发《关于深化环境监测改革提高环境监测数据质量的意见》，12月印发《生态环境损害赔偿制度改革方案》；10月，党的十九大报告对生态文明建设做出了新的顶层设计和部署，将生态文明建设上升为"中华民族永续发展的千年大计"，要"坚定不移贯彻创新、协调、绿色、开放、共享的发展理念"；在重申"人类必须尊重自然、顺应自然、保护自然""树立和践行绿水青山就是金山银山的理念"的同时，提出"人与自然是生命共同体"，要"像对待生命一样对待生态环境"，坚持"人与自然和谐共生"和"人与自然和谐共生的现代化"，"牢固树立社会主义生态文明观"；同时，报告还提出了具体的生态文明建设新举措，包括构建多个新体系、建立多项新制度、采取诸多新行动、设立新机构等。2018年3月，十三届全国人民代表大会第一次会议通过《中华人民共和国宪法修正案》，"生态文明"写入宪法，实现了党的主张、国家意志、人民意愿的高度统一；同年4月，新组建的自然资源部、生态环境部先后挂牌，生态环境领域的治理体系和治理能力现代化建设迈出了极为重要的一步。

官方话语对生态环境议题的不断凸显和强调，生态环境考量在现代化建设事业中的地位不断提升，对生态环境的重视程度、投入力度前所未有，生态环境治理手段日益刚性强硬，无不体现出中央治理环境的决心和信心，体现出生态文明建设正从理念共识加速向环境治理实践转化。然而，紧迫的环境形势、复杂的环境问题、日积月累且已融入公众日常生活的环境危机，加之涉及发展理念的转型、各方利益的博弈、环境公平的诉求等，使得政府难以独自承受环境治理之重，构建全民参与的环境治理体系日渐迫切。在2011年4月发布的《全国环境宣传教育行动纲要（2011—2015年）》中，17次提到了"参与"二字，成为一大亮点，提出要"积极统筹媒体和公众参与的力量，建立全民参与环境保护的社会行动体系"，要"提高公众预防环境风险意识，鼓励公众依法参与环境公共事务，维护环境权益"。2016年4月发布的《全国环境宣传教育工作纲要（2016—2020年）》，12次提到"参与"二字，将"构建全民参与环境保护社会行动体系，推动形成自上而下和自下而上相结合的社会共治局面"作为主要目标，强调"积极促进公众参与，壮大环保社会力量"。党的十九大报告明确指出,要"构建政府为主导、企业为主体、社会组织和公众共同参与的环境治理体系"。环境政治学者郇庆治认为,任何层面上的绿色政策引入与变革,都离不开话语动力、政治动力、民众动力三方面的动力及其聚合。然而,由于特定的历史文化传统,中国在应对环境难题上形成了强烈的国家依赖。所以,中国的绿色变革应尽快从政府/政党主导过渡到三大动力的相互促进。[①] 可见,将企业、社会组织、公众等力量纳入环境治理网络,构建一个全体社会成员共同参与的环境治理体系迫在眉睫。置于中国"强国家—弱社会"、公众参与不足的社会情境下,环境治理领域也将是促进公众参与、共同治理公共事务的最佳实践场。

中国面临严峻的环境危机且其蕴含着越来越多的风险因素,中央高度重视生态环境保护并加速从理念共识向环境治理实践转化,亟须构建全体社会成员共同参与的环境治理体系,"不断推进国家治理体系和治理能力现代化",一起构成了本书选题的语境。郇庆治在提出三大动力的基础上,还分析道,"我们虽有着不断推出的环境政治话语,比如可持续发展观、科学发展观、社会主义生态文明和包容性发展等等,但却缺乏对这些话语的严谨阐发论证与广泛大众传播,也缺乏民众基于充分理解基础上的自觉参与行动"[②]。无疑,正如在PM2.5事件中的表现一样,在媒介化生存的今天,传媒作为重要的话语资源和话语生产者,不仅直接产制着话语动力,不断形塑、建构与环境议题有关的公共话语,而且也是政治动力得以有效运行的必备要素,更是民众动力得以生成及运行的不可或缺的基础性资源。这就决定了,在当下中国的环境治理中,传媒不仅应是环境治理的重要行动者,而且也应是"全民参与环境保护社会行动体系"的重要形塑力量。基于此,一方面,尽管有着中央的强力主导,但环境治理本身所蕴含的理念差异、利益博弈等,使得治理实践成为一个充满各方利

---

① 郇庆治:《发展的"绿化":中国环境政治的时代主题》,《南风窗》2012年第2期。

② 同上。

益主体角力和博弈的过程。在这一过程中，传媒作为重要的话语资源，不可避免地成为他们竞逐的对象，从而使得传媒在当代环境议题中存在着多样而流动的话语实践，不断生成着丰富而多元的话语意义。因此，有必要以构建环境治理网络和推动共同治理行动为基准，检视当代环境议题中的传媒话语生产。另一方面，置于中国既定的制度框架下，环境公民身份的培育远未完成，环保 NGO 力量还很羸弱且缺乏足够的自主性，具有环境自觉的公众还很缺乏……在这样的结构背景下，策略性地将传媒这一重要力量设置为环境治理的积极行动主体，考察、探讨其在现有结构和制度的隙缝之间，通过何种策略选择和话语实践拓展空间、创造契机，产制环境治理所需的话语动力、政治动力和民众动力，以此促进环境治理网络生成和共同环境治理行动产生，并据此建立相匹配的话语生产机制，是一个具有很强的现实意义并充满张力的研究话题。同时，受多种因素的影响和掣肘，中国传媒在一段时间内呈现出一种理念离散、角色分化的状况，造成传媒的整体功效和社会价值大打折扣。置于中国环境治理场域，以"国家—社会"合作的框架思考传媒在促进环境治理中的能动角色和功能问题，能在一定程度上为提升中国传媒的价值带来启示。

第二节　传媒与环境治理议题研究的知识图谱

一　概念界定：环境、治理、环境治理

（一）环境

在英语中，environment（环境）"来自法语单词 environ 或 environner，意思是'附近'、'到处'、'周围'、'包围'；这两个词又依次来自于古法语 virer 和 viron（前缀 en - ），意思是'圆周、到处、周围乡村、巡回'"。词源学追溯认为：首先，"至少在英语用法中，环境是指生物体——包括人类——周围事物和状况的总体"，"环境一词被界定为一种总体性，是包围我们每个人和我们全体的一切事物，这种联系相当牢固而不能轻易分开"；其次，环境"起源于'包围'又表明了一种过程的演绎，暗指某些类型的行动或相互作用，

至少可以推断出周围事物是积极的，在某种意义上是相互作用的，不管它的本质是什么，环境不光是一种无活力的现象，受冲击时不是没有反应，或者不反过来影响生物体"①。据此，一般都认可，环境是相对于某一中心事物而言的，与其相关且相互作用的周围事物的集合便是这一中心事物的环境。显然，"环境"的界定会随着中心事物的变化而变化。

那么，究竟谁是"中心事物"？前面先后提到的"生物体——包括人类""我们每个人和我们全体"，正是目前常被提及的两大中心主体：一种是以人或人类为中心，"环境是以人类为主体的外部世界，即人类赖以生存和发展的各种因素的综合体，包括自然环境和人工环境"②；"环境是个人或某地人类种群以及全球范围内人类物种的亲密外壳"③；"环境是指围绕着人群的空间，及其中可以直接、间接影响人类生活和发展的各种自然因素的总体，但也有些人认为环境除自然因素外，还应包括有关的社会因素"④……在环境科学中，环境的概念大多属于此类。另一种以生物体（界）为中心，"传统生态学中以生物为主体，将环境看作生物生存空间周围的一切因素"⑤；"环境是指生物接触到的全部外界因子"⑥；欧洲共同体委员会曾如此界定，"环境是指水、空气和土地以及它们之间的内部和外部的相互关系与任何一个生存的生物体"⑦……在生态学中，环境的概念大多属于此类。需提及的是，现行的《中华人民共和国环境保护法》对环境的定义，则直接采纳了环境科学中的环境概念，"本法所称环境，是指影响人类生存和发展的各种天然的和经过人工改造的自然因素的

---

① ［美］威廉·P. 坎宁安主编：《美国环境百科全书》，张坤民主译，湖南科学技术出版社 2003 年版，第 206 页。
② 叶安珊编著：《环境科学基础》，江西科学技术出版社 2009 年版，第 2 页。
③ ［美］威廉·P. 坎宁安主编：《美国环境百科全书》，张坤民主译，湖南科学技术出版社 2003 年版，第 207 页。
④ 曲格平等编：《环境科学基础知识》（中国大百科全书环境科学卷选编），中国环境科学出版社 1984 年版，第 1 页。
⑤ 张合平、刘云国编：《环境生态学》，中国林业出版社 2002 年版，第 58 页。
⑥ 王孟本：《"生态环境"概念的起源与内涵》，《生态学报》2003 年第 9 期。
⑦ 赵胜才：《环境法律的环境概念之变》，《社科纵横》（新理论版）2012 年第 2 期。

总体，包括大气、水、海洋、土地、矿藏、森林、草原、湿地、野生生物、自然遗迹、人文遗迹、自然保护区、风景名胜区、城市和乡村等"。这主要在于"在环境法中，人与自然的关系只能按照符合自然法则的技术规范来处理，而不宜按照生态伦理规范来处理。否则，有可能给法律蒙上宗教性的伦理和情感色彩"[1]，法律调整的是人与人之间的权利义务关系，难以将"非人类"的生物纳入其中，只能坚持以人类为中心。

然而，如果将"人或人类"界定为环境的中心主体，则会导致环境治理难以摆脱"人类中心主义"的窠臼。该主义强调人是自然界唯一具有内在价值的存在物，而自然及其存在物只有工具价值而无内在价值。所以，就以人的需要、人类的整体利益作为评价、处理人与自然之间关系的根本尺度。很显然，人类中心主义是导致当代环境危机的深层根源，不但无益于环境治理，还有可能导致危机加剧。中央提出的"人类必须尊重自然、顺应自然、保护自然""人与自然是生命共同体""像对待生命一样对待生态环境""人与自然和谐共生"，显然超越了人类中心主义，体现出人与自然相互惠益、和谐共生的理念。基于此，以环境治理作为出发点，本书倾向于将包括人类在内的生物体作为环境的中心主体，认为环境是指与生物体——包括人类——相关且与之相互作用的周围事物的集合。

需说明的是，本书将生物体作为界定"环境"的主体，所强调的并非"生物中心论"倡导的"道德关怀的范围从人扩展到人之外的动物""敬畏我自身和我之外的生命意志"，也并非"生态中心主义"提倡的"把物种和生态系统这类生态'整体'视为拥有直接的道德地位的道德顾客"[2]，而是如环境哲学学者余谋昌所强调的，"走出人类中心主义，但也不是以生态中心主义建构新的价值尺度，这里并不是两者必择其一的。如果硬要说以什么为中心的话，那就是以

---

[1] 周训芳：《环境概念与环境法对环境概念的选择》，《安徽工业大学学报》（社会科学版）2002年第5期。

[2] 余谋昌、王耀先：《环境伦理学》，高等教育出版社2001年版，第72—83页。

'人—自然'这一系统为中心,这一系统的健全和完整是目的。它既超越人这个子系统,又超越自然这个子系统,是在它们的更高层次:'人—自然'巨系统,以'人—自然'系统的整体性为目标,以此建构新的价值尺度就是'人与自然界的和谐'"①。也就是说,以"生物体"而非"人类"来界定环境,意在强调人与自然的整体性、互利共生与和谐共存,但在人与自然和谐统一的整体中,人仍然"占据发展中心的特殊位置","在二者和谐的基础上把实现人的全面发展作为一切行动和措施的最终目标"②。

(二) 治理

在英语中,governance(治理)一词源于拉丁文的 gubenare,原是"控制""操纵"和"引导"之意。早在14世纪末,英格兰国王亨利四世就曾用"治理"来表明"上帝之法授予国王对国家的统治之权"。所以,"在传统意义上,'governance'与'governing'和'government'等概念含义的区别不大,都表明了君主或国家至上权力的统治、管辖、支配和控制"③;"'治理'一词在英语国家作为日常用语出现已有数百年,指的是在特定范围内行使权威"④。在汉语中,《现代汉语词典》将"治理"解释为:①统治;管理:—国家。②处理;整修:—淮河。⑤ 可见,"治理"常常是和"管理、管制、处理"等相提并论的。近年来,在中国的政府文件、纲要规划、政策话语中也不时出现"治理"一词,常与"管理""管制"一词交叉使用。其内涵也如《现代汉语词典》所解释的,与传统意义上的"管理、管制、处理"没有太大区别,强调的是政府或社会领导阶层

---

① 余谋昌:《创造美好的生态环境》,中国社会科学出版社1997年版,第222页。
② 李想:《生态人本主义——人类中心主义与非人类中心主义走向整合的产物》,《理论前沿》2009年第10期。
③ 孙柏瑛:《当代地方治理:面向21世纪的挑战》,中国人民大学出版社2004年版,第19页。
④ 辛西娅·休伊特·德·阿尔坎塔拉:《"治理"概念的运用与滥用》,《国际社会科学杂志》(中文版)1999年第1期。
⑤ 中国社会科学院语言研究所词典编辑室:《现代汉语词典》(2002年增补本),商务印书馆2004年版,第1623页。

自上而下的权力运作过程。

20世纪80年代后，伴随着治理理论的不断兴起，governance的内涵发生了根本性的变化，成为一个与governing（统治）、government（政府管理）相区别甚至对立的一个概念。在译介过程中，governance也被译为"治理"，以示与统治、控制、管制等相区别。据中国最早倡导治理理论的学者俞可平归纳，治理与统治的根本区别如下：统治的权威必定是政府，而治理的权威则更多地来源于合作网络；统治的主体定是政府和公共机构，而治理的主体则既可以是公共机构，也可以是私人机构，还可以是公共机构与私人机构的合作；统治以集权为特征，治理则强调权力分散，强调国家与社会、政府与非政府、公共机构与私人机构之间的合作；统治突出政府的行政管理，而治理则强调管理者的多元化以及管理的网络化；政府统治的权力运作是自上而下的，而治理则是个上下互动的管理过程。[1] 之后，"治理"一词被广泛运用于不同政治制度下的不同学科和各种情景，使其"像目前关于发展问题的辩论中的其他许多关键概念一样，被意识形态信念各不相同的群体为了不同的甚至是冲突的目的所使用"[2]。所以，治理的概念因使用者的立场、目的的不同而存在差异。同时，由于治理理论试图概括现时代社会变迁中纷繁复杂、异彩纷呈的现象，使其概念体系十分复杂。治理的概念作为治理理论分析的起点，也就呈现出五花八门的特点。据统计，目前全球各研究机构和学者提出的治理概念不下200个。[3]

治理理论的代表人物、英国地方治理指导委员会发起人之一罗伯特·罗茨（R. Rhodes）认为，治理不再是政府管理（government）的同义词，而是意味着政府管理含义的变化，涉及一种全新的统治（governing）过程，或一种改变了的有序统治（rule）的状态，或一

---

[1] 俞可平、王颖：《公民社会的兴起与政府善治》，《中国改革》2001年第6期。

[2] 王诗宗：《治理理论及其中国适用性》，博士学位论文，浙江大学，2009年，第35页。

[3] 孙柏瑛：《当代地方治理：面向21世纪的挑战》，中国人民大学出版社2004年版，第19页。

种新的管理社会的方式。以此为基础，梳理出治理概念的六种独立用法：①作为最小国家的治理（governance as the minimal state），主张重新界定公共干预的范围和形式，并利用市场和准市场提供"公共服务"；②作为公司治理的治理（governance as corporate governance），指的是指导和控制组织的体制；③作为新公共管理的治理（governance as the new public management），倡导将私人部门的管理方式、激励结构引入公共服务，从而使公共部门转变为"更少的管理"和"更多的治理"；④作为善治的治理（governance as 'good governance'），强调在一个民主授权的机制下，建立一种有效率的、开放的、负责的并被审计的公共服务体系，并需要有能力的官僚队伍；⑤作为社会—控制体系的治理（governance as a socio-cybernetic system），指在社会—政治体系中出现的一种模式或结构，社会是多中心的，不再有单一的权威，治理是社会—政治—行政干预和互动的结果；⑥作为自组织网络的治理（governance as self-organizing networks），强调建立信任、合作、互惠、相互依存且能进行自我管理的自主性网络。[①] 如此，足见治理概念的繁复和包容程度。

面对立场不同、角度各异的治理概念，有学者总结、归纳出治理的一些共同元素。库伊马纳（Kooimana）认为，各种治理概念的共同元素包括：强调制度的规则和品质，通过合作提高合法性和有效性，关注新的流程和公私部门的安排。这些要素是因满足社会日益增长的相互依赖的需求而生。[②] 罗伯特·罗茨也概括出不同治理的共同特征：组织之间相互依存，治理包括非国家的行动者，公共的、私人的和自愿部门之间的边界变得灵活而模糊；交换资源和协商共同目的的需要导致网络成员之间持续互动；游戏式互动建立在信任的基础之上，并由网络参与者协商和同意的游戏规则来调节；具有相当程度的相对于国家的自主性，网络是自组织，不对国家负责，但国家能在一

---

① R. A. W. Rhodes, "The New Governance: Governing Without Government", *Political Studies*, Vol. 44, No. 4, 1996.

② Jan Kooiman, "Social-Political Governance: Overview, Reflections and Design", *Public Management Review*, Vol. 1, No. 1, 1999.

定程度上间接地调控网络。① 联合国全球治理委员会也为"治理"给出一个具有广泛适用性的概念:"治理是各种公共的或私人的个人和机构管理其共同事务的诸多方式的总和。它是使相互冲突的或不同的利益得以调和并且采取联合行动的持续的过程。这既包括有权迫使人们服从的正式制度和规则,也包括各种人们同意或以为符合其利益的非正式的制度安排。"② 尽管这一概念的内涵有所损失,却具有更强的包容性。

在纷繁复杂、各种各样的治理概念中,也有学者摆脱单纯的概念表述,更注重从具体操作、可实践性的角度来理解治理。他们认为,在治理的诸多用法中,"只有网络治理才有新的特征"③,"网络状公共治理代表了治理理论发展到一个新的阶段,已经从概念式描述进入到动态过程分析阶段"④;网络治理一方面确立了"多中心的公共行动体系论",另一方面又"承认一个负责、高效、法治的政府对有效治理的重要意义","认为在网络中,政府与其他主体是平等的关系,需要通过对话、建立伙伴关系和借助其他主体的资源来实现依靠自身无法实现的目标",所以"大有成为主导范式的趋势"⑤;网络治理"尤其强调政府、市场和社会的良性互动以及公共服务治理网络的效能,使治理理论更具操作性"⑥。基于此,本书从合作网络的角度来理解治理,使用陈振明教授对"治理"概念的界定,即"治理就是对合作网络的管理,又可称为网络管理或网络治理,指的是为了实现与增进公共利益,政府部门和非政府部门(私营部门、第三部门或

---

① R. A. W. Rhodes, "The New Governance: Governing Without Government", *Political Studies*, Vol. 44, No. 4, 1996.
② 俞可平编:《治理与善治》,社会科学文献出版社2000年版,第4页。
③ Beate Kohler-Koch and Rainer Eising, *The Transformation of Governance in the European Union*, London: Routledge, 1999, p. 5.
④ 朱德米:《网络状公共治理:合作与共治》,《华中师范大学学报》(人文社会科学版)2004年第2期。
⑤ 陈振明:《公共管理学——一种不同于传统行政学的研究途径》,中国人民大学出版社2003年版,第86页。
⑥ 黎群:《公共管理理论范式的嬗变:从官僚制到网络治理》,《上海行政学院学报》2012年第4期。

公民个人）等众多公共行动主体彼此合作，在相互依存的环境中分享公共权力，共同管理公共事务的过程"①。

（三）环境治理

环境治理，是"治理"概念在环境领域的具体运用。所以，因对治理的理解有别，环境治理的概念也呈现出很大的差异性。按照治理的传统概念，环境治理大多是"环境管理""环境整治""环境处理"等的替代词。如"城市环境治理是指各级管理者依据国家和当地的环境政策、环境法律法规和标准，运用法律、经济、行政、技术和教育等各种手段，调控人类生产生活行为，协调城市经济社会发展与环境保护之间的关系，限制人类损害城市环境质量的活动的有关行为的总称。"②在这里，政府是环境治理（管理）的实施主体，强调的是一种自上而下的权力运作，旨在实现如著名法学教授苏哈列夫所言的"通过相应管理机关保障建立良好周围环境和保护社会生态利益的国家权力的实现"③。治理理论中的"治理"概念的引入，无疑为"环境治理"注入了新的内涵。环境治理是政府、市场、公民社会等各种行动者形成的正式和非正式关系，以应对环境挑战。④在国内，朱留财所下的定义比较有代表性，"环境治理就是在对自然资源和环境的持续利用中，环境福祉的利益相关者们谁来进行环境决策以及如何去制定环境决策，行使权力并承担相应的责任而达到一定的环境绩效、经济绩效和社会绩效，并力求绩效的最大化和可持续性"⑤。这一定义有效融合了现代治理理论的核心要素，不仅将环境治理主体拓展到所有的"利益相关者"，而且涵盖了谁决策、如何决策、谁来

---

① 陈振明：《公共管理学——一种不同于传统行政学的研究途径》，中国人民大学出版社 2003 年版，第 87 页。

② 姜爱林：《城市环境治理的发展模式与实践措施》，《国家行政学院学报》2008 年第 4 期。

③ 白志鹏、王珺主编：《环境管理学》，化学工业出版社 2007 年版，第 3 页。

④ Subas P. Dhakal, "Can Environmental Governance Benefit from ICT-Social Capital Nexus in Civil Society?", *Triplec*（*Cognition, Communication, Co-Operation*）: *Open Access Journal for a Global Sustainable Information Society*, Vol. 9, No. 2, 2011.

⑤ 朱留财：《从西方环境治理范式透视科学发展观》，《中国地质大学学报》（社会科学版）2006 年第 5 期。

行使权力及承担责任、如何行使权力等治理理论所关怀的核心议题。

环境治理概念的差异，除了治理主体有别外，治理的客体也有所不同。不少研究将治理的客体固化为"环境问题"或环境问题产生的物质源头，直接把环境治理等同于环境问题治理①，或仅围绕环境问题展开②。这类概念如"环境治理是指对已经遭到不同程度破坏的环境进行治理，以减少破坏程度，或使其尽可能得到恢复"③；"环境治理是指提供一定的环保投入，通过采取一系列污染治理措施，将工业生产中产生的有毒有害废弃物净化后再排放或循环利用……"④ 总之，这类概念都是强调治理环境的自然属性，旨在通过特定的机制、程序和专业技术修复、改进、保护已破坏的生态和受污染的环境，更多侧重于环境自然要素的治理。然而，诚如曾任联合国环境计划事务局局长的 M. K. 图卢巴所言，"并不是管理环境，而是管理影响环境的人的活动"⑤，仅将环境治理的客体固化为环境的自然属性或环境问题是有局限的，人类及其活动才是各种环境问题产生的源头。对此，朱留财的阐释非常到位，应当侧重于环境治理的社会属性，将"人们本身"视为治理客体，从主观世界的源头治理入手，着力改变人们的环境观念和环境意识。⑥

无疑，本书所指的环境治理，是治理理论视角下的环境治理概念，强调应将环境福祉的利益相关者整合进环境治理网络，构建一个涵盖政府部门和非政府部门（企业、环保 NGO、公民个人等）在内、由多元治理主体组成的网络结构。他们基于环境绩效、经济绩效和社

---

① 肖巍、钱箭星：《环境治理的两个维度》，《上海社会科学院学术季刊》2001 年第 4 期。
② 钟明春：《基于利益视角下的环境治理研究》，博士学位论文，福建师范大学，2010 年。
③ 厉以宁、章铮：《环境经济学》，中国计划出版社 1995 年版，第 184 页。
④ 吴忠标、陈劲编：《环境管理与可持续发展》，中国环境科学出版社 2001 年版，第 385 页。
⑤ 转引自〔日〕岩佐茂《环境的思想：环境保护与马克思主义的结合处》，韩立新等译，中央编译出版社 2006 年版，第 76 页。
⑥ 朱留财：《从西方环境治理范式透视科学发展观》，《中国地质大学学报》（社会科学版）2006 年第 5 期。

会绩效最大化与可持续的目标，围绕生态环境议题相互协商、彼此合作，在不同利益交织的环境领域采取共同治理行动。在环境治理的客体上，强调对人们主观世界的环境观念和环境意识进行源头治理，旨在通过全体社会成员的共同参与、共同行动来获得相应绩效。另外，环境治理也有全球、区域、民族国家等不同层次，为聚焦研究主旨，本书将"环境治理"暂定于"民族国家"的层次，限于中国范围内的治理，而"传媒"也限定为报纸、广播、电视三大传统媒体。

二 传媒功能研究的知识图谱

本书将传媒设置为积极行动者，置于中国环境治理场域，以"国家—社会"合作的框架深入考察传媒促进环境治理的能动角色和功能问题，需建立在传媒功能研究的理论根基之上。以下对国内外传媒功能研究做一个简单的梳理。

（一）国外传媒功能研究综述

专业化的媒介组织即传媒，是大众传播的传播者，所以传媒功能研究大多镶嵌在大众传播的相关研究之中。

以美国为学术起点的传播学研究，深受美国功能主义传统的影响，致使"传播研究的主要兴趣始终以功能主义为理论前提，始终处在帕森斯、哈佛大学社会学、默顿等研究成果的影响之下……"杰拉德·克莱因（Gerald Kline）甚至认为，传播研究的"主导主题从一开始就是功能主义的"[①]；吴予敏则认为传播研究是功能主义社会观念和方法论的衍生物，是功能主义与科学主义结合的胎儿。[②] 之所以如此，汉诺·哈特（Hanno Hardt）认为原因在于：功能主义以社会结构和社会为焦点；功能主义提供了强大的方法论领导；由一批在功能主义传统中培养出来的学者界定传播学的方法论和理论。[③] 对

[①] ［美］汉诺·哈特：《传播学批判研究：美国的传播、历史和理论》，何道宽译，北京大学出版社2008年版，第12—16页。

[②] 吴予敏：《功能主义及其对传播研究的影响之审思》，《新闻大学》2012年第2期。

[③] ［美］汉诺·哈特：《传播学批判研究：美国的传播、历史和理论》，何道宽译，北京大学出版社2008年版，第16页。

于功能主义的主要观点，罗伯特·默顿（Robert Merton）曾概括如下：第一，一个社会最好被设想为由相互关联的部分组成的系统，是各种互相联系、重复和格式化活动的一种组织形式。第二，这样的社会自然而然地趋向一种动态平衡状态；如果产生不和谐，各种趋于恢复稳定的力量将会出现。第三，一个社会的所有重复活动对其平衡状态做出某种贡献，即各种格式化行动的持久形式具有维持系统稳定的作用。第四，一个社会中至少有某些格式化和重复的行动有着满足该系统关键需求的功能，否则该系统无法生存。[1] 基于此，打上功能主义传统烙印的传播研究，会毫无疑问地将传媒列为社会系统不可或缺的有机体，传媒所进行的重复的、格式化的活动对维持社会平衡、维护社会体制起着重要作用。如果失去了传媒这一有机体，社会系统将难以为继。

1. 传播研究中宏观层面的传播功能研究

受功能主义传统的支持，传播研究中一批以功能视角探讨传媒（大众传播）对社会影响的成果纷纷问世。1948年，拉斯韦尔在《社会传播的结构与功能》中最早系统地提出了传播的三大功能：监视环境，揭示那些会对社会及其组成部分的地位带来影响的威胁和机遇；社会协调，使社会的组成部分在对环境作出反应时相互关联；传递社会遗产。[2] 尽管拉斯韦尔提出的是所有人类传播的功能，但这三大经典功能为传媒功能研究提供了起点。同年，拉扎斯菲尔德和默顿则提出了大众传播的三大功能：授予地位的功能，大众传媒授予社会问题、个人、团体以及社会运动以地位，使个人和集体的地位合法化，给他们以声望并提高他们的权威性；促进社会准则实行的功能，大众传媒通过向公众揭发偏离社会准则的倾向，弥合"个人态度"与"公共道德"之间的差距，重申并促使公众实行社会准则；麻醉精神的消极功能，与日俱增的大众传播品使人们对社会问题的关心停

---

[1] ［美］梅尔文·德弗勒、桑德拉·鲍尔-洛基奇：《大众传播学理论》，杜力平译，台北：五南图书出版有限公司1991年版，第34—35页。

[2] ［美］哈罗德·拉斯韦尔：《社会传播的结构与功能》，载张国良编《20世纪传播学经典文本》，复旦大学出版社2003年版，第210页。

留在表面，而这种表面性常常掩盖他们的冷漠态度，还可能无意中使人们的精力从积极地参与事件转变为消极地认识事件，使公众在政治上冷漠和迟钝，不符合复杂的现代社会的利益。① 较之于拉斯韦尔的"三功能"说，"四功能"说更具理论厚度和批判精神。1959 年，赖特发展了拉斯韦尔"三功能"说，提出大众传媒的"四功能"说：监测环境；解释与规定（由"社会协调"发展而来）；社会化功能（由"传递社会遗产"发展而来）；提供娱乐（新增）。

此后，学者们不断调整和细化大众传媒功能理论，如施拉姆历经两次调整、修正，在 1982 年出版的《传播学概论》中将大众传播的功能概括为：雷达功能、控制功能、教育功能、娱乐功能。英国传播学家詹姆斯·沃森（James Watson）和安妮·希尔（Anne Hill）则提出了八项功能：工具功能、报道功能、控制功能、表达功能、社会联系功能、刺激功能、减轻忧虑功能、明确角色功能。丹尼斯·麦奎尔（Denis McQuail）将大众媒介对社会的基本功能概括为：整合与合作，维护秩序、控制与稳定，适应变迁，动员，处理紧张状态，让文化与价值得以持续。② 此外，一些功能也不断被提出或凸显，如唐纳德·霍顿（Donald Horton）和理查德·沃尔（Richard Wohl）提出大众传媒具有"准社会互动"功能③，史蒂芬森 1967 年突出强调大众传媒的游戏功能等。不难看出，这些传媒功能理论大都在宏观层面讨论、思辨传媒对社会的整体功能，缺乏针对性且较为抽象。

事实上，以早期的传媒功能研究为起点，在宏观的、整体式的传媒功能研究不断开掘、整合的同时，一些具体的、微观的、细化的、实证的传媒功能研究也在有条不紊地进行着。

2. 传媒功能细化研究之一：传媒在民主社会中的功能

---

① ［美］保罗·拉扎斯菲尔德、罗伯特·默顿：《大众传播的社会作用》，载中国社会科学院新闻研究所世界新闻研究室编《传播学》（简介），人民日报出版社 1983 年版，第 163—170 页。

② ［荷］丹尼斯·麦奎尔：《麦奎尔大众传播理论》（第五版），崔保国等译，清华大学出版社 2010 年版，第 79 页。

③ Donald Horton and Richard Wohl, "Mass Communication and Para-Social Interaction: Observations on Intimacy at a Distance", *Psychiatry*, Vol. 19, No. 3, 1956.

传媒在民主社会中的角色与功能,是细化传媒功能研究的一个重要领域。在自由主义理论看来,媒介的"看门狗"角色比其他所有功能都来得重要;全方位、批判性地监督政府活动,毫无疑虑地暴露官方权威的任何滥用,被认为是媒介发挥民主功能的重要方面。①

随着传统意义上的民主陷入困境,公民日渐与政治疏离,公共生活衰退,加之哈贝马斯"公共领域"的概念日益被奉为某种典范,20世纪80年代末兴起了被誉为"美国新闻业史上最有组织的内部社会运动"——公共新闻运动。以此为基础,倡导公共新闻学(public journalism)的学者重新审视、讨论了传媒对民主的功能。他们主张积极利用传媒改善民主的品质,传媒应由"守门犬"转变为"心怀公正的参与者",积极推动公民参与,促使公众正视其公民身份,在公共事务中成为积极而行动的公民。显然,公共新闻学涉及了传媒角色和功能的重大转变。这也使其自诞生起就陷入质疑,引发了多个层面的争议。具体而言,这些质疑包括:记者角色混淆、有违客观性原理、过度行销取向、媒体企业出资的疑虑、新闻走向软化、"守门犬"角色的失守、贬低记者专业、对新闻哲学的批评等。②

学者杰斯珀·斯特罗姆贝克(Jesper Strömbäck)对民主模式与传媒功能关系的研究具有很强的解释力。他认为,不同的民主模式对新闻传媒的功能、规范、形式等有着不同的要求。程序式民主强调新闻传媒在民主程序中的监督、揭丑功能;在这一民主模式下,新闻传媒更多地被确定为"守门犬"角色。竞争性民主则在强调"守门犬"角色、监督功能的同时,还强调对公职人员和政治候选人及政党的主张、宣言、政治行为等予以充分报道。参与式民主则强调新闻传媒为公民设置议程,调动公民兴趣,动员公民参与公共生活,并聚焦于存在的问题及解决问题,促使政治向大多数公众开放,将公民塑造为积极的主体,将积极的公民联系在一起等。协商式民主则强调新闻传媒

---

① [英]詹姆斯·库兰:《对媒介和民主的再思考》,载[英]詹姆斯·库兰、[美]米切尔·古尔维奇《大众媒介与社会》,杨击译,华夏出版社2006年版,第113—114页。
② 黄浩荣:《公共新闻学:审议民主的观点》,台北:巨流图书公司2005年版,第66—85页。

为公众提供一个讨论平台，调动公民参与公共讨论，将讨论者联系在一起，并促进公众理性、公正、诚实、平等地参与公共讨论。[1] 显然，传统新闻学更多扎根于程序式、竞争式民主，而公共新闻学则更多根植于协商式民主、参与式民主，所以对传媒功能有着不同的期待和界定。

事实上，也有学者超越、整合了不同民主模式的要求，对传媒在民主社会中的功能提出了规范性的标准和期望。米切尔·古尔维奇（Michael Gurevitch）和杰伊·G. 布鲁勒（Jay G. Blumler）认为，新闻传媒应为民主政治体系履行和提供八项最重要的功能和服务：(1) 监视社会政治环境，报道可能会侵犯公民福利——无论是积极的还是消极的——的行为；(2) 有意义的议程设置，确定当代的主要问题/关键议题，包括那些形成和解决这些问题的因素；(3) 意见论坛，政治家和其他事业、利益团体的发言人可以在这里明白易懂、有启发性地倡导他们的观点；(4) 各种不同观点之间、掌权者（目前的掌权者和未来的掌权者）与广大公众之间的对话；(5) 责成官员为他们行使权力的方式承担责任的机制；(6) 激励公民去学习、选择和参与，而不仅仅是追随和对政治程序胡乱表态；(7) 当新闻传媒以外的力量设法破坏传媒独立性、完整性和为受众服务的时候，进行一种基于原则的抵抗；(8) 尊重受众成员，视他们潜在地关心并有能力理解所处的政治环境。[2] 当然，古尔维奇和布鲁勒也承认，传媒要真正实现这些功能并非易事。

3. 传媒功能细化研究之一：发展传播研究中的传媒功能

20 世纪 50 年代末兴起的发展传播研究，在探究"发展"与"传播"之间错综复杂的关系中，关涉的传媒如何促进国家发展、推动社会变革等议题，是细化传媒功能研究的另一重要领域。以 1958 年

---

[1] Jesper Strömbäck, "In Search of a Standard: Four Models of Democracy and Their Normative Implications for Journalism", *Journalism Studies*, Vol. 6, No. 3, 2005.

[2] Michael Gurevitch and Jay G. Blumler, "Political Communication Systems and Democratic Values", In Judith Lichtenberg, eds. *Democracy and the Mass Media: A Collection of Essays*, Cambridge: Cambridge University Press, 1990, p. 270.

丹尼尔·勒纳（Daniel Lerner）出版的《传统社会的消逝：中东的现代化》为起点，发展传播研究逐渐确立起以人的现代化研究进路为主体，以传播效果为导向，强调传播技术作用，并将传播主要视为社会控制和管理工具的理论框架，并逐渐生成了发展传播研究的现代化范式。[1]

在现代化范式之下，大众传媒被视作推动传统社会向现代社会转变的基本要素，其功能得以不断凸显和强调。勒纳认为，如果缺少一个发达的大众传媒系统，任何一个现代社会都难以有效运作；"移情"能力是人的现代化必不可少的技能，而大众传媒是机动性的倍增器（the mobility multiplier），能够通过传播共感经验带来人们心理情感的转移，将"移情"特质注入发展中国家的个体；最终，具有移情能力的人促使国家向现代化转变。罗杰斯的创新扩散研究表明，大众传媒在"创新—决策过程"的认知阶段能发挥重要功能：能最快、最有效地让作为潜在接受者的受众得知一项创新；能够创造信息和传播信息；能导致一些薄弱观念的改变。[2] 施拉姆则认为，传播在国家发展的社会变革中有三大任务，并详尽分析了大众传媒在其中的功能。第一，看守人—告知功能。大众传媒完全可以直接完成这一功能，具体体现在可以使人开阔眼界、集中人们的注意力、提高人们的期望。第二，决策功能。主要依靠人际传播、团体决策等途径完成，大众传媒只能起辅助作用。具体而言，大众传媒可以向人际渠道馈送信息、授人以地位、扩大政策对话范围、强化社会规范、帮助人们培养趣味、潜移默化地改变人们固执的态度。第三，教育功能，大众传媒能为各类教育和培训提供极大帮助，部分可直接完成，部分需与人际传播相结合。[3]

---

[1] 李萌：《美国发展传播研究的历史考察：发展传播现代化范式的生成、危机与重构》，博士学位论文，华中科技大学，2012年，第43—61页。
[2] ［美］埃弗雷特·M. 罗杰斯：《创新的扩散》，辛欣译，中央编译出版社2002年版，第16—17、176—177页。
[3] ［美］韦尔伯·施拉姆：《大众传播媒介与社会发展》，金燕宁等译，华夏出版社1990年版，第132—151页。

事实上，持文化帝国主义范式而与现代化范式存有争执的赫伯特·席勒（Herbert I. Schiller）也认可，对于努力促进发展的发展中国家而言，大众传媒并非只是令人兴奋的工具而已，如能充分、科学地予以利用，它可以成为促进发展的巨大动力。① 20世纪70年代后期，随着发展传播研究兴起一些新的发展范式（如参与式范式），有学者对传媒的功能进行了审视。如马杰德·泰拉尼安（Majid Tehranian）提出了发展与传播的社群主义道路，注重人的民主参与地位，强调实现人的价值。所以，促进人的全面发展、实现社会的自由与公正，理应成为大众传媒的追求。同时，他十分注重"参与性"传播的作用，认为人们只有通过参与式传播才能理解生活世界，才能扩大公共领域。基于此，需避免发展传播的媒介中心主义，而应将传媒功能置于人类传播的大背景予以考察，传媒只是国家发展的内在工具，而非外在的或者决定性的工具。②

4. 传媒功能细化研究之三：传媒功能的微观化、实证化研究

随着客观经验主义范式的发展，对传播功能进行微观的、实证化的研究，是细化传媒功能研究的重要路径。学者研究认为，传媒具有预示功能（media priming），由于传媒在生活中无处不在，因此其成为预示人们如何思考、如何行动的有力工具，即传媒内容能够影响人们日后与之相关的行为或判断。系列研究表明，传媒能够预示攻击性的想法、情绪和行为；能够预示人们评价总统的信息和标准；能够预示各种刻板印象影响人们对相关群体的判断。③

此外，早期宏观、抽象的传播功能研究"被细化为认知、态度、行为等效果问题，价值判断也逐渐被中立的学术研究所代替"，"功能研究的一些课题逐渐成为效果研究的一部分"，这些效果研究大多

---

① Herbert I. Schiller, *Mass Communications and American Empire*, Boston: Beacon Press, 1971, p. 109.

② 孙聚成：《信息力：新闻传播与国家发展》，人民出版社2006年版，第110—114页。

③ David R. Roskos-Ewoldsen et al., "Media Priming: A Synthesis", In Jennings Bryant and Dolf Zillmann, eds. *Media Effects: Advances in Theory and Research* (2nd ed.), New Jersey: Lawrence Erlbaum Associates, 2002, pp. 97–98, 102–103.

以功能主义为理论框架,"只不过需要结合更具实证色彩的微观分析"[1],更多呈现出来的是"功能性"的效果。所以,以功能主义为理论框架的传播效果研究,可视为传播功能微观化、实证化研究的延续。基于此,有必要对经典传播效果理论中所涉及的传媒功能做一简单盘点。20世纪70年代后,"认知"效果开始占据效果研究的舞台,之前限于"态度、行为"效果而得出的大众传播影响无力、效果有限的悲观论调日渐式微。

"议程设置"理论,强调传媒无论对受众选择关注的议题对象,还是选择描述这些议题对象的属性,都能产生强大的议程设置功能。具体而言,"议程设置"包括两个层次:其一,强调传媒具有为公众设置"议事日程"的功能,传媒对议题的报道幅度影响受众对议题的显著性认知,传媒"突出某一议题,能使其成为公众关注和思考的焦点乃至行动的中心"。其二,传媒设置的议程属性,也会影响公众的议程选择。研究表明,在这个层次上,"传媒不仅能告诉人们想什么,而且还能告诉人们怎么想某些议题"。麦克斯维尔·麦库姆斯(Maxwell McCombs)等认为,基于议程设置的功能,传媒得以在公共舆论和公众行为的许多方面打上烙印。[2]

框架理论中的"框架"效果,强调传媒的报道框架(对新闻事实进行选择性处理的特定原则或准则)不仅对受众认识、理解新闻事件有重要影响,而且还能影响受众框架的形成,而受众框架又能够进一步影响受众对具体信息的定位、感知与理解,并影响其对外在客观世界的认知与阐释。

"涵化"理论,考察了整个传媒(尤其是电视)讯息系统所带来的长期而稳定的宏观影响,强调讯息系统中稳定的、重复出现的内容模式,在塑造受众关于现实的共同观念上具有累积性的影响,能在潜

---

[1] 刘海龙:《大众传播理论:范式与流派》,中国人民大学出版社2008年版,第147—156页。

[2] Maxwell McCombs and Amy Reynolds, "News Influence on Our Pictures of the World", In Jennings Bryant and Dolf Zillmann, eds. Media Effects: Advances in Theory and Research (2nd ed.), New Jersey: Lawrence Erlbaum Associates, 2002, pp.1 –18.

移默化中建构受众的现实观和社会观。

"沉默的螺旋"理论,强调由于大众传播具有共鸣、累积和普及的特质,所以传媒成为人们寻找、确定"舆论气候"的重要来源,成为决定是否公开表达自己观点的主要参照系。概言之,传媒能影响公众对"舆论气候"的感知,进而影响公众的公开意见表达,因而具备通过营造"意见环境"影响、制约舆论的功能。

"知沟"理论,尽管其主角是社会结构,但传媒在"知沟"的形成中扮演了诱因的角色,也是促进"知沟"加深的重要因素,菲利普·蒂奇诺(Phillip J. Tichenor)等人所下的研究结论明确强调:"大众传媒似乎有与其他社会机构相似的功能:加剧或扩大了既有的不平等。"[1]

梳理至此,不难发现,上述经典传播效果理论主要从各个侧面挖掘、深化了传媒影响受众"认知"的功能,强调作为社会建制的传媒是受众认知"外在现实"和建构"主观现实"的重要渠道,"这也主要体现了功能主义的思路——帮助构建'受众现实'就是大众媒介体现出的社会功能"[2]。

(二)国内传媒功能研究综述

中国的新闻实践有着非常浓厚的功能取向,如王韬主张办报"义切尊王",以实现"强中以攘外,诹远以师长"之目的;郑观应倡导报刊要"通民隐,达民情";严复主张报刊"通上下之情、通中外之故";梁启超则在《论报馆有益于国事》中提出"耳目喉舌"论,认为报刊应"去塞求通",强调"阅报愈多者,其人愈智;报馆愈多者,其国愈强"。在20世纪30年代的乡村建设运动中,曾探索利用报刊送文字下乡、增加生产技能、表达农情农意、开发农民的文

---

[1] Phillip J. Tichenor, George A. Donohue and Clarice N. Olien, "Mass Media Flow and Differential Growth in Knowledge", *Public Opinion Quarterly*, Vol. 34, No. 2, 1970.
[2] 周葆华:《效果研究:人类传受观念与行为的变迁》,复旦大学出版社2008年版,第207页。

化和政治潜能等。① 在革命战争年代，报刊则是"无产阶级革命的有力武器"，是"政治工具"……植根于功能取向的新闻实践传统，国内的新闻学研究自开始就大致以结构功能主义为主。20 世纪 80 年代，美国传播学的引入又进一步强化了功能主义传统，使得"功能主义已经深深渗透到我们的传播研究之中"②，甚至有学者断言"20 世纪中国的新闻理论就是报刊功能理论，如果抽掉它，就没有多少理论可言"③。

事实上，中国传媒的功能并非是恒定不变的，而是经历了一个动态的变迁过程。新中国成立后，在党对执政合法性的纵向动态演进、对执政合法性资源的不断拓展中，传媒在总体上经历了从"单一的政治工具"到"有限多元的宣传工具"再到"多元的传播工具"的变迁历程，其功能也从单一的政治功能转变为多样化的政治、经济和社会功能等。④ 有学者将这一过程概括为：信息传播功能从单一的宣传功能向多种信息传播功能拓展；舆论功能从舆论引导到引导与监督并举；文化功能从传播知识、文化教育向文化娱乐延伸；经济功能随着广告的渗透而得以承认和发展。⑤ 在宏观层面，新闻学鼻祖徐宝璜在 1919 年出版的《新闻学》中，将报纸功能概括为：供给新闻、代表舆论、创造舆论、输灌知识、提倡道德、振兴商业。⑥ 李良荣把新闻事业（传媒）的功能概括为：沟通情况、提供信息；进行宣传、整合社会；实施舆论监督；传播知识、提供娱乐；作为企业、赢得利润。⑦ 然而，这些功能并非平分秋色。黄旦强调，"情况与意见的沟通"是新闻事业必须具备的基本功能，

---

① 曹立新：《化农民与农民化：乡村建设运动中大众传媒的功能与策略分析——以〈农民〉报为中心》，《新闻与传播研究》2004 年第 3 期。
② 黄旦：《由功能主义向建构主义转化》，《新闻大学》2008 年第 2 期。
③ 黄旦：《二十世纪中国新闻理论的研究模式》，《现代传播》1994 年第 4 期。
④ 罗以澄、姚劲松：《中国共产党执政合法性演进中的媒介角色变迁考察》，《当代传播》2012 年第 2 期。
⑤ 程明：《论媒介功能的拓展与媒介的竞争力》，《新闻前哨》2001 年第 6 期。
⑥ 徐宝璜：《新闻学》，中国人民大学出版社 1994 年版，第 4—9 页。
⑦ 李良荣：《新闻学概论》，复旦大学出版社 2001 年版，第 128—133 页。

它在不同因素的作用下，可以派生出其他功能，包括引导舆论、政治宣传、社会监督、知识教育等。① 此后，一些功能被不断细化研究或凸显。张昆深入研究了传媒的政治社会化功能。② 陈堂发集中探讨了传媒在政府政策问题与议程建构、政策论辩和政策执行与评估等环节所发挥的功能。③ 刘建民提出，要重视传媒的深度功能，即传媒通过与人、经济形态和政治文化进行多层次互动，能催化社会进步，改变社会的经济、政治形态。④ 张瑞静等提出"期望设置"功能，即传媒能在潜移默化中设置人们的期望，继而影响人们对社会的满意程度。⑤ 随着人们的闲暇时间增多、休闲需求出现，传媒的休闲功能被提了出来，即释放传媒娱乐功能的巨大能量，发挥传媒对休闲的影响及作用⑥；帮助受众提高休闲质量，发挥比提供娱乐重要得多的时代功能⑦。

伴随着国家与社会关系的不断调整和社会进入转型期后各种矛盾日渐凸显，不少研究置于和谐社会构建、社会转型、风险社会等场域深入思考、挖掘传媒的功能。罗以澄认为，传媒是整合社会资源、推进社会共识与认同、协调社会全面有序发展的基础性工具，是建设和谐社会的重要组成部分。⑧ 而对处于矛盾凸显期的中国而言，为有效进行社会管理，传媒应张大矛盾协调功能，强化动态信息的发布和预警信息的传达，从而推动社会良性发展。许海提出，面对中国社会转型所需的"转型资本"处于"缺失"状态，传媒需充分发挥功能以

---

① 黄旦：《新闻传播学》，杭州大学出版社1997年版，第65—80页。
② 张昆：《大众媒介的政治社会化功能》，武汉大学出版社2003年版。
③ 陈堂发：《新闻媒体与微观政治：传媒在政府政策过程中的作用研究》，复旦大学出版社2008年版。
④ 刘建明：《传媒深度功能的多层互动》，《当代传播》2006年第3期。
⑤ 张瑞静、葛艳玲：《试论大众传媒的"期望设置"功能》，《中国广播》2011年第10期。
⑥ 童兵：《试论休闲需求和媒介的休闲功能》，《北京大学学报》（哲学社会科学版）2006年第6期。
⑦ 张立伟：《从娱乐到帮闲——传媒创建和谐新功能》，《青年记者》2006年第21期。
⑧ 罗以澄：《构建和谐社会与新闻传媒的和谐发展》，《江汉大学学报》（人文社会科学版）2007年第5期。

积累社会顺利转型的人力、社会、精神等资本。① 从风险社会的视角出发,马凌认为,尽管传媒能预警风险、报告风险和化解风险,但也有可能放大、转嫁甚至制造风险。所以,传媒应具备协商、协调的社会功能,通过与其他组织、部门合作,共担、共抗风险。② 面对风险社会的宣泄需求,传媒的宣泄功能受到重视,即强调人们可以借助传媒宣泄情感、释放压力。③ 在危机事件发生后,传媒的信息沟通和社会动员功能得以强调④;传媒能有效沟通信息、提供事件真相,积极引导舆论、保障社会参与,维护基本秩序、实现社会稳定,是危机治理的重要力量。在社会常态下,传媒还需发挥维护人的价值、培育社会灾难承受能力、与政府互动协同治理等功能。⑤

在公民意识日渐觉醒、参与诉求日益明显的背景下,不少学者开始关注传媒在公众参与中的功能。贾西津主编的《中国公民参与》一书有专门章节探讨传媒在公民参与中的作用:促进了公民参与立法、决策和公共治理的发展。⑥ 吴麟认为,转型期中国的参与具有"媒体驱动"的特点,传媒是各种利益表达与聚合的公共平台,成为影响公共政策的重要变量;在公众参与中,传媒、公众、政府已开始构成互动的三角关系结构。⑦ 具有参与意识的公民,无疑是扩大公众参与的前提。基于此,有学者集中分析了传媒在塑造公民意识、构建公民身份方面的功能。孙玮认为,大众化报纸建构了"市民""公民"等社会主体⑧,提倡公众参与、培育公众参与

---

① 许海:《"资本积累"与转型社会中的媒介功能》,《江淮论坛》2011 年第 1 期。
② 马凌:《新闻传媒在风险社会中的功能定位》,《新闻与传播研究》2007 年第 4 期。
③ 童兵:《简论新闻传媒的宣泄功能》,《新闻记者》2010 年第 2 期。
④ 钟新:《危机效应与传媒功能》,《国际新闻界》2003 年第 5 期。
⑤ 蔡志强:《媒介在危机治理中的功能——以汶川大地震中的媒介为例》,《中国行政管理》2008 年第 7 期。
⑥ 贾西津:《中国公民参与》,社会科学文献出版社 2008 年版,第 207—244 页。
⑦ 吴麟:《社会的耳目与喉舌:大众传媒与社会转型中的公众参与——基于官员财产申报议题的观察》,《新闻知识》2010 年第 5 期。
⑧ 孙玮:《媒介话语空间的重构:中国大陆大众化报纸媒介话语的三十年演变》,《传播与社会学刊》(香港)2008 年总第 6 期。

意识等①。刘逸帆等认为,传媒培育公民意识的角色不可替代,传媒需通过舆论监督呼唤公民意识,通过传播法律启蒙公民意识,通过关注民生促进公民意识,通过参与互动形成公民意识,通过信息公开增强公民意识。②

(三) 传媒功能研究的简短评价

通过梳理,不难发现,在功能主义传统的影响下,国内外学者对传媒在社会系统中的作用给予了很高的期望,并不断进行着深入开掘和细化探讨。这些已有的研究成果为本书奠定了坚实的理论基础。从整体上看,传媒功能研究经历了一个从宏观到微观、从抽象到具体、从整体到细化、从思辨到实证的过程,而国内研究则经历了一个从单一到多元、从引介到扎根本土的过程。与之相伴随的,是传媒功能实现的条件性和设定的情境性不断被强调:在不同的国家、不同的阶段、不同的民主模式下,对传媒功能的期待和诉求都迥然有别。

当下的中国在整体上是具有威权传统的发展中国家,党和政府对传媒的角色和功能有着很多规范性的要求。然而,中国社会有着特殊而复杂的现实,它实际上是在同一时空压缩了农业社会、工业社会和后工业社会这三个原本属于不同时代的社会,同时聚集了传统性、现代性和后现代性这三个本属于不同时代的东西,即孙立平所言的整体上"断裂"③的社会。基于此,每个社会形态都产生着完全不同的传播需求,置身不同的社会情境便会对传媒有着不同的功能诉求。同时,转型期的社会矛盾和问题交织叠加,发展中国特色社会主义长期而艰巨……众多特殊因素的交糅杂烩,让学者们对当下中国传媒的功能多了很多期待,国内的传媒功能研究也有着多样化的起点和路径,

---

① 孙玮:《论都市报的公共性——以上海的都市报为例》,《新闻大学》2001年第4期。

② 刘逸帆、宁黎黎:《传媒在培养公民意识中的功能》,《中国广播电视学刊》2011年第11期。

③ 孙立平:《断裂——20世纪90年代以来的中国社会》,社会科学文献出版社2003年版,第1—10页。

有着多元而丰富的阐释话语。

基于此，本书将延续新闻传播学者对传媒在当前中国的功能期待，将西方话语空间中的传媒功能研究成果转入中国独特的语境，将传媒置于中国环境治理的场域，在正视结构因素的情况下，考察传媒在环境治理中的功能，探讨传媒如何通过能动性、策略性的话语实践，促进环境治理网络的生成和共同环境治理行动的产生。有学者言，传播社会学最值得研究的方向，是将传媒从一种单纯的功能、效果论引向丰富多彩的中国社会场景，还原传媒角色本身错综复杂的真实面目，以追求研究的本土化和实践性。[①] 对此，本书将努力做一尝试。

三 传媒与环境议题研究的知识图谱

在西方，20 世纪 60 年代以后，随着"环境"成为一种重要的社会、政治议题，环境传播也日益成为传播学的一个重要分支研究领域，其首要责任在于：提高合理应对环境问题的社会能力，而这与人类和自然生态系统的福祉密切相关。[②] 罗伯特·考克斯（Robert Cox）在其专著《环境传播与公共领域》中，将环境传播界定为：是我们用以理解环境和我们与自然之间关系的实用主义与建构主义工具；是我们用以建构环境问题和协商对环境问题不同社会意见的象征手段。他还将环境传播研究归纳为七大领域：环境修辞与叙述、传媒与环境新闻、环境决策中的公共参与、环保倡议活动（advocacy campaigns）、环保合作与解决环境冲突、风险传播、流行文化中的自然表征（representations of nature）与绿色营销。[③] 以此为基础，中国学者刘涛则整合、扩展为九个领域：环境传播的话语与权力、环境传播

---

① 戴元光、尤游：《媒介角色研究的社会学分析》，《上海大学学报》（社会科学版）2007 年第 6 期。

② Robert Cox, "Nature's 'Crisis Disciplines': Does Environmental Communication Have an Ethical Duty?", *Environmental Communication*, Vol. 1, No. 1, 2007.

③ Robert Cox, *Environmental Communication and the Public Sphere*, Thousand Oaks: Sage publications, 2006, pp. 4 – 13.

的修辞与表达、大众媒介与环境新闻、环境政治与社会公平、环境公关与社会动员、环境危机传播与管理、流行文化与环境表征、环境议题与政治外交、环境哲学与生态批评。[1]

环境传播得以不断细化和拓展,除了对环境背后的各种议题深度开掘外,还源于环境传播具有复杂而多元的传播主体,迈尔森和里丁（Myerson & Rydin）挖掘出对"环境"议题发声的六大主体:公民与社区组织、环保组织、科技专家、企业及其商业公关、反环保主义组织、媒介与环境新闻。[2] 然而,正如安德斯·汉森（Anders Hansen）所言,传播是我们了解环境、知道环境问题的关键,而专业传媒更是我们知道环境问题,以及各种环境问题得以陈述、辩论和解决的主要公共领域[3],传媒是其他环境传播主体竞相争夺的话语资源,也是其表达、参与、动员的重要平台,这就使得环境传播的大多领域都活跃着传媒的身影。基于此,加之本书将传媒设为行动者和阐述中心,探讨其如何促进中国的环境治理,故以传媒为考察中心进行文献梳理。

（一）国外传媒与环境议题研究综述

传媒在呈现、解决环境问题中的功效,无疑是学者们关注的首要议题。一般认为,传媒能够实施环境教育、增加环境知识、建构环境认知、扩散环保意识和推动环保行为。学者们从不同方面阐述了传媒环境报道的功能,汉森将传媒视为一个容纳了各种信息和不同观点的"文化容器",不同的人可以从中选择以帮助他们理解和弄清环境问题。[4] 考克斯把传媒看作吸引受众关注环境问题的"明亮聚光灯",

---

[1] 刘涛:《环境传播:话语、修辞与政治》,北京大学出版社 2012 年版,第 10—27 页。
[2] 同上书,第 5—6 页。
[3] Anders Hansen, "Media and Environmental Change", *Media Development*. Vol. 56, No. 2, 2009.
[4] Anders Hansen, *Environment, Media and Communication*, Milton Park: Routledge, 2010, p. 107.

从而唤起公众要求环境等部门采取行动。[1] 艾利森·安德森（Alison Anderson）则认为，随着时间的加速和空间的缩减，现代传播系统对人们转变看待自然的方式起着至关重要的作用。[2] 有学者对传媒环境报道的效果进行了微观而细化的研究。丹尼尔·里夫（Daniel Riffe）从受众角度考察了效果，认为对传媒给予积极评价的受试者比否定的评价者更低地感知到环境风险。通过传媒频繁接触环境事件的人更易感知环境风险。这主要因为他们通过传媒获得了更多的环境知识，而这易于其识别生活中的环境问题并明确其严重性。[3] 丹尼尔·里夫和汤姆·赫拉奇（Tom Hrach）认为环境新闻对获知风险和获取充足信息，发挥了独立而显著的作用，但社会结构（如种族、收入等）也是影响对受众社会风险认知的外部变量。[4] 菲利普·哈特（Philip S. Hart）等分析了媒介使用对公众参与野生生物管理决策过程的影响，认为媒介通过放大风险认知、随公众参与决策的倾向增长而关注管理等方式影响公众参与。[5] 厄普尔（C. Uppal）对环保动员信息的细化研究发现，"邀请"类动员信息能更有效地动员受众参与，而"授权"类动员信息主要对那些已经参与过相同或类似事件的人有效。[6] 有学者还具体考察了电视的功效，R. 兰斯·霍尔伯特（R. Lance Holbert）等的研究认为，电视环境新闻报道和自然纪录片

---

[1] Robert Cox, *Environmental Communication and the Public Sphere*, Thousand Oaks: Sage publications, 2006, p. 164.

[2] Alison Anderson, *Media, Culture and the Environment*, London: UCL Press, 1997, p. 1.

[3] Daniel Riffe, "Frequent Media Users See High Environmental Risks", *Newspaper Research Journal*, Vol. 27, No. 1, 2006.

[4] Daniel Riffe and Tom Hrach, "Study Explores Audience's Views on Environmental News", *Newspaper Research Journal*, Vol. 30, No. 3, 2009.

[5] Philip S. Hart, Erik C. Nisbet and James E. Shanahan, "The Influence of Environmental Values and Media Use on Predispositions for Public Engagement in Wildlife Management Decision Making", paper delivered to the annual meeting of the International Communication Association, Marriott, Chicago, IL, May 21 – 25, 2009.

[6] C. Uppal, "Providing Mobilizing Information: A New Approach to Studying Environmental Issues in the Media", paper delivered to the annual meeting of the International Communication Association, New Orleans, Louisiana, May 27 – 31, 2004.

对环境问题有预示作用，有助于产生亲环境行为（pro-environmental behavior），对循环利用、购买环保型产品、日常生活节能等能产生积极影响。① 詹姆斯·沙纳汉（James Shanahan）考察了电视在培育、维持和改变公众环保态度与信念中的作用，认为传媒是增加人们环境问题意识的主要潜在因素，收看电视能在整体上增加公众的环保水平。与此同时，过度沉迷电视可能会束缚而非促进环保意识，可能会导致更低的环保意识。② 当然，也有学者强调，在环境报道设置议程的过程中，公众并非是完全被动的，迈克尔·萨尔文（Michael B. Salwen）分析了环境新闻议程设置过程中不同媒介议程和公众议程之间的关系，发现地方传媒关于环境新闻的议程没有差异。同时还发现，传媒议程与公众对传媒议程的感知呈显著相关，被试的公众大多能评估传媒认为重要的环境议题。③

传媒的报道内容具有建构性，是积极修辞的产物。那么，传媒产制出了怎样的环境议题？是如何产制的？采用了怎样的报道框架和策略？针对这些问题，不少学者展开了纷繁多样的研究。简·奈特（Jane E. Knight）的博士论文分析了美国早期的环境新闻（1890—1960），发现其新闻源大多来自国家和地方政府，牺牲了包括公民行动者、公民受环境问题影响等在内的其他视角；媒介间的议程设置、利益集团、美国总统、环境事件（如建立国家公园）、真实的环境状况（如湿地和野生动物栖息地的日渐消失）等都是影响传媒报道的外部因素，但利益集团的影响力更大。④ 莎伦·邓伍迪和罗伯特·格

---

① R. Lance Holbert, Nojin Kwak and Dhavan V. Shah, "Environmental Concern, Patterns of Television Viewing, and Pro-Environmental Behaviors: Integrating Models of Media Consumption and Effects", Journal of Broadcasting & Electronic Media, Vol. 47, No. 2, 2003.

② James Shanahan, "Television and the Cultivation of Environmental Concern: 1988 – 1992", In Anders Hansen, eds. *The Mass Media and Environmental Issues*, Leicester: Leicester University Press, 1993, pp. 181 – 197.

③ Michael B. Salwen, "Setting the Agenda for Environmental News: The Effects of Media and Public Characteristics", Communication Research Reports, Vol. 5, No. 1, 1988.

④ Jane E. Knight, *Building an Environmental Agenda: A Content and Frame Analysis of News about the Environment in the United States*, 1890 to 1960, Ph. D. dissertation, Ohio University, 2010.

里芬（Sharon Dunwoody & Robert J. Griffin）通过三个案例，考察了有关长期环境问题的新闻报道及采取的报道策略，发现媒体对环境风险事件往往不是从风险的角度而是作为如何解决社区问题的事件予以报道；记者往往例行公事地采用心理地图和框架来解释、报道环境问题。[1] 桑纳·英索恩和迈克尔·雷德（Sanna Inthorn & Michael Reder）在气候变化的语境下，分析了德国和英国的公共服务电视在建构积极参与的"环境公民"中的作用，发现"责任"和"公民社会"主题常伴随"自由市场和消费者自治"的主导性议题一起出现；电视话语维持了深受两国政府喜爱的自由主义环境政治。[2] 埃德娜·爱因塞德尔和艾琳·科赫兰（Edna Einsiedel & Eileen Coughlan）对加拿大1977—1990年的环境报道标题分析发现，无论是强调的环境主题，还是语言表达都发生了显著变化，即更加重视全球性的环境问题，更加强调以更全面的视角看待环境问题。这是环境作为紧迫的社会问题被日益强调的产物。[3] 迈斯纳（Meisner）则发现，加拿大传媒对自然的呈现可归纳为四大主题：作为牺牲品的自然、病态的自然、作为问题的自然（如威胁、烦恼等）、作为资源的自然。[4] 有学者通过对比发现，较之于全球商业化传媒，一些第三世界国家的传媒更能够提供传递可持续发展理念、将环境议题作为地方和全球性问题来看待的环境报道。[5] 厄普尔通过对比美国和印度的反水电项目报道也发现，两

---

[1] Sharon Dunwoody and Robert J. Griffin, "Journalistic Strategies for Reporting Long-Term Environmental Issues: A Case Study of Three Superfund Sites", In Anders Hansen, eds. *The Mass Media and Environmental Issues*, Leicester: Leicester University Press, 1993, pp. 22–50.

[2] Sanna Inthorn and Michael Reder, "Discourses of Environmental Citizenship: How Television Teaches Us to be Green", *International Journal of Media & Cultural Politics*, Vol. 7, No. 1, 2011.

[3] Edna Einsiedel and Eileen Coughlan, "The Canadian Press and the Environment: Reconstructing a Social Reality", In Anders Hansen, eds. *The Mass Media and Environmental Issues*, Leicester: Leicester University Press, 1993, pp. 134–149.

[4] 转引自 Robert Cox, *Environmental Communication and the Public Sphere*, Thousand Oaks: Sage publications, 2006, p. 168.

[5] Sony Jalarajan Raj and Rohini Sreekumar, "The Commercial Misrepresentation of Environmental Issues: Comparing Environmental Media Coverage in the First World and the Developing Nations", *Amity Journal of Media & Communications Studies*, Vol. 1, No. 2, 2011.

国有着不同的环境新闻报道方式：印度对抗议者做了更详细、更频繁的报道；提供了不同层面的动员信息，以适应多元化政治取向受众的需要。① 汉森在其专著《环境，媒介和传播》第四至六章，分别探索了新闻传媒、大众流行文化（如科幻小说）、自然纪录片和广告中环境议题的报道/叙事框架，并指出将自然与国家认同、乡愁等概念相联系的框架，是与全球化相矛盾的。② 还有不少研究则针对具体的环境事件报道展开，D. 马厄和 S. 雅各布斯（D. Maher & S. Jacobs）对不列颠哥伦比亚省格里夸湾原始森林采伐报道的分析发现，新闻报道采取了个人利益冲突和政治斗争的框架，而不是把抗议界定为一个呼吁不同立场和理念的方式；新闻报道也一直聚焦于自身的抗议。③ 还有研究通过分析西班牙加泰罗尼亚区反转基因农作物运动的报道发现，尽管报纸曾对公民抗议做了大量报道，但随着事件被相关机构边缘化而逐渐消失。经框架分析发现，用社会和环境冲突框架报道转基因农作物会带来很大争议，而用科学和安全的生物技术框架则几乎不存在质疑。所以，此研究认为传媒对公众反转基因农作物负有责任。④

安德森曾批判性地审视了传媒报道中"主要定义者"的传统概念，认为不能忽略报道中"主要定义者"出现之前所存在的协商、冲突的复杂过程。⑤ 那么，在环境报道的后面，有着怎样的权力结构？还有哪些影响因素？究竟是谁在定义环境问题？这无疑是环境

---

① C. Uppal, "Providing Mobilizing Information: A New Approach to Studying Environmental Issues in the Media", paper delivered to the annual meeting of the International Communication Association, New Orleans, Louisiana, May 27 – 31, 2004.

② Anders Hansen, *Environment, Media and Communication*, Milton Park: Routledge, 2010, pp. 75 – 158.

③ D. Maher and S. Jacobs, "The Clayoquot Sound Controversy: News Coverage and Public Deliberation of Environmental Issues", paper delivered to Alta Conference on Argumentation, sponsored by the National Communication Association/American Forensic Association, 1995.

④ Mariel Vilella Casaus, "Press News Coverage of GM Crops in Catalonia in 2005: A Case Study in Environmental Communication", *Catalan Journal of Communication & Cultural Studies*, Vol. 2, No. 1, 2010.

⑤ Alison Anderson, *Media, Culture and the Environment*, London: UCL Press, 1997, p. 72.

报道研究的一大可深入挖掘的领域。考克斯总结了环境报道来自传媒内部及所有者的影响因素：所有者的经济利益（政治经济学），新闻规范和新闻价值（把关人），已接受的新闻价值标准，媒介框架，客观而平衡的新闻惯例。[1] 然而，学者们更愿意把环境看作一个"充满纷争和杂乱的领域"，而传媒在塑造这一充满争论的领域中发挥了至关重要的作用[2]，往往被视为"环境冲突的重要舞台和参与者"[3]。那么，在传媒提供的舞台上，谁在参与、如何参与，自然成了学者们所关注的问题。汉森集中探讨了绿色和平等环保组织的议程设置策略和权力，认为绿色和平确实有能力影响传媒的注意力，但影响的显著程度因环境议题的不同而存在差异。尽管绿色和平组织议程设置的潜力和权力会发生变化，但由于其采取了适当的策略，如与科学联盟、从事已经获得传媒例行关注的新闻论坛等，使其在避免自身作为一个组织而受审查、在环境辩论中稳固和维持合法而权威的"主要界定者"方面获得了很大成功。[4] 事实上，环保压力组织的影响力并非恒定的，往往因国家历史传统和文化背景而异。如奥尔佳·林恩（Olga Linne）的研究发现，丹麦和英国的传媒对环保压力组织——绿色和平作为新闻源持有不同态度。[5] 政府无疑也是环境报道的重要建构者，有研究分析了秘鲁环境治理中的传媒话语问题，发现普遍存在着被行政理性主义、同秘鲁与美国之间免费贸易协定所规定的环保需求交织在一起的经济理

---

[1] Robert Cox, *Environmental Communication and the Public Sphere*, Thousand Oaks: Sage publications, 2006, p.196.

[2] Alison Anderson, *Media, Culture and the Environment*, London: UCL Press, 1997, pp.1, 15.

[3] Libby Lester, *Media and Environment: Conflict, Politics and the News*, Cambridge: Polity Press, 2010, p.10.

[4] Anders Hansen, "Greenpeace and Press Coverage of Environmental Issues", In Anders Hansen, eds. *The Mass Media and Environmental Issues*, Leicester: Leicester University Press, 1993, pp.150 – 178.

[5] Olga Linne, "Professional Practice and Organization: Environmental Broadcasters and Their Sources", In Anders Hansen, eds. *The Mass Media and Environmental Issues*, Leicester: Leicester University Press, 1993, pp.69 – 80.

性主义等主导的政府消息源。① 在具体的建构策略上，安德森对环保组织、政府部门关于环境报道宣传的研究发现，为避免被视为同一阵营，即使在同一个"主要定义者"组织内部，也往往采用复杂的和完全不一样的定义方式。② 还有研究提出，市场价值、商业利益影响着环境议题的报道与呈现。③ 公众建构环境报道的行动与力量也引起不少学者的重视。杰奎琳·伯吉斯和卡罗琳·哈里森（Jacquelin Burgess & Carolyn M. Harrison）认为，公众是环境报道的消费者，但他们也充满了表达诉求。这使得地方传媒成为一个传播各方利益诉求的竞技场，公众和组织卷入了传媒内容的生产，他们通过传媒了解对手和公众舆论，并据此不断调整自己的利益诉求和表达策略。④ 西蒙·科特尔（Simon Cottle）对地方电视和全国电视的环境报道进行内容分析后也发现，报道环境新闻不仅仅只是提供环境信息的问题，而是要受到更深层面的文化及大众根深蒂固的自然观和环境观的影响。⑤ 还有学者探讨了环境议题参与者之间的互动关系。乔恩·克拉克内尔（Jon Cracknell）分析了大众传媒、环保压力组织、行政部门在阐述环境议题中所扮演的角色，发现传媒与行政部门之间的互动具有分化性，而与环保组织之间则有共生性和不确定性，且它们之间的关系受环保议题、环保组织类型

---

① Bruno Takahashi, "Discourse Coalitions in the Media: The Reconfiguration of Peru's Environmental Governance", paper delivered to the annual meeting of the International Communication Association, Suntec City, Singapore, June 22 – 26, 2010.

② Alison Anderson, "Source-media Relations: The Production of the Environmental Agenda", In Anders Hansen, eds. *The Mass Media and Environmental Issues*, Leicester: Leicester University Press, 1993, pp. 51 – 68.

③ Sony Jalarajan Raj and Rohini Sreekumar, "The Commercial Misrepresentation of Environmental Issues: Comparing Environmental Media Coverage in the First World and the Developing Nations", *Amity Journal of Media & Communications Studies*, Vol. 1, No. 2, 2011.

④ Jacquelin Burgess and Carolyn M. Harrison, "The Circulation of Claims in the Cultural Politics of Environmental Change", In Anders Hansen, eds. *The Mass Media and Environmental Issues*, Leicester: Leicester University Press, 1993, pp. 198 – 221.

⑤ Simon Cottle, "Mediating the Environment: Modalities of TV News", In Anders Hansen, eds. *The Mass Media and Environmental Issues*, Leicester: Leicester University Press, 1993, pp. 107 – 133.

的影响①；有研究从纵向的角度考察了美国传媒、公众和总统在环境议题上的动态关系，发现传媒受到总统影响后影响了公众，而受到公众影响后也影响了总统，但总统及其环保政策很少对公众舆论作出反应。② 此外，不少学者较为广泛地分析了环境报道的影响因素。邓伍迪和格里芬认为，记者的职业规范、报纸在社区的类型、官僚机构和报纸所服务社区的权力结构等都会影响传媒对环境问题的报道。③ 爱因塞德尔和科赫兰的研究也认为，报纸的环境报道是组织约束、专业实践与规范、新闻价值、文化共鸣和诉求表达活动等复杂互动的产物，组织约束和记者的主观性会限制、影响环境报道的本性。④ 莉比·莱斯特（Libby Lester）在其专著《媒体与环境：冲突，政治与新闻》中概述性地总结了这些影响因素，她认为专业实践、反射性行为、制度逻辑、经济决策、政治压力都影响着环境议题的报道；同时，环境新闻还独特地与历史、文化、恐惧、情感及全球普世情感、地方特殊偏好交织在一起，受其影响和制约。⑤

还有研究关注了环境报道存在的问题。有学者对当下全球化商业传媒的环境报道提出了批评，受市场价值、持续的媒介所有权垄断的影响，商业利益扮演了关键角色，全球化传媒对环境议题报道出现了

---

① Jon Cracknell, "Issue Arenas, Pressure Groups and Environmental Agendas", In Anders Hansen, eds. *The Mass Media and Environmental Issues*, Leicester: Leicester University Press, 1993, pp. 3 – 21.

② Qingjiang Yao, Zhaoxi Liu and Stephens Lowndes, "Exploring the Social Dynamics in the U. S. Democracy: Presidential and Public Opinions About, and Media Coverage of, Environmental Issues", paper delivered to the annual meeting of the International Communication Association, Marriott, Chicago, IL, May 21 – 25, 2009.

③ Sharon Dunwoody and Robert J. Griffin, "Journalistic Strategies for Reporting Long-term Environmental Issues: A Case Study of Three Superfund Sites", In Anders Hansen, eds. *The Mass Media and Environmental Issues*, Leicester: Leicester University Press, 1993, pp. 22 – 50.

④ Edna Einsiedel and Eileen Coughlan, "The Canadian Press and the Environment: Reconstructing a Social Reality", In Anders Hansen, eds. *The Mass Media and Environmental Issues*, Leicester: Leicester University Press, 1993, pp. 134 – 149.

⑤ Libby Lester, *Media and Environment: Conflict, Politics and the News*, Cambridge: Polity Press, 2010, pp. 2 – 3.

巨大转变：新闻媒体以牺牲理性和信息传递为代价而强调娱乐价值；受政策、经济等因素的影响，环境报道只能在特定的地理和文化领域开展等。[1] 伯吉斯和哈里森分析了商业开发自然保护区的反对者利用传媒表达诉求的过程，发现传媒已深深嵌入到人们的日常生活中，但人们往往从文化价值、经验和地方知识出发评价传媒的主张，使其很难工具性地促使舆论形成。[2] 有学者通过分析瑞典对切尔诺贝利事故引发放射性污染事故的传播过程、合法化危机及危机管理等，讨论了环境信息传播、现代风险社会对灾难和风险信息管理的合法性问题，并提出了信息传播存在的问题：传媒在风险社会中的功能不全，如仅对事故做短暂报道不利于公众系统学习、没有监督政府部门评估事故的经验教训等，这有可能促使危机合法化。[3] 对于如何提升环境报道的质量，里夫和赫拉奇建议，新闻工作者应在为受众提供充足环保知识的基础上，提供更有深度和更高质量的环境新闻，还应弄清真实的、受众所认知的环境危机[4]；安东尼奥·洛佩斯（Antonio López）认为，在环境传播中，传媒的本质在于公开，所以需立足于开放和当地语境之上，"慢"而"小"的传播环境能支持生物多样性的生态理念，也是一条包含了持续且有深度的方法论路径[5]；约翰·科纳和凯·理查森（John Corner & Kay Richardson）探讨了电视观众如何通过电视理解和解释核威力的议题，得出了几个重要的调整核威力和环境问题的关键维度：专业、科学知识及演讲的作用；众多环境报道形

---

[1] Sony Jalarajan Raj and Rohini Sreekumar, "The Commercial Misrepresentation of Environmental Issues: Comparing Environmental Media Coverage in the First World and the Developing Nations", *Amity Journal of Media & Communications Studies*, Vol. 1, No. 2, 2011.

[2] Jacquelin Burgess and Carolyn M. Harrison, "The Circulation of Claims in the Cultural Politics of Environmental Change", In Anders Hansen, eds. *The Mass Media and Environmental Issues*, Leicester: Leicester University Press, 1993, pp. 198 – 221.

[3] Stig A. Nohrstedt, "Communicative Action in the Risk-Society: Public Relations Strategies, the Media and Nuclear Power", In Anders Hansen, eds. *The Mass Media and Environmental Issues*, Leicester: Leicester University Press, 1993, pp. 81 – 104.

[4] Daniel Riffe and Tom Hrach, "Study Explores Audience's Views on Environmental News", *Newspaper Research Journal*, Vol. 30, No. 3, 2009.

[5] Antonio López, "Defusing the Cannon/Canon: An Organic Media Approach to Environmental Communication", *Environmental Communication*, Vol. 4, No. 1, March 2010.

成"符号化"共振,以激活根深蒂固的文化分类,如自然、发展、污染和死亡;观众在诠释过程中采用多样化诠释框架,如个人、政治、基于证据的、公民的框架等。①

(二) 国内传媒与环境议题研究综述

国内的传媒与环境议题研究较之国外起步要晚,从能检索到的文献看,最早的是1985年梁文俊的《谈环境新闻摄影及其意义》②,之后一直到21世纪初,只有一些零星的研究,而主题大多集中于强调传媒对环境保护的意义和提出、分享环境报道策略。21世纪以来,传媒与环境议题研究的数量稳步增长,主题也得以不断拓展,日益成为一个充满生机、富有活力的研究领域。在这一领域,既有对西方相关研究的引介,也有与西方相同的研究议题。更重要的是,在中国的现实语境下,"环境"作为一个政治边界相对模糊的领域,成为学者们考察公众参与、社会运动、社会冲突的重要场域,并产制出丰富而厚重的研究成果。

作为后发者,引进、介绍国外相关研究成果,进行环境新闻/报道的知识启蒙,促进环境新闻学构建,是国内传媒与环境议题研究的重要组成部分。张威介绍了美国环境新闻从19世纪中后期"自然资源保护运动"发端到20世纪90年代环境新闻学科系统建立的发展轨迹。③ 王积龙的专著《抗争与绿化:环境新闻在西方的起源、理论与实践》④,从环境新闻史、环境新闻理论、环境新闻业务、环境新闻教育、环境新闻与社会五个方面,对西方的环境新闻学做了较为系统、全面的介绍和研究。同时,他还发表了近20

---

① John Corner and Kay Richardson, "Environmental Communication and the Contingency of Meaning: A Research Note", In Anders Hansen, eds. *The Mass Media and Environmental Issues*, Leicester: Leicester University Press, 1993, pp. 222 – 233.

② 梁文俊:《谈环境新闻摄影及其意义》,1985全国新闻摄影理论年会论文集,安徽滁县,1985年10月,第445—448页。

③ 张威:《美国环境新闻的轨迹及其先锋人物》,《国际新闻界》2004年第3期。

④ 王积龙:《抗争与绿化:环境新闻在西方的起源、理论与实践》,中国社会科学出版社2010年版。

篇①引介性质的论文，对国内了解西方的环境新闻学、系统地进行环境新闻启蒙作出了积极贡献。刘涛的专著《环境传播：话语、修辞与政治》梳理了环境传播的九大研究领域，并从环境传播的话语与权力、修辞与政治等维度探讨了环境传播领域的诸多学术命题。②高芳芳的专著《环境传播：媒介、公众与社会》，在梳理环境传播发展渊源的基础上，重点考察了风险社会中的媒体、公众与机构在环境传播中扮演的角色。③

在中国的现实语境中，学者们不断审视、阐释传媒在环境议题中的角色和功能。杨楠分析了环境新闻的教育功能在中国的特殊地位和价值，认为环境教育功能具有浸润、散在、广泛、有效和必要等固有特性。④ 孙瑞祥认为，媒体应确定的预期功能与目标有：推动实现环境问题的"社会问题化"，实现媒体驱动型社会动员，获得及时有效的社会回应。⑤ 郭小平认为，大众传媒是风险社会的"文化之眼"，发挥着预警环境风险、传播生态环境信息、舆论监督、生态教育等功能。⑥ 韩韶君基于环境问题社会建构理论，将媒体在环境传播中的角色定位与功能概括为风险警示者的"风险预警"功能、风险监督者的"风险批评"功能、风险传播者的"风险沟通"功能。⑦ 张威对环境新闻的宣传、导向、"鼓动"提出了质疑，认为这有违新闻的客观性标准，会导致环境新闻陷入信任危机。⑧ 对此，孙玮进行了回应，她认为环境报道坚持客观性标准没错，但中国存在着公众环保意识缺乏、环保参与水平低、环保组织力量有限、国家相关法律制度薄

---

① 部分论文为著作中的内容。
② 刘涛：《环境传播：话语、修辞与政治》，北京大学出版社 2012 年版。
③ 高芳芳：《环境传播：媒介、公众与社会》，浙江大学出版社 2016 年版。
④ 杨楠：《环境新闻传播教育功能的固有特性》，《国际新闻界》2008 年第 9 期。
⑤ 孙瑞祥：《环境新闻社会效应的传播动力学分析》，《中国地质大学学报》（社会科学版）2010 年第 6 期。
⑥ 郭小平：《论"风险社会"环境传播的媒体功能》，《决策与信息》2018 年第 7 期。
⑦ 韩韶君：《环境传播中的媒体角色定位与功能发挥——基于环境问题社会建构理论》，《中国出版》2018 年第 6 期。
⑧ 张威：《环境报道的宣传色彩与新闻的客观性》，《国际新闻界》2007 年第 10 期。

弱且执行困难等问题，使得中国环保面临着特殊的社会状况，而开展"新社会运动"是破解这些环保难题的有效方式。所以，进行环保宣传和环保运动的"社会动员"是当下环境报道应承担并加强的功能。① 她对厦门反 PX 项目进行个案研究发现，在中国语境下，环保运动对传媒的依赖明显；传媒建构了运动的集体认同感，在很大程度上起到了组织、动员的作用。② 曾繁旭对一组邻避运动案例的实证研究也表明，在中国语境下的环境抗争运动扩散中，传统媒体不仅仅只是报道者，而且是作为运动模式的讲述者、互动平台的搭建者以及话语提供者的角色，自觉介入到运动扩散的过程当中。③ 此外，他分析环保 NGO 在中国建构的两个议题后发现，传媒是环保 NGO 的重要政治资源，既是 NGO 进行公共表达的渠道，也是 NGO 和国家进行互动的平台；传媒倾向于从 NGO 的立场报道议题，通过与 NGO 互动，能凝聚公共舆论，促使政府作出政策调整。④ 对公众而言，传媒往往是他们环境利益表达的重要管道。尹瑛的研究发现，在冲突性环境事件中，公众差异化的传媒近用状况对公众参与目标的设定、参与路径与方式的选择具有显著影响。在缺乏传媒支持的情况下，行动抗议常常成为参与者竞逐体制内权力的重要手段，从而引发直接的社会冲突。与此同时，传媒也能在与公众参与的互动中共同建构起传媒的公共性。⑤ 此外，还有研究集中探讨了环境报道在建构公众环保意识中的作用。⑥

---

① 孙玮：《转型中国环境报道的功能分析——"新社会运动"中的社会动员》，《国际新闻界》2009 年第 1 期。
② 孙玮：《"我们是谁"：大众媒介对于新社会运动的集体认同感建构——厦门 PX 项目事件大众媒介报道的个案研究》，《新闻大学》2007 年第 3 期。
③ 曾繁旭：《环境抗争的扩散效应：以邻避运动为例》，《西北师大学报》（社会科学版）2015 年第 3 期。
④ 曾繁旭：《国家控制下的 NGO 议题建构：以中国议题为例》，《传播与社会学刊》（香港）2009 年总第 8 期。
⑤ 尹瑛：《冲突性环境事件中的传播与行动——以北京六里屯和广州番禺居民反建垃圾焚烧厂事件为例》，博士学位论文，武汉大学，2010 年。
⑥ 李静：《试论我国环境报道对受众环境意识的构建》，硕士学位论文，广西大学，2007 年。

较多研究对中国的环境报道进行了梳理和分析。王瀚东、周煜分析《人民日报》和《楚天都市报》的污染报道发现：两报对环境污染的绝对和相对报道量均处于较低水平；政策与行动定位成为报道的主要内容和方式，大大超过事件定位的报道；宣传和广告式的修辞技巧影响、改变了环境新闻的独特性。[1] 在这类研究中，以硕士论文居多，如袁长波梳理了不同类型报纸环境报道的框架特点：传统党报侧重成就建设框架，市场化报纸侧重揭露环境问题框架，专业化报纸则偏重多元化问题框架。[2] 还有论文对某一报纸如《人民日报》[3]《南方周末》[4] 的环境报道进行细化研究。裴沙沙的研究表明，党报的环境新闻生产受"党管媒体"管理机制、组织控制手段、消息"来源偏向"、新闻路线分配等因素的影响，而受记者个人因素的影响微小，这使得党报的环境报道行政化现象比较突出。[5] 然而，更多的研究则指向传媒在环境报道中所存在的问题。岳璐等分析《南方周末》空气污染报道后发现，其对环境风险的再现部分实现了有效的风险沟通、缓解或降低了风险的伤害程度，但在传播渠道的分配正义、传播内容的信息正义以及传播过程的程序正义等方面表现出一定的局限性。[6] 贾广惠认为，传媒在环境事件的报道中出现了公共性断裂的问题[7]，遇到了公共性障碍。他认为，这种障碍内源于传媒消费主义、资本的侵蚀，外源于地方权力操控传媒、扭曲的发展观念、民众缺乏公德等因素，并提出要重塑传媒

---

[1] 王瀚东、周煜：《污染报道：〈人民日报〉与〈楚天都市报〉比较》，《新闻与传播评论》（2006—2007年卷），武汉出版社2007年版。

[2] 袁长波：《当前我国媒体环境报道的框架研究》，硕士学位论文，暨南大学，2011年。

[3] 张潇：《〈人民日报〉环境报道三十年：变化、趋势、影响》，硕士学位论文，西北大学，2010年。

[4] 石明：《传承与流变：〈南方周末〉近十年环境报道研究》，硕士学位论文，山东大学，2011年。

[5] 裴沙沙：《我国环境新闻生产影响因素的个案分析》，硕士学位论文，厦门大学，2009年。

[6] 岳璐、方世荣：《风险再现与媒介正义——以〈南方周末〉空气污染报道为例》，《湖南师范大学社会科学学报》2016年第5期。

[7] 贾广惠：《论环境事件中传媒公共性的断裂》，《国际新闻界》2010年第4期。

在环保传播中的公共性。① 无独有偶，王利涛认为，我国环境新闻长期受政府主导，存在着行政化色彩浓厚、工具性特点突出、公共利益边缘化等问题。因此，环境新闻需重建公共性，以专业化服务推动政府、公众和民间组织在环境治理中实现良性互动和有效合作。② 李畅则将问题归纳为整体指导思想不明晰、报道运动化、传播者环境主体意识平面化、停留于浅层次的道德义愤、过于纠结负面效应、"阿富汗斯坦主义"凸显等问题。③ 贾广惠在梳理中国环境保护传播发展脉络和分析传媒各种环境风险传播后认为，风险传播的机制滞后、环保传播的外部风险、地方政绩追求、资本对传媒的强力操控、环保 NGO 的推动，构成了中国环保传播的客体影响因素，而传媒公益性本质与市场化的矛盾、传媒消费主义引诱的浪费、环境风险议题中部分知识分子公共伦理瓦解等构成主体影响因素，须通过优化制度环境和提升传媒职能予以改进。④

近几年，环境冲突、环境抗争、环保运动日益增多，"环境"也日益成为一个"公共议题建构以及公共话语生产与再生产的'场'"，不同行动主体在这里进行着话语生产与意义争夺，也成为"认识其他社会场域的一个非常重要的话语资源和修辞资源"⑤。基于此，从不同视角考察传媒在这些环境事件中的表现，分析话语生产与争夺的过程，揭示背后存在的话语权力结构，是国内传媒与环境议题研究的重要组成部分。董天策、胡丹分析番禺垃圾焚烧选址事件的报道发现，传媒在报道中存在角色分化和冲突的现象，即存在着"党和政府喉舌"与"公众利益代表"、媒体自身职业角色与社会期望角色这

---

① 贾广惠：《中国环保传播的公共性构建研究》，中国社会科学出版社2011年版。
② 王利涛：《从政府主导到公共性重建——中国环境新闻发展的困境与前景》，《中国地质大学学报》（社会科学版）2011年第1期。
③ 李畅：《"煮蛙效应"——中国环境新闻报道的问题研究》，《西南民族大学学报》（人文社会科学版）2010年第4期。
④ 贾广惠：《中国环境保护传播研究》，上海大学出版社2015年版。
⑤ 刘涛：《环境传播：话语、修辞与政治》，北京大学出版社2012年版，第10、1页。

两种角色冲突。① 曾繁旭对反圆明园铺防渗膜事件报道的个案分析显示，在环境运动等具有"灰色"特征的公共议题领域，民间力量往往成为议题的"定义者"，传媒的"社会喉舌"角色逐渐发展，也会形成"媒体共鸣"的景观。② 在具体的报道框架上，夏倩芳、黄月琴的研究认为，传媒在对系列反石化项目环境运动的报道中，采用了多元化的复合型报道框架来建构事件议题，策略性地使用"环境风险"框架和话语将事件纳入传媒议程，但"信任政府"仍是一个基础框架，媒介话语始终依附于国家逻辑，且异地传媒采取了与本地传媒迥然有别甚至相反的框架。然而，传媒采用的环境风险框架或风险知识框架，并非报道的核心框架或一以贯之的框架，而是主要作为议程设置的话语策略来运用，随着冲突的进行和事件的发展，不断被转换和调整为政府治理、社会治安、民主政治的价值观等其他框架，环境问题始终没有成为传媒讨论的焦点问题和终极目标。③ 这致使传媒话语呈现出碎片化的"马赛克"模式，新闻场域集合了官方、公民、科学等多个话语体系。④ 事实上，结论的差异及不同话语策略的采用，反映出中国传媒对环境冲突事件的报道受各种因素掣肘，背后有着复杂的控制机制与运作逻辑。对于传媒间的话语分化与冲突，黄月琴在另一篇论文中认为，厦门反 PX 事件及其官方话语论述是"恶承认"和"恶分配"权力关系的综合体，公众行动者和异地媒体的传播话语实践则是为"承认"而斗争，其核心在于对合法性的争夺、公民权利认同和社会参与公平等。⑤ 夏倩芳等以国内四起环境冲突性事件为案例，考察了环境冲突性事件能得到媒体传播的逻辑机制，发现制

---

① 董天策、胡丹：《试论公共事件报道中的媒体角色——从番禺垃圾焚烧选址事件报道谈起》，《国际新闻界》2010 年第 4 期。

② 曾繁旭：《社会的喉舌：中国城市报纸如何再现公共议题》，《新闻与传播研究》2009 年第 3 期。

③ 夏倩芳、黄月琴：《社会冲突性议题的媒介建构与话语政治：以国内系列反"PX"事件为例》，《中国媒体发展研究报告》，2010 年。

④ 黄月琴：《反石化运动的话语政治：2007—2009 年国内系列反 PX 事件的媒介建构》，博士学位论文，武汉大学，2010 年，第 1 页。

⑤ 黄月琴：《社会运动中的承认政治与话语秩序：对厦门"散步"事件的媒介文本解读》，《传播与社会学刊》（香港）2012 年总第 20 期。

度性社会资本（指被结构化的、依托于国家权力的正式运作而发挥作用的资源，如国家和地方正式制度中的规则、程序和机构等）发挥着关键性作用，是阻碍冲突性议题传播的主导性力量，但其也能以多种方式让报道规避风险，并可能促使议题冲破地域限制，形成全国性舆论；在制度性资本匮乏的情况下，如公众能拥有足够强大的非制度性社会资本（指没有被制度化和结构化的社会资源，如私人关系网络、行业规范、个人身份等）和有效策略，能够联结到制度性资本，也可能争取到缝隙间的传播机会。[1] 黄煜、曾繁旭分析四起环境抗争事件后认为，尽管传媒成为新的社会动员手段，增强了社会运动的组织能力，提升了其合法性，但环境抗争要从"以邻为壑"演变为"政策倡导"，还需传媒与社会抗争形成"互激模式"。该模式的出现则依赖于"高度媒体市民社会"环境的形成和政策企业家对框架的灵活运用。[2] 戴佳、曾繁旭通过考察媒体在具体环境议题中的话语特征与框架演化，认为媒体可通过恰当的策略促成良性的环境风险评估、舆论形成以及相应的政策成果。[3]

（三）传媒与环境议题研究的简短评价

国内外关于传媒与环境议题的研究尽管时间不算长，但对"环境"的界定在整体上经历了一个从传媒的报道对象到不同行动主体进行话语生产与意义争夺场域的过程；传媒角色也从单一的环境报道者延展出环境问题的建构者、行动者、其他行动者竞相争夺的话语资源等；研究议题随之也从环境报道业务不断拓展、深化为环境报道框架、话语生产、话语控制等领域；研究的理论视角也从新闻传播学的框架理论、议程设置理论、涵化理论等不断拓展为社会冲突、社会运动、社会参与、社会资本、承认政治、意识形态理论等。总体而言，近几年来，国内学者更多地采用经验性研究方法展开研究，预示着传

---

[1] 夏倩芳、袁光锋、陈科：《制度性资本、非制度性资本与社会冲突性议题的传播——以国内四起环境维权事件为案例》，《传播与社会学刊》（香港）2012年总第22期。

[2] 黄煜、曾繁旭：《从以邻为壑到政策倡导：中国媒体与社会抗争的互激模式》，《新闻学研究》（台湾）2011年总第109期。

[3] 戴佳、曾繁旭：《环境传播：议题、风险与行动》，清华大学出版社2016年版。

媒与环境议题的相关研究拥有了一个崭新的起步及与西方进行学术对话的基础。不能回避的是，国内研究由于起步稍晚，尽管在不同的研究领域都有所涉猎，但就涉入的深度和广度而言，较之西方仍有差距。

通过梳理，笔者发现在已有的研究中，大多采用"国家—社会"二元框架进行分析，对环境冲突事件的传播过程进行微观、细化的深描，考察传媒如何为公众提供表达管道和参与平台，如何建构环境冲突议题，或公众、环保NGO等如何把传媒作为重要的话语资源，通过策略地竞逐与使用，使环境抗争得以成为可能，并最终促使"国家—社会"之间进行互动。无疑，对于当前强政府弱社会的中国而言，这类研究显然是非常必要的，有着重要的理论价值，也为本书提供了丰厚的研究基础和思路源泉。然而，"国家—社会"的二元分析框架，常常将"国家—社会"视为相互博弈的两极，暗含着二者之间存在着一定程度的对立与冲突，大多以某一极的胜利和另一极的妥协为结果，忽略了国家与社会之间存在合作的可能性。在这一框架之下，传媒更多地被作为环境抗争、环境参与的资源来强调，而传媒的表现也更多地集中于公众维权的领域，"难以集中在环境和风险本身，难以激发人们对经济发展和环境风险生产之间逻辑关联的反思和警惕"[①]。

事实上，以环境治理的视角检视当前传媒在环境冲突中的表现及环境冲突本身，发现仍存在不少值得深思的问题。一段时间里，因环境问题而引发的群体性事件或冲突比较频繁地出现，但它们大多以维护自身的权利为要义，而少有以保护生态环境、促进环境治理为诉求，且日益凸显出"邻避"（not-in-my-back-yard）的特征。所谓"邻避"，就是尽管某一类设施/项目是社会公共福利不可或缺的，但当地居民或单位担心其对身体健康、环境质量等有害，而产生一种嫌恶的、"不要建在我家后院"的情绪反应，并可能进一步引发集体行

---

① 夏倩芳、黄月琴：《社会冲突性议题的媒介建构与话语政治：以国内系列反"PX"事件为例》，《中国媒体发展研究报告》，2010年。

动和抗争行为。"邻避"取向的环境运动往往是单议题的行动,有着明确的目标导向,即停建或迁址邻避设施。在中国,自2007年厦门PX事件开创了"PX模式"之后,类似运动就不断上演,潜在地传递出"大闹大解决,小闹小解决,不闹不解决"的信号,并正进入一个"一闹就停"的死循环。如此,最终的结局是"多输",单光鼐将其概括为"三输":地方经济失去合法、合规的项目;审批机构公信力遭遇挑战;公众抗争并未争得更优的环保效果[①]。《财经》杂志刊文认为,当公众首要考虑的都是自家后院时,工业与经济就很容易因此陷入停滞,伴随而来的失业与收入锐减最先冲击的是蓝领和低收入家庭。[②] 显然,用环境绩效、经济绩效和社会绩效的最大化和可持续的环境治理目标来衡量,这样的运动很难说达到了环境治理的效果。基于此,很有必要以环境治理的视角检视传媒在环境冲突议题及环境报道中的话语实践。事实上,已有学者对传媒当前的话语实践表示担忧,如夏倩芳等的研究认为,足够强大的非制度性社会资本是公众争取到传媒传播机会的重要基础,而这些社会资本并非普通的弱势公众所能拥有,其结果可能就是环境风险更进一步"由强势群体向相对弱势群体转移:从精英群体向普通民众转移,从城市向乡村转移,从大城市向小城市转移,从中心区向边缘区转移,从经济发达区向欠发达区转移"[③]。从这个角度理解,传媒也在某种程度上潜在地促成了这样的不公。

综上所述,国内外学者关于传媒功能、传媒与环境议题的研究,无论是研究视角还是研究方法,都为本书奠定了坚实的基础,提供了充沛的思路源泉。正是在学者们学术积累和智识努力的基础上,本书基于治理理论的视角,以国家、社会合作而非对立的框

[①] 冯洁、汪韬:《"开窗":求解环境群体性事件》,《南方周末》2012年11月29日第9版。

[②] 鄢建彪:《求解环境群体性事件》(http://magazine.caijing.com.cn/2012-08-26/112082091.html)。

[③] 夏倩芳、袁光锋、陈科:《制度性资本、非制度性资本与社会冲突性议题的传播——以国内四起环境维权事件为案例》,《传播与社会学刊》(香港)2012年总第22期。

架，试图探讨传媒如何通过能动的策略选择和话语实践，促进环境治理网络的生成和共同环境治理行为的产生，从而为传媒与环境治理研究作出些许努力。

第三节 中国环境治理中传媒策略研究的路径与方法

一 "策略—关系"研究路径

本书将遵循鲍勃·杰索普（Bob Jessop）提出的"策略—关系"（strategic-relational）研究路径。"策略—关系"的路径，针对僵硬的结构分析的局限，强调将"政策领域、由于时间方面的各种具体关头而具有的、更多的可变性都考虑在内"[1]，认为结构不存在于具体的空间之外，也不存在于个体或集体行动者所追求的、可能还面临反对的行动目标的范围之外；同样，行动者也需在具体的语境中展开行动，而这取决于将具体的制度条件与同其他社会行动者的互动相结合。根据杰索普的阐释，"策略—关系"的研究路径，一方面，涉及结构"铭刻"的策略选择性（structurally inscribed strategic selectivity），这意味着结构限制常常是选择性地起作用，结构不是绝对的、无条件的，而常常是时间性的、空间性的、能动性的（agency-specific）和策略性的。另一方面，行动也按照具有策略计算结构取向（strategically calculating structural orientation）的能动主体行为来分析，这意味着能动者是反思性的，能够在一定范围内调整他们的身份和利益，并能对他们的现状进行策略计算。这使得行动者能在经验中以及包含着策略选择限制和机会的场景实践中学习，最终改变社会结构。[2] 郁建兴、王诗宗认为，"策略—关系"方法提供了一种强烈的方法论启示，即"在正视结构因素的前提下，认可某种'弹性'，考察行动者在具体结构背景下能进行何种

---

[1] ［英］B. 杰索普：《国家理论的新进展——各种探讨、争论点和议程》（续），艾彦译，《世界哲学》2002年第2期。

[2] Bob Jessop, "Interpretive Sociology and the Dialectic of Structure and Agency", *Theory Culture Society*, Vol. 13, No. 1, 1996.

策略选择和行动"①。

本书采用"策略—关系"的分析路径在于：中国在整体上尚不具备有效实施"治理"的条件，而中国传媒也受到制度、结构、理念等多种力量的掣肘，所以需要正视这样的制度框架和社会结构，但也不能纠缠于环境治理的障碍，而是着眼于传媒可以产生的作用，策略性地将传媒这一重要力量设置为行动者，强调其在现有结构和制度的隙缝之间，以策略的、能动的话语实践去发现环境治理存在的空间和发展契机，去促使中国环境治理网络的生成与生长，去促进共同环境治理行动的产生。可以说，采用"策略—关系"的研究路径，是在实践层面思考现有制度框架和社会结构下传媒如何促进中国环境治理的一种尝试。

二 具体研究方法

罗伯特·K.殷认为，选择研究方法须考虑三个条件：需要研究的问题的类型；研究者对研究对象的控制能力；研究的重心是历史现象抑或是当前问题。② 以此为对照，本书研究的问题类型是"怎么样？""为什么？""怎么办？"；研究者无法控制研究对象；研究的重心主要是当前问题，也要对传媒在当代环境议题中的话语生产予以检视。基于此，按照"策略—关系"的分析路径，选择契合本书主题的研究方法如下：

规范研究法是本书在宏观的方法论层面主要采用的研究方法。在中国整体不具备有效实施"治理"的条件下，将传媒设置为行动者，从环境治理网络生成和共同环境治理行动产生的条件出发，分析传媒在其中应有的角色与担当、应有的能动策略与话语实践，这本身就是一种规范研究。规范研究法强调采用逻辑分析或借助有关理论对研究对象进行归纳或演绎，通过理性思辨得出相关结论，其研究途径包

---

① 郁建兴、王诗宗：《治理理论的中国适用性》，《哲学研究》2010年第11期。
② ［美］罗伯特·K.殷：《案例研究：设计与方法》，周海涛等译，重庆大学出版社2010年中文第2版，第2页。

括:"(1)先验推理法,即从能够用理智或直觉认识的一般理论开始推论,然后得出合乎逻辑的结论;(2)后验推理法,即采用归纳方法,先寻求对各个事件的理解,然后确定事件的原因,最后得出一般性结论。"[1] 本书在研究的过程中,服务于具体的研究问题和需要,灵活、合理地采用"先验推理法"或"后验推理法",既以促进环境治理网络构建和共同环境治理行动产生为基准,检视当代环境议题中的传媒话语生产,又分析、归纳传媒应当怎样在现有结构和制度的隙缝之间,去主动促进环境治理网络的生成和共同环境治理行动的产生。

文献分析法主要采用的是具体研究方法。文献分析法又称文献研究法,是一种以文献搜集为基础,然后对所搜集的文献进行分析、比较、计量、归纳而获得研究对象发展规律和特点的一种方法。[2] 一般认为,文献分析法具有"经济""无反应"等优点,且适宜纵贯分析[3],在科学研究领域发挥着重要作用。中国环境治理中的传媒策略研究,无疑是一个较为宏阔的、跨学科的选题,需要系统地搜集、整理和分析新闻传播学、公共管理学、社会学、政治学、政治哲学等学科的中外文献资料,或从中"借助有关理论对研究对象进行归纳或演绎",或从中引证对研究对象的观点与看法,或从中找寻能论证、示例论文观点的材料。

案例研究法是本书采用的另一种具体研究方法。罗伯特·K. 殷认为,案例研究"涵盖了设计的逻辑、资料收集技术,以及具体的资料分析手段"。案例研究法可用于"解释某一方案的实施过程与方案实施效果之间的联系""描述某一刺激及其所处的现实生活场景""以描述的形式,列示（illustrate）某一评估活动中的一些主题"[4]。基于此,本书主要以描述的形式,用传媒在环境议题领域的具体实践

---

[1] 王邦佐等编:《政治学辞典》,上海辞书出版社2009年版,第37页。
[2] 邓小昭等:《信息管理研究方法》,科学出版社2007年版,第208页。
[3] 柯惠新:《传播研究方法》,中国传媒大学出版社2010年版,第102页。
[4] [美]罗伯特·K. 殷:《案例研究:设计与方法》,周海涛等译,重庆大学出版社2010年中文第2版,第22—23页。

案例对具体观点进行"解释"与"列示"。需强调的是，由于案例研究法并非本书的主导研究方法，所以很难遵循罗伯特所提出的严格要求和程序进行研究，也不可能完整再现每个案例的实际发生过程，而重在对具体观点进行"解释"或"列示"。

第二章

中国环境治理中传媒出场的背景

> 众多的治理改革中,都强调"必须做"以鼓励发展和减少贫穷,却很少关注什么是至关重要的,应该先做什么,后做什么,哪些可以短期实现,哪些只有经过长期努力才能达到,哪些是可行的……"足够好的治理"(good enough governance),意味着对制度和政府功能的演化有着更加细致入微的理解;懂得在这个世界中进行权衡和确定事情解决的优先顺序,而不是毕其功于一役;了解哪些因素可以产生作用,而不是纠缠于治理缺口(governance gaps)。[1]
>
> ——梅里利·S. 格林德尔(Merilee S. Grindle)

中国传媒在环境治理中出场至少蕴含着两个基本前提:一是存在着环境治理的机会与可能;二是传媒具备出场的条件或契机。一般认为,从理想状态出发,前者需要以民主、协作的价值与精神,成熟而多元的治理主体和法治为条件;后者需以具有新闻专业主义理念、强调公共利益的传媒为基础。不可否认,就整体而言,目前的中国并不具备满足这些条件的社会结构和制度框架。然而,从社会互构的角度出发,个人与社会、行动与结构之间存在着相互建构性,即存在着对立的同时也相互建构着对方。如此,社会互构中的行动,既有由结构

---

[1] Merilee S. Grindle, "Good Enough Governance: Poverty Reduction and Reform in Developing Countries", *Governance: An International Journal of Policy, Administration, and Institutions*, Vol. 17, No. 4, 2004.

而生、符合结构性要求并支持结构再生产的例行化行动，又有在例行化的行动程序和路径之外"不按套路（或常规）出牌"、促使新结构生成的"非常规行动"①。从这个意义上来说，将传媒设置为行动者，以促进中国环境治理网络生成和共同环境治理行动产生，在一定程度上具有非常规行动的意蕴。无疑，非常规行动能得以产生，也不可避免地与当下的结构存在着关联。所以，需首先基于"策略—关系"的分析路径，在中国当下的制度框架和社会结构中，去发现哪些制度空间和结构缝隙为环境治理及传媒参与其中提供了机会和可能，去分析传媒在环境治理中出场有着怎样的契机和动力。

第一节 缝隙与空间：传媒在中国环境治理中有出场的机会

中国存在着环境治理的空间和机会，是传媒出场并与之共舞的基本前提。这一部分将重点从国家与社会关系、中国行政制度和非制度因素产制治理资本三个层面，去探寻中国环境治理的空间。事实上，这三个层面的探讨，也为后面探讨传媒为何有条件和有能力出场提供了一个宏观背景。

一 "国家—社会"关系变迁释放的治理空间

新中国成立后，在经济上的计划体制和政治上高度一元化的领导体制之下，主要依托于单位制和人民公社，国家几乎垄断了所有重要资源和社会活动的空间，"公与私、国家与社会、政府与民间几乎完全合为一体，或者说，公吞没了私，国家吞没了社会，政府吞没了民间"②。改革开放后，随着人民公社的解体和单位制的日渐萎缩，"国家社会一体化"所依托的主要制度趋于瓦解，而以市场化为核心的经济体制转型，带来了资源占有分散化、利益主体多元化和社会需求

---

① 张兆曙：《非常规行动与社会变迁：一个社会学的新概念与新论题》，《社会学研究》2008年第3期。

② 俞可平等：《中国公民社会的兴起与治理变迁》，社会科学文献出版社2002年版，第204页。

多样化；同时，政府与社会的关系也不断进行着调整，主要体现为政府向企业（经济领域的活动主体）、个人和社会组织（社会领域的活动主体）放权。这些改革和调整带来了资源和社会权力的再分配，不仅使个人在经济、政治上不断获得摆脱国家控制的资本而不再完全依存于国家，而且也不断产制和重构着社会组织。"后毛泽东时代的经济改革引发了社会经济变迁，改变了国家与社会之间固有的权力平衡，降低了国家控制、操纵社会的能力"，与此同时，作为经济改革的产物，广泛的、各种各样的社会组织应运而生，并构成了一个"中间领域"（an intermediary sphere）。这些组织与党/国家机器之间有着不同的关系类型。① 如此，随着经济领域和社会领域的权力逐步成长，政治领域垄断一切权力的"单极结构"正在向三个领域分享权力的"多极结构"转变②，长期处于国家权威控制、束缚和渗透之中的"社会"逐渐被释放出来，获得了有限的自主权和部分资源，活动空间不断扩大，日益成为国家体系之外的力量和领域，从而为产制成熟而多元的环境治理主体提供了起点和希望。

然而，国家仍是这场社会转型的主导者，在国家与社会的权力分配格局中居于主导地位，其自身也在不断"经历着制度变迁，以努力与快速变化和存在潜在威胁的社会经济环境建立一种新的、稳定的关系"③。对此，社会学者陈映芳分析认为，在后单位时代，国家/城市政府始终直接而简单地掌握着社会最重要的政治、文化、经济、生活等资源，从而控制了社会成员实现地位上升的最主要途径，致使社会对权力仍有着较强的依附性。此外，国家及城市各级党政部门仍通过延续、活性化"单位"的政治功能、加强街道/居委会的政治支配功能、向新形成的社会空间和社会群体渗透权力等方式，不断重构国

---

① Gordon White, "The Dynamics of Civil Society in Post-Mao China", In Brian Hook, eds. *The Individual and the State in China*, Oxford: Oxford University Press, 1996, pp. 201、207.

② 康晓光：《权力的转移：转型时期中国权力格局的变迁》，浙江人民出版社1999年版，第1页。

③ Gordon White, "The Dynamics of Civil Society in Post-Mao China", In Brian Hook, eds. *The Individual and the State in China*, Oxford: Oxford University Press, 1996, p. 207.

家对社会的支配系统。① 学者康晓光、韩恒的实证研究表明,1978 年以来,国家对社会建立了一套新的支配体系——"分类控制体系",并据此有效控制了社会组织化进程。在这一体系中,国家不再实行全面干预,私人领域和经济领域已经放开,允许某些类型社会组织存在,并有意识地利用它们提供公共物品的能力,使其发挥"拾遗补缺"的作用。然而,"国家控制社会"仍是这一体系的根本特征,政府不允许社会组织完全独立于国家之外,更不允许它们挑战自己的权威,往往根据自身的利益需求、社会组织的挑战能力及社会功能,实施不同的控制策略和控制强度。② 概言之,面对社会领域的多元利益诉求和社会力量的不断壮大,国家也不断通过重构权力体系、调整支配方式、重建控制策略等,在延续对社会控制力的基础上,开始"拾遗补缺"地发挥社会组织提供公共物品的能力。其结果,便是众多学者所考察的,社会组织独立性缺失、依附性严重,致使"在当下中国,很难找到一个能完全体现自愿参与原则、独立于国家和进行自我管理的理想类型的公民社会组织","系列复杂而快速变化的、与党/国家有着多层、多元化关系的相似社会事物(social constellation)"只能形成"局部的(partial)、拼凑的(patchy)'公民社会'"③,"大部分研究都采用诸如'初期的(nascent)'、'萌芽期的(embryonic)'、'浮现的(emerging)'之类的词来描述中国的'公民社会',以承认社会经济组织在自治、影响乃至持久性方面受到的限制"④。

以规范性的取向考察,公民身份、社会组织、公民参与等是形成环境治理网络的基本条件,而网络体系则是有效开展治理的基础。无

---

① 陈映芳:《行动力与制度限制:都市运动中的中产阶层》,《社会学研究》2006 年第 4 期。

② 康晓光、韩恒:《分类控制:当前中国大陆国家与社会关系研究》,《社会学研究》2005 年第 6 期。

③ Gordon White, "The Dynamics of Civil Society in Post-Mao China", In Brian Hook, eds. *The Individual and the State in China*, Oxford: Oxford University Press, 1996, p. 207.

④ Bruce J. Dickson, *Red Capitalists in China: The Party, Private Entrepreneurs, and Prospects for Political Change*, Cambridge: Cambridge University Press, 2003, p. 18.

疑，缺乏"理想类型"的社会组织和社会领域，无不体现出公民参与环境治理的窘境，也道明了实现"规范"层面环境治理的障碍。然而，依照"策略—关系"的研究路径，在看到公民参与窘境的同时，更应以积极的态度去寻找结构体系中所存在的弹性空间，去发现公民参与环境治理的机会。在前面的分析中，至少可以看到，政府从自身的能力考量和利益需求出发，开始重视并发挥部分社会组织提供公共物品和公共服务的能力，而这些社会组织也因此获得了"镶嵌的自主性"（embedded autonomy）。"镶嵌的自主性"这一概念最早由彼得·埃文斯（Peter Evans）提出，其被用来解释中国大陆国家与社会的关系时，通常指社会组织须镶嵌到国家体系中，以保持或获得一定的自主性。[1] 也就是说，因为国家对社会仍有较强的控制力，所以社会组织必须嵌入到国家体系和现有的制度框架之中，以此获得自身运作、发展所依赖的资源。事实上，不少学者的研究表明，这种"镶嵌的自主性"已在一定程度上赋予了社会组织作为治理主体的身份。王诗宗、何子英的研究认为，在中国独特的政治环境中，部分社会组织（如温州商会）因其镶嵌性而得以与政府形成权力依赖，又因其自主性而成为国家体系之外的推动力量。这种有别于西方的地方治理格局"同样符合国家社会关系调整、社会力量重要性上升的趋势，同样是克服不可治理性的工具"。[2] 郁建兴、周俊的研究则进一步认为，在国家与社会良性互动的框架之下，独立性并非民间组织参与"公域"的必要条件。一些民间组织尽管在职能获得和履行上仍然依附于政府，但却通过提供公共物品和公共服务实质性地参与到公共治理中，与政府形成了一种互惠的依赖关系。据此，民间组织能够在参与中提高公共治理能力，并获得更大的独立性。所以，应将"参与"视作获取"独立"的一个特别重要的途径，而非将"独立"

---

[1] 王诗宗《治理理论及其中国适用性》，博士学位论文，浙江大学，2009年，第143页。

[2] 王诗宗、何子英：《地方治理中的自主与镶嵌——从温州商会与政府的关系看》，《马克思主义与现实》2008年第1期。

视作"参与"的先决条件。① 这正如乔尔·米格代尔（Joel S. Migdal）所强调的："国家和社会都不是固定的实体，在相互作用的过程中，它们的结构、目标、支持者、规则和社会控制都会发生变化。"② 也就是说，国家与社会的关系并非固化的，而是一个在交换中相互赋权和不断变更着行动边界的动态过程。这意味着，治理并非既定的制度安排，也非意识形态的附属物，而是一个社会通过持续参与公共事务治理，在与国家的不断互动中重构行动边界、扩大自主空间的过程。

遵循上述思路，"国家—社会"关系变迁所释放的空间，已开始让社会组织在提供公共物品和公共服务中参与治理、发挥作用。环境作为人类生存的基础，具有生态系统性、享用上的不可分割性、消费上的非竞争性和非排他性等特征。所以，保护环境、确保环境质量、提供生态产品应纳入基本公共服务的范畴。习近平总书记2013年在海南考察时指出，"良好生态环境是最公平的公共产品，是最普惠的民生福祉"，在2018年全国生态环境保护大会上强调，"良好生态环境是最普惠的民生福祉，坚持生态惠民、生态利民、生态为民"；党的十九大报告强调，"要提供更多优质生态产品以满足人民日益增长的优美生态环境需要"。然而，中国现阶段所面临的环境危机紧迫而复杂，加之"国家治理体系和治理能力有待加强"，仅仅依靠传统科层式的公共事务管理模式恐难以应对。事实上，近年来不断涌现的环境污染事件和冬天持续出现的雾霾天气，日益折射出中国环境问题在一定程度上存在着可治理性缺失的问题，单靠政府恐难以承受环境治理之重。基于此，面对严峻的环境危机和环境治理能力不足，地方政府不仅会容忍而且可能还会主动培育、造就环境治理的社会合作者，通过协作实现环境的有效治理。如此，拥有"镶嵌的自主性"的社会组织，便可通过提供环境保护、环境产品等公共物品和服务，获得

---

① 郁建兴、周俊：《公共事务治理中的公民社会》，《二十一世纪》（香港）2008年总第106期。
② 转引自郁建兴、王诗宗《治理理论的中国适用性》，《哲学研究》2010年第11期。

参与环境治理的机会,并在参与中提高治理能力,甚至通过不断扩大环境治理空间、重构与政府的行动边界等,不断促进环境治理网络生长。事实上,已有不少学者强调了这种环境治理机会的意义和价值。如彼得(Peter Ho)认为,中国的环保运动遵循着自己的路径,中国半威权的政治体制为环保运动创造了社会空间,绿色组织不是要成为与国家对抗的潜在威胁,而是迎合、依赖于国家并采取非冲突的行动策略,越来越影响着国家的政策制定。正是基于这种渐进的、合作而非对抗的路径,"环保主义者才有机会介入环境政策的制定、建立牢固的专业知识、获得发出自己声音和呼吁市民参与行动的经验。基于此,今天我们在中国所看到的环境保护主义的'芽苗',可能会成为将来强有力的社会力量"。[1]

二 中国行政体制变迁提供的治理机会

前面从国家与社会关系变迁的角度分析了中国环境治理的空间,现在将视角转向行政结构内部,继续寻找展开环境治理的机会与可能。改革开放前,中国是一个国家权威统摄一切领域的"总体性社会"(totalitarian society),尽管在行政体制内部也存在着各种博弈与纷争,但高度集权的政治体制、高度集中的计划经济体制、强有力的意识形态塑造和整体化的利益结构,使得中国有着高度集中的国家权威,地方政府掌握的资源和空间有限,主要承担着"权力传送带""中央政策执行者"的角色。此后,中国的政治经济改革主要遵循着"放权让利"的路径,体现在行政体制内部便是向部门和地方进行放权和分权。在具体的分权实践中,经济上实行"财政包干制",通俗地说就是"交足国家的,剩下都是自己的";政治上实行"政治承包制",即国家设定各种硬性指标和禁止性规范,只要部门、地方和基层达到各项硬性指标规定并不违背各项禁止性规范,它们的行动便不

---

[1] Peter Ho, "Embedded Activism and Political Change in a Semiauthoritarian Context", *China Information*, Vol. 21, No. 2, 2007.

受约束。①

分权实践给中国行政体制带来的影响可从两个方面去理解。一方面,包干制和承包制构筑了一种"压力型体制",即各级政治组织为完成上级下达的各项指标而采取的数量化任务分解的管理方式和物质化的评价体系。其运作的特点是各级组织将任务和指标层层量化分解,下派给下级组织和个人,并以完成情况作为奖惩依据,且在任务和指标的主要部分以"一票否决制"(一旦某项任务没达标,就视其全年工作成绩为零)的评价方式对下级施加压力。这一体制的本质是将经济中的承包责任制引入政治生活,用物质刺激来驱动政治过程,而上级也得以在分权后保持对下级的行政压力。② 另一方面的影响则是,地方政府以"压力"置换了"空间","财政包干制"使地方政府获得了"包干外收益",而"政治承包制"意味着国家放弃了对承包外行政权力的监督权,地方政府和部门获得了外在于国家监控的行政自由裁量权,开始拥有相当大的自由裁量空间。沈荣华、王扩建认为,中央在放权过程中未能建立起有效的权力监督制衡机制,波动的制度变迁、相对软化及非耦合性的制度约束机制,使得地方政府及其核心行动者在制度变迁中获得了一定的自主性、拓展了行动空间。③ 从积极方面看,弹性行动空间的获取,意味着地方政府在一定程度上拥有了改革自主权和制度创新的空间,从而成为推动制度变迁的重要变量和行动者。从消极方面看,这也有可能使各级政府和部门演变为"企业化政府"和"企业化部门",它们利用获得的自主和空间追求个体和小共同体利益,实现地方、部门、个人的利益最大化而放弃维护国家的权威。如此,国家权威被逐渐分割和交易,成了碎片

---

① 戴长征:《国家权威碎裂化:成因、影响及对策分析》,《中国行政管理》2004年第6期。
② 荣敬本等:《从压力型体制向民主合作体制的转变——县乡两级政治体制改革》,中央编译出版社1998年版,第28—35页。
③ 沈荣华、王扩建:《制度变迁中地方核心行动者的行动空间拓展与行为异化》,《南京师大学报》(社会科学版)2011年第1期。

化的权威,而政府过程成了可以谈判的对象。① 也就是说,"中国并非是一种同质的(homogeneous)、铁板一块的权威主义政体,而是一种分散的或分权的权威主义体制(fragmented authoritarianism)"。在这一体制下,中央政府、省、地方政府、军队、新兴的社会阶层、新兴的社会组织、公众舆论等不同行动者对政治产出产生影响;中国的政治体制是多样化的实体,而并非同质的;有着很多不同、相互间有分歧的"模式"。② 可见,在碎片化的威权主义和条块分割的管理体制下,内部充满了条条、块块以及条块的分割,由于利益出发点和权责范围不同,它们之间难免会出现各种矛盾甚至冲突,以致形成了一个相对"分裂"的行政体系。

事实上,按照"策略—关系"的分析路径,从积极层面看,中国的行政体制变迁给环境治理带来了契机;从消极层面看,也给环境治理留存了缝隙。

先看积极层面,随着中央对环境问题的高度重视和生态文明建设的深入推进,党的十八大报告提出,"把资源消耗、环境损害、生态效益纳入经济社会发展评价体系,建立体现生态文明要求的目标体系、考核办法、奖惩机制"。2015 年 8 月,中共中央办公厅、国务院办公厅印发了《党政领导干部生态环境损害责任追究办法(试行)》,2017 年 12 月又印发了《关于划定并严守生态保护红线的若干意见》。该《意见》明确提出,要"根据评价结果和目标任务完成情况,对各省(自治区、直辖市)党委和政府开展生态保护红线保护成效考核,并将考核结果纳入生态文明建设目标评价考核体系,作为党政领导班子和领导干部综合评价及责任追究、离任审计的重要参考",强调要"严格责任追究","对造成生态环境和资源严重破坏的,要实行终身追责,责任人不论是否已调离、提拔或者退休,都必须严格追责"。可见,绿色 GDP、环境保护、生态效益、提供基本的环境质

---

① 戴长征:《国家权威碎裂化:成因、影响及对策分析》,《中国行政管理》2004 年第 6 期。
② [德]托马斯·海贝勒:《关于中国模式若干问题的研究》,《当代世界与社会主义》2005 年第 5 期。

量、降低发展的环境成本等正越来越多地被纳入为"压力型体制"中的任务和指标,并开始采用"一票否决""终身追责"的方式。在评价体系的压力之下,地方政府便成为环境治理经费不足、治理能力不够、信息不充分等困境的首要遭遇者,而来自"压力型体制"的压力使其又不得不去破解这些难题。作为积极追求自身利益最大化的"理性经济人",地方政府最终便可能利用前面所述的改革自主权和制度创新空间,通过创新政策工具(譬如吸纳社会力量参与环境治理)来突破这些困境。事实上,相当多的研究表明,为了获得中央或上级政府认同的最佳政绩,地方政府往往具有捕捉潜在制度收益的动机,通常比中央治国者更加积极地推动制度变迁。① 市县创新的主动性明显高于中央政府,一直是政府创新活动的活跃地带。② 概言之,"压力型体制"下的绿色、环保、生态等硬性指标和任务,将很可能推动地方政府利用行动空间进行改革创新,积极主动地与社会组织展开合作,共同治理环境,从而在地方层面局部地提供了环境治理的契机。

就消极层面而言,碎片化的威权主义和相对"分裂"的行政体系,也以独有的方式为社会组织参与环境治理留存了缝隙、赢得了生机。一方面,相对"分裂"的行政体系也能为普通市民、社会组织和维权者提供"政治机会结构",使其可以借助中央政府、上级部门的权威来否定地方政府行为的正当性。石发勇对街区环保运动的个案研究发现,市民们在运动中不挑战国家权威,而且还利用高层职能部门来抵制和制约地方当局和工商组织的侵权行为,这确实影响甚至有可能改善地方治理秩序。③ 林芬、赵鼎新对"厦门反 PX 项目""反怒江建坝运动"的案例研究也认为,"媒体的报道空间

---

① 沈荣华、王扩建:《制度变迁中地方核心行动者的行动空间拓展与行为异化》,《南京师大学报》(社会科学版)2011 年第 1 期。
② 王诗宗:《治理理论及其中国适用性》,博士学位论文,浙江大学,2009 年,第 146 页。
③ 石发勇:《关系网络与当代中国基层社会运动——以一个街区环保运动个案为例》,《学海》2005 年第 3 期。

乃至于整个运动的成功与否，在很大的程度上得益于政府中某些部门的支持，而这些支持的基础则来自当前中国新型国家和社会关系下政府各部门之间在利益和立场上的不同"①。曾繁旭等的研究也认为，"中央与地方的利益博弈在一定程度上也为环境事件抗争者们提供了发展盟友的可能性。其中，中央对环境保护的重视，使得中央政府更有可能成为环境事件中抗争者有影响力的盟友"②。另一方面，相对"分裂"的行政体系为社会组织与环保部门提供了结盟的机会。彼得对中国环保运动的研究认为，在半威权的政治体制下，为了克服地方保护主义，中央政府有时甚至鼓励环保主义者公开对抗地方政府。③ 事实上，在"分裂"的行政体系中，环保部门一直面临着执法力量太弱、在职责界定上与其他部门存有矛盾、对地方环保机构控制乏力等结构性难题，而在环境治理中很可能需要面对中央部门、企业集团与地方政府共同编织的阻碍网络，加之环保在各级政府追求政绩最大化的过程中常常被边缘化，致使其难以具备足够的权威和力量开展有效的治理行动。在这样的背景下，环保部门就非常需要盟友合作，时任国家环保总局副局长的潘岳强调，"要通过环评和'三同时'制度建立一个平台，作为联系和团结媒体、学者、人大、政协、NGO、民众等同盟军的手段，发挥同盟军的作用"④。无疑，环保组织是环保部门不可或缺的盟友。这是因为，环保组织不仅能够发现环境问题、发起环境议题，而且还能在关键时刻发出虽是体制外却代表着社会意见的声音给环保部门以支援。通过结盟，环保组织也获得了行动的合法性。譬如，在"反怒江建坝"运动中，环保部门便与民间环保组织密切联系，在观点上相互呼应，在行动上相互配合，以默许甚至直接支持等方式

---

① 林芬、赵鼎新:《霸权文化缺失下的中国新闻和社会运动》,《传播与社会学刊》（香港）2008 年第 6 期。
② 曾繁旭、戴佳、王宇琦:《媒介运用与环境抗争的政治机会:以反核事件为例》,《中国地质大学学报》（社会科学版）2014 年第 4 期。
③ Peter Ho, "Embedded Activism and Political Change in a Semiauthoritarian Context", *China Information*, Vol. 21, No. 2, 2007.
④ 邓瑾:《环保新力量登场的台前幕后》,《南方周末》2005 年 1 月 27 日。

为民间环保组织的行动提供合法性,以此共同对抗华电集团公司与当地政府结织而成的阻碍网络。

三 非制度性因素产制的治理资本

治理能得以实现,必须以拥有一定的资源和资本为基础。近年来,社会资本对治理的意义和价值正被越来越多地强调,认为"社会资本与治理之间存在着结构性依赖和制约的关系"①,"社会资本的充分发育是协同治理得以实现的基础"②。社会资本(social capital)的概念首先由法国社会学家皮埃尔·布尔迪厄(Pierre Bourdieu)提出,将其定义为"与拥有或多或少地具有体制化关系(institutionalized relationships)的持久网络相关联的实际或潜在资源的集合"③。詹姆斯·科尔曼(James S. Coleman)则强调了社会资本的生产性(productive)功能和工具性价值,认为社会资本由它的功能所规定,是各种不同的而非单一的实体,但它们有两个共同的要素:由社会结构的某些要素所构成;促进社会结构中行动者(无论是个人的还是社团的)的行动。与其他形式的资本一样,社会资本具有生产性,能够为实现某些目标提供可能,构成了一种对行动者有效的特殊资源。④ 罗伯特·帕特南直接将社会资本定义为"社会组织的特征,诸如信任、规范以及网络,它们能够通过促进合作行为来提高社会的效率"⑤,从而使社会组织得以突出强调,而信任、规范、网络等也被纳入社会资本的范畴。尽管这些定义各自强调的重点不同,但大多继承了布尔迪厄所开创的社会资本具有资源性质

---

① 王强:《治理与社会资本问题研究》,《内蒙古民族大学学报》(社会科学版)2007年第2期。

② 何水:《协同治理及其在中国的实现——基于社会资本理论的分析》,《西南大学学报》(社会科学版)2008年第3期。

③ Pierre Bourdieu, "The Forms of Capital", In John G. Richardson, eds. *Handbook of Theory and Research for the Sociology of Education*, Westport: Greenwood Press, 1986, p. 248.

④ James S. Coleman. "Social Capital in the Creation of Human Capital", *The American Journal of Sociology*, Vol. 94, Supplement, 1988.

⑤ [美]罗伯特·帕特南:《使民主运转起来》,王列等译,江西人民出版社2001年版,第195页。

的传统,社会网络、规范、信任等嵌入在社会结构中以促进行动者有效行动的资源被作为社会资本的主要构成要素得以强调。肯尼思·纽顿对定义的考察认为,至少可从三个方面理解社会资本:首先,社会资本作为规范和价值观,由公民主要与信任、互惠和合作有关的一系列态度和价值观构成。其次,社会资本作为网络,强调个体、群体和组织的社会网络是社会资本的关键组成部分,主要特征体现为那些将朋友、家庭、社区、工作以及公私生活联系起来的人格性网络,包括联结松散的非正式网络和高度组织化的正式组织。再次,社会资本作为后果,强调社会资本是社会结构和社会关系的有助于推动社会行动和搞定事情的特性。这些后果也许是进行富有成效和效率的合作的能力,也可以表现为现实的、物理性产品的形式。① 事实上,透过社会资本的概念,便能大体推断社会资本对环境治理的核心价值:从宏观层面看,社会资本体现在以社会关系网络为载体的公共精神(包括信任、互惠、团结、合作等)、公民意识、民间组织等多个维度上,能不断促进环境治理网络生成,从而将政府之外的环境福祉利益相关者(企业、民间组织、公众等)纳入治理网络,且建立在高密度社会资本之上,强调信任合作、互惠规范的环境治理网络将更加稳固与持久。同时,社会资本的存在还能有效促进环境治理主体之间采取合作行动,或者降低合作治理的成本,从而大大提高环境治理的绩效。在这方面,纽顿曾论述道,社会资本是将社会捆绑在一起的黏合剂,能把"个体从缺乏社会良心和社会责任感的、自利的和自我中心主义的算计者,转变成具有共同利益的、对社会关系有共同假设和共同利益感的共同体的一员"②。从微观层面看,具体到个人、社会组织等微观行动者,社会资本便是亚历杭德罗·波特斯(Alejandro Portes)眼里的

---

① [英]肯尼思·纽顿:《社会资本与现代欧洲民主》,载李惠斌、杨雪冬《社会资本与社会发展》,社会科学文献出版社2000年版,第380—390页。

② 同上书,第381页。

"个人凭借他们的关系网络或更广泛的社会结构控制稀有资源的能力"①,以及林南所强调的"在目的性行动(purposive action)中被获取的和/或被动员的、嵌入在社会结构中的资源",这些资源包括财富、权力、声望和社会网络等,个体行动者可以通过直接或间接的社会关系获取它们。②无疑,社会资本拥有的多寡,直接决定着个人和组织动员资源的能力。治理强调"为求达到目的,各个组织必须交换资源、谈判共同的目标"③,环境治理实乃各治理主体在共同行动中,利用各自的资源进行合作,贡献相关知识和能力的过程。所以,环境治理主体掌握社会资本的情况直接影响着个人和组织的环境治理能力,影响着各个治理主体之间的合作程度,进而决定着环境治理的深度、广度和绩效。

目前,中国从传统人情社会向现代契约社会的转型远未完成,所以人情社会(情理社会)所形成的秩序、规则、文化和运行方式等,仍发挥着重要而显著的作用,而这将在一定程度上影响着社会资本的发育与生成。在人情社会下,中国人的关系网络在本质上是基于血缘、地缘关系的一种拓展和延伸,个体首先就生活在自己不能选择的网络中,"在乡土生活中将自己依附于家庭、亲属与老乡,在城市生活中将自己依附于家庭、同学与单位,在社会流动中将自己依附于亲朋好友"④,存在着相对封闭、延伸半径小、自利性强等问题。基于这样的关系网络,人与人之间的交换更多地属于"延时回报的交换、模糊回报的交换、熟人社会的交换、依靠道德约束的交换、特殊主义的交换",而与现代契约社会所倡导的精确的交换、陌生人社会的交

---

① Alejandro Portes, "Economic Sociology and the Sociology of Immigration: A Conceptual Overview", In Alejandro Portes and Robert K. Merton, eds. *The Economic Sociology of Immigration: Essays on Networks, Ethnicity, and Entrepreneurship*, New York: Russell Sage Foundation, 1995, p. 12.

② [美]林南:《社会资本:关于社会结构与行动的理论》,张磊译,上海人民出版社2005年版,第23—24、28、42页。

③ [英]格里·斯托克:《作为理论的治理:五个论点》,华夏风编译,载俞可平编《治理与善治》,社会科学文献出版社2000年版,第41页。

④ 翟学伟:《"关系"与"社会资本"之辨析》,《光明日报》2007年9月4日第11版。

换、依靠法规约束的交换、普遍主义的交换和协商一致的交换相去甚远。① 所以，嵌于人情社会中的关系与社会资本存有明显差异。根据翟学伟的分析，与社会资本蕴含着构建性的目标性网络、制度性的互动、个人与组织或团体以及组织团体之间的关联、明确的自我边界、规范式的交往、结构性与制度性的资源控制与交换等特点相比，中国的"关系"呈现出自然性的生活网络、长久性的互动、个人层面的连接、模糊的自我边界、人情式的交往、权力式的资源控制与交换等特征。② 此外，与社会资本具有公益性的逻辑思维不同，关系的思维逻辑总是把自利性放在首位，从而具有个体捷径主义的特点，致使很多问题往往通过私交、感情、摆平等来解决。③ 论述至此，不难得出结论，人情社会还会在中国延续或部分延续相当长时间，这将在一定程度上阻碍着环境治理所需的社会资本的生成，进而影响环境治理的绩效。

然而，基于"策略—关系"的分析路径，应以积极的态度看到，尽管人情社会还将延续相当长时间，但起码整个社会正在朝着契约社会的方向转型。同时，改革开放以来，随着市场经济的不断发展、社会流动的加快和城市化进程的提速（中国的城市化率 2012 年已超过 50%；另据联合国估测，2050 年将达 72.9%），越来越多的人开始生活在陌生人世界里，而"社会"空间的释放及力量的壮大也不断催生着新型的组织和网络……总体而言，尽管这些因素的发展程度和水平仍然有限，但也在慢慢打破和解构较为稳固的"关系"网络，并为社会资本的发育与产制进行着量的积累。与此同时，更应看到的是，社会资本并非一种既定的、先验的存在，诚如有学者所言，治理与社会资本之间是一种相辅相成、相互促进、相得益彰的关系，未建

---

① 冯必扬：《人情社会与契约社会——基于社会交换理论的视角》，《社会科学》2011 年第 9 期。
② 翟学伟：《从社会资本向"关系"的转化——中国中小企业成长的个案研究》，《开放时代》2009 年第 6 期。
③ 翟学伟：《是"关系"，还是社会资本？》，《社会》2009 年第 1 期。

立在良好治理基础之上的社会资本会成为无本之木、无源之水。① 如此，正如主张民间组织需在参与中提高治理能力一样，在中国现阶段社会资本整体不足的情况下，也需倡导"在治理中培育"的路径，即放弃强调环境治理资本不足的问题，转而采取一种更加积极的态度去寻求现有哪些因素能够转换、产制为环境治理的资本，优先强调参与治理的重要性和价值，从而在不断参与中实现治理能力和社会资本的共同成长。遵循这样的思路，便能以更加积极的态度去挖掘关系、个人地位、人情、面子等镶嵌于人情社会中的非制度因素在现阶段公众参与环境治理中的价值。

在一段时间甚至相当长时间内，对地方政府、企业集团等破坏环境的行为和损害公民环境权的行为进行维权和抗争，是公众和民间组织参与环境治理的一种重要形式。如前所述，在碎片化的威权主义和相对"分裂"的行政体系下，地方政府的政治权力过于强大，加之司法体系仍在一定程度上受到地方行政权力的制约，致使公众在环境问题上很难"以法抗争"和"依法维权"。这就决定了，以抗争、维权为特征的环境治理行动能否取得成功，在很大程度上取决于公众、民间组织与更高层级政府或职能部门的合作程度，或者说能否链接、调动高层级政府或职能部门的权力资源。正是从这个层面出发，在中国现有的政治体制下，置于正式的制度规则和社会规则尚未完全建立、人情社会仍相当程度存在的语境，关系、个人地位等非制度性因素也能在一定程度上为无权的公众调动更高层级政府或职能部门的权力资源，链接到国家权威的体制性资源，从而使公众、民间组织获得治理环境所需的权力和资本。具体而言，诚如翟学伟所言，我们还应该承认，由于关系与社会资本都体现在社会网络方面，它们之间可以相互转化；"关系的引导程序一旦期望突破了个人层面，个人的网络资源又会同组织、制度与公益相连接，关系也会转化为社会资本"②。

---

① 唐亚林：《社会资本与治理》，《探索与争鸣》2003年第8期。
② 翟学伟：《从社会资本向"关系"的转化——中国中小企业成长的个案研究》，《开放时代》2009年第6期。

也就是说，通过个人关系、个人地位、人情、面子的有效运作，也能为公众产制出难能可贵的治理资源。事实上，在目前的环境治理实践中，普通公众、民间组织等依靠非制度性因素产制治理资源已是一种常态。不少环保组织为了获取体制内的传播资源和话语资源，常常吸纳记者、专家加入组织。夏倩芳等研究的四个环境冲突案例中，"维权行动者都无一例外地通过各种人脉关系勾连媒体人，以促成报道"，以在体制的缝隙间寻求到传播机会，进而联结到制度性资本；在"反番禺焚烧垃圾项目"事件中，由于事件牵涉到媒体人的利益，所以行动者可以直接调动媒体资源。[①] 石发勇对某街区十年环保运动的个案研究显示：维权积极分子充分利用他们与政府官员和记者之间的个人关系，去接近国家权威（如市规划局和其他市政部门）；探知集体行动的边界，弄清政府容忍的限度；获得国家权威的支持（经官员朋友推荐，3次被市园林局授予"绿化卫士"荣誉称号，并被媒体广泛报道），加强了市民抗争的合法性；收集抗争对象的信息和违法证据。当行动受阻时，维权积极分子沈先生认为如果行动失败，将不仅导致自己个人名声受损和"安全"得不到保障，而且支持他的官员、记者和积极分子也会因此而受牵连。所以，"他觉得自己应该坚持下去赢得胜利以报答他的支持者们"。[②] 现阶段，人脉关系、人情、面子、个人身份等非制度性因素在产制权力资源、治理资本中的作用可见一斑。

综上所述，自改革开放以来，中国以分权化为导向、市场化为核心的政治经济改革，促使国家与社会的关系发生了变化，在总体上经历了一个从高度一体化到逐渐分化的过程，国家体系之外的社会力量开始形成，并获得了"镶嵌的自主性"，开始在参与中获得成长。与此同时，政府内部也经历了一个中央政府向地方政府放权的过程，地方政府在获得一定自主权和创新空间的同时，也开始追求自身利益的

---

① 夏倩芳、袁光锋、陈科：《制度性资本、非制度性资本与社会冲突性议题的传播——以国内四起环境维权事件为案例》，《传播与社会学刊》（香港）2012年总第22期。

② 石发勇：《关系网络与当代中国基层社会运动——以一个街区环保运动个案为例》，《学海》2005年第3期。

最大化而放弃维护国家权威，使得国家权威日益碎片化、行政体制内部也呈现出相对"分裂"的状态。对环境治理而言，在整体不具备治理条件的情况下，"国家—社会"关系与行政体制的这种变化，为地方和局部环境治理的产生提供了缝隙与空间，而个人关系、个人地位、人情、面子等非制度性因素，也能在一定程度上为现阶段的环境治理产制难能可贵的治理资源。

第二节　变迁与分化：传媒在中国环境治理中有出场的条件

中国传媒拥有出场的机会和条件，是传媒在环境治理中出场的另一基本前提。无疑，前面讨论的以市场化为核心的经济体制转型、"国家—社会"关系的变迁、国家威权的碎片化和相对"分裂"的行政体制等，也必然会映射到传媒领域并带来传媒的改革与变迁。正是这样的改革与变迁，为中国传媒在环境治理中出场创造着机会和条件。

一　市场力量拉出传媒行动空间

新中国成立后，在国家权威统摄一切的"总体性社会"之下，国家掌控着传媒资源的支配权和使用权，是传媒的所有者、管理者与实践者，党政权力系统取代了市场及其他系统，对传媒进行直接而微观的控制，学者将其称为"一元化刚性控制"[1]。在这样的新闻体制下，传媒的主体地位被极大地漠视和削弱，完全成了被动而单一的政治工具。改革开放后，以分权化为导向、市场化为核心的政治经济体制改革必然会映射到传媒领域：1978 年，财政部批准人民日报社等 8 家中央新闻单位要求试行"事业单位、企业化管理"的报告，传媒开始获得有限的资金支配权；1979 年，《天津日报》刊登"文革"后第一条商业广告，广告重回媒体。以此为起点，传媒开始踏上商业

---

[1] 余丽丽：《社会转型与媒介的社会控制——透视中国传媒调控机制嬗变的动因、轨迹与逻辑》，博士学位论文，复旦大学，2003 年，第 45—49 页。

化、市场化之路，尤其是20世纪90年代以后，传媒的市场化程度越来越高，日益朝着集团化、产业化、多元化方向发展。传媒部分获得资金支配权和市场化改革的不断深入，使市场力量开始成为党政权力系统之外另一影响传媒实践的基本逻辑和重要力量；与之相伴随，传媒的自觉意识和主体意识也在市场化进程中得以发育和成长，开始成为有着自己利益诉求的主体。基于此，在市场运作的逻辑下，传媒在体现党和国家意志之外，也有动力、有条件以积极的态度响应社会的利益诉求，从而为其在环境治理中出场提供了关键性的支点。

市场化改革打破了"总体性社会"中社会成员相对一致的利益期待，带来了多元化的社会主体和多样化的社会需求。面对这些多样化的需求，引进商业化运作模式的传媒不可能熟视无睹，它们在不动摇"既定新闻观念"[1] "命令型媒介体制"[2] 等基本框架的前提下，开始通过各种实践策略积极响应来自社会的需求，逐渐突破一元化的党媒体系，而这又促使它们在市场化之路上越走越远。以报业为例，从20世纪80年代开始，报纸通过创办"周末版"作为参与市场竞争的"试验田"或"小特区"；通过"扩版"以缓解同时完成上级宣传公关任务和满足读者、广告市场需求导致版面不足的矛盾；通过"兼办子报（晚报、都市报、晨报等）"实现传播空间按功能分流。[3] 这些子报中，《华西都市报》（1995年）较早创立了全面而系统的市场化报纸理念，之后大批面向市场、主要按照市场法则运行的报纸纷纷面世。1996年，广州日报报业集团挂牌成立则开启了新闻传媒向集团化发展的先河，而集团下属各媒体也由此走上细分市场的专业化

---

[1] "既定新闻观念"，指统领新闻实践各个方面的基本范式（paradigm），包含了新闻工作的性质、原则和规范。在"命令型"媒介体制内，该范式由新闻是党的宣传工具这一基本原则所规定。见潘忠党《大陆新闻改革过程中象征资源之替换形态》，《新闻学研究》（台湾）1997年总第54期。

[2] Chin-Chuan Lee, "Mass Media of China and about China", In Chin-Chuan Lee, eds. *Voices of China: The Interplay of Politics and Journalism*, New York: The Guilford Press, 1990, pp. 3 – 32.

[3] 陈怀林：《九十年代中国传媒的制度演变》，《二十一世纪》（香港）1999年总第53期。

道路。无疑，对于越来越深地卷入市场竞争体系的传媒而言，要在市场上"为生存而战""为饭碗而战"，就不得不去更多地呈现公众的日常生活、关注他们的利益诉求，以尽可能多地获取公众的注意力资源。事实上，从《华西都市报》首创"全心全意为市民服务"的都市报理念，到电视民生栏目《南京零距离》开启"以民生的视野、民生的情怀、民生的态度关注普通民众的生存状态、生活环境和生命质量"的民生新闻理念，无不体现出市场化生存的传媒"体认并增强日常生活的重要性"，"首创对待世间事务的民主态度"[1]。概言之，市场力量驱使着传媒在国家/宣传话语之外，开始积极响应社会的利益诉求，为公众提供了可能的话语空间和参与渠道，且在焦点事件中往往倾向于持公众立场予以报道。传媒在环境治理中的主动出场与积极介入，使公众的利益得以关注、话语得以表达、观点得以呈现、利益得以维护，是公众、环保组织等参与环境治理的关键渠道与平台。

就环境议题而言，当前中国日积月累而成的环境问题正日益嵌入到公众的日常生活中，已不仅仅是关乎着国家经济可持续发展的宏观问题，还是实实在在地关乎着个人身体健康和生活质量的日常话题，正演变为公众需要长期面对的一种日常负担，甚至还成了关涉公众生存权的问题。可以印证的事实是，2013年1月，中国中东部地区先后出现四次大范围雾霾天气，京津冀地区更是出现了五次强霾污染，其中北京1月的雾霾天气数量多达25天；整个中国140多万平方公里被雾霾笼罩，8亿以上人口受影响；雾霾天气日益呈现出影响范围广、持续时间长、污染物浓度高等特点。钟南山院士强调，"大气的污染、室内的污染是任何人都跑不掉的"，比非典可怕得多。在这样的背景下，良好生态环境、优质生态产品、绿水青山，正越来越成为公众的利益诉求，而与之相关的议题就日益具备了重要性、接近性等新闻价值要素。与此同时，诚如《南方周末》资深记者所言，"媒体天性就是要寻找那些刺激的（比如传奇、丑闻、灾难）、警醒的事

---

[1] ［美］迈克尔·舒德森：《发掘新闻：美国报业的社会史》，陈昌凤等译，北京大学出版社2009年版，第16—22页。

件，而环境领域总有这样的素材可以提供"①，环境议题不仅直接关乎着公众的利益，而且还往往蕴含着争议、冲突、对抗等要素，使其富有"看点"和"卖点"，能够有效吸引受众的注意力资源。有学者对此进行了强调，环境议题具有新闻价值，因其与国家的可持续发展战略保持一致，在政治上也是安全的。所以，传媒只要不直接挑战国家合法性，就可以对环境问题展开批评报道，以此主张一定程度的传媒自主性。② 可见，当下中国的环境议题正越来越多地凸显出新闻价值和市场效应，且是社会主义生态文明建设着力关注和解决的问题，这将驱使着市场化生存的传媒对其给予更多的关注和报道。事实上，市场效益的考量、市场竞争的需要已成为驱动传媒关注环境议题的重要因素。如在"反番禺垃圾焚烧项目"中，周边"二三十万的'高端读者'"是传媒关注、介入该事件的重要动因："因为这个垃圾焚烧厂，它一建在那里，是跟周边，大概是有二三十万居民受直接影响的。作为媒体来讲，我肯定会关注它，二三十万高端读者住在那里，我为什么不去关注它啊？我为什么不去做啊？肯定的，毫无疑问的。"③ 对此，尹瑛认为，传媒市场的竞争压力驱使着传媒不约而同地高度关注此事，市场力量赋予居民的意见表达以相对显性的可见度，最终使该事件能够进入媒体视野、为媒体所见，并使之所关涉的政府决策的公共性、牵涉的公共利益等成为媒体持续关注的话题。④

从长期的战略层面看，对市场化生存的传媒而言，环境议题的价值还不止停留于能吸引、置换公众的注意力上，还在于关注环境、保护环境、提高环境质量所蕴含的社会责任能在一定程度上转化为传媒

---

① 曾繁旭：《表达的力量：当中国公益组织遇上媒体》，上海三联书店2012年版，第198页。

② Guobin Yang, "Environmental NGOs and Institutional Dynamics in China", *The China Quarterly*, No. 181, March 2005.

③ 陈科等2009年11月24日对广州媒体从业者W的访谈资料。引自夏倩芳、袁光锋、陈科《制度性资本、非制度性资本与社会冲突性议题的传播——以国内四起环境维权事件为案例》，《传播与社会学刊》（香港）2012年总第22期。

④ 尹瑛：《冲突性环境事件中的传播与行动——以北京六里屯和广州番禺居民反建垃圾焚烧厂事件为例》，博士学位论文，武汉大学，2010年，第61页。

的竞争优势和价值来源。在企业管理界，企业社会责任（corporate social responsibility，简称 CSR）日益被看作是破除企业内部的资源和能力局限，突破成长"瓶颈"以获得更大价值成长空间的关键要素之一。美国兰德公司用 20 多年时间跟踪 500 家世界大公司发现，百年不衰的企业具有一个共同特点，即不再将追求利润作为唯一目标，而具有超越利润之上的社会目标，并遵循以下原则：人的价值高于物的价值；共同价值高于个人价值；社会价值高于利润价值；用户价值高于生产价值。[①] 道琼斯可持续发展指数的金融分析师也发现，与那些丝毫不考虑社会和环境影响的公司相比，那些对此予以充分考虑的公司的股票业绩更佳。[②] 这给中国传媒的启示是，市场化生存的传媒需扎根于社会，从战略高度重视和规划社会责任，从人的价值、社会价值和生态价值出发，去做"那些'社会'所想要的事情"[③]，将自身发展有效融入社会发展之中，从而在关注公共利益、促进国家与社会发展中获得绵长的竞争优势。对此，传媒竞争研究者张立伟曾如此强调：媒体强大的必要条件是致力于比自身发展更宏大的目标，即在服务中国发展中实现自身的迅速发展，这是市场之外、媒体之外的竞争优势最丰厚、最绵长的活力之源。[④]

那么，传媒如何才能把社会责任转化为竞争优势？著名管理学家、"竞争战略之父"迈克尔·波特（Michael E. Porter）将企业社会责任划分为反应型和战略型，前者强调"做一个良好的企业公民，参与解决普通社会问题"和"减轻企业价值链活动对社会造成的损害"，其带来的竞争优势通常很难持久；后者强调寻找能为企业和社会创造共享价值的机会，尤其强调在自己的核心价值主张中考虑社会利益，使社会影响成为企业战略的一个组成部分，从而在对社会施以

[①] 刘光明：《决策咨询的颠峰——"兰德"核心思想及理念》，《科学决策》2003 年第 10 期。

[②] Jet Magsaysay：《"做好事"让你"做得好"》（http://www.ceconline.com/strategy/ma/8800051254/01）。

[③] ［荷］丹尼斯·麦奎尔：《麦奎尔大众传播理论》（第五版），崔保国等译，清华大学出版社 2010 年版，第 134 页。

[④] 张立伟：《传媒竞争法则与工具》，清华大学出版社 2011 年第二版，第 14 页。

最大积极影响的同时收获最丰厚的商业利益。[1] 布赖恩·赫斯特德和戴维·艾伦（Bryan W. Husted & David B. Allen）将战略型企业社会责任（strategic CSR）与传统企业社会责任（traditional CSR）进行了对比：在"可见性"（visibility）维度，前者强调建立消费者和利益相关者对附加了社会责任价值的产品的认知；后者无相关要求，认为行善本身就是回报，从长远看是有利可图的。在"专属性"（appropriability）维度，前者强调管理利益相关者的关系以获取企业增值；后者无相关要求，认为行善本身就是回报，从长远看是有利可图的。在"自愿性"（voluntarism）维度，前者强调参与超出法律要求的社会行动；后者则强调参与超出公司利益和法律要求的社会行动。在"中心性"（centrality）维度，前者强调通过创新与社会议题相关的产品和服务创造价值；后者认为行善是与社会需要联系在一起的，与企业的核心商业使命无关。在"主动性"（proactivity）维度，前者强调在积极倡导社会议题改变的同时寻找市场机会；后者仅倡导社会议题改变。[2] 可见，传媒要将社会责任转化为竞争优势，其关键在于积极主动地寻找自身和社会利益的交叉点，确定与传媒业务相关且能被受众和利益相关者感知的社会责任，或通过先于别人创新与社会责任、社会议题有关的传媒产品和服务，或通过坚持社会责任发展传媒产品，不断创造和提升传媒的价值，从而将履行社会责任与追求利润相结合，并据此建立竞争优势。中国当下的环境危机已嵌入到公众的日常生活中并蕴含着越来越多的风险因素，中央正大力推进生态文明建设，对环境治理表现出极大的决心和信心。可以说，环境问题正成为整个国家和社会所共同感知、共同关注的焦点议题，其蕴含的公共性、关注度和感知度越来越高，日益彰显出"企业和社会利益交叉点"的潜质。在此背景下，传媒利用掌握的话语资源，立足于自身的信息传播、舆论监督等"业务"，战略性地融入到中国的环境治理

---

[1] ［美］迈克尔·波特、马克·克雷默：《战略与社会：竞争优势与企业社会责任的联系》，石志华译，《商业评论》2007年第11期。

[2] Bryan W. Husted and David B. Allen, "Strategic Corporate Social Responsibility and Value Creation among Large Firms", *Long Range Planning*, Vol. 40, No. 6, 2007.

中，通过能动的话语实践积极投身于环境治理行动，构建环境公民身份，形塑"全民参与环境保护社会行动体系"，促使共同环境治理行动产生，在实现环境绩效、经济绩效和社会绩效的最大化和可持续性中获得竞争优势，在很大程度上具备了战略型社会责任的特征。所以，基于"战略型企业社会责任"的视角考察，中国传媒主动、持续地在环境治理中出场，不仅仅只是"做好事"和道德义务，也不只是成本、风险乃至障碍，而是在相当程度上意味着新的市场机会、负责任的媒体形象及绵长的竞争优势。

二 非常规实践挤出传媒行动空间

社会学学者强调，行动者不仅有"在实践意识的反思性监控下沿着固定的时空路径例行化地延续日常生活的脉络"的常规或例行化行动（routine action），还有对例行化程序和路径进行改造、解套、调整和重建，去发现新的时空路径和组织方式的非常规行动（non-routine action）。非常规行动不仅能满足行动者的自主性欲求，而且表现出超越个体层面的建构性——它的普遍化和常规化过程能带来社会新规则的生成。[1] 例行化行动主要因社会结构而生，并不断支持着社会结构的再生产，而非常规行动在社会结构的变动、调整、转型乃至重构中发挥着重要作用。与其他领域一样，自改革开放以来，中国新闻传媒领域的"非常规"乃至"犯规"的实践在扩展自身运作空间和推动传媒改革中彰显出了极大的活力和效力。中国传媒的改革与发展有着自己的特殊性：没有现成经验可循；缺乏一个目标明确、具有可操作性的整体设计；必须在"既定新闻观念"所强调的原则范围内开展……这些因素共同决定了中国传媒的改革与发展是一个充满了矛盾和不确定性的"摸着石头过河"的过程。为了应对这种不确定性，改革就需要采取上、下"合作"的途径，通过不断探索来完成。具体而言，很多具体的措施往往"来自新闻从业人员的'创意'。它

---

[1] 张兆曙：《非常规行动与社会变迁：一个社会学的新概念与新论题》，《社会学研究》2008年第3期。

们常常以'非常规'实践的形式出现",而上面则"把握方向,以意识形态、政治、行政、经济,甚至法律手段认可某些'突破',否决另一些'突破'"。由此,非常规实践有可能转换为"常规化"实践,在现存体制内获得再生,比"'常规化'的实践更反映改革的力度,更代表了新闻改革中的'变'",给新闻体制"注入新的生命"。① 可见,身处一线的传媒行动者的"突破"与"创新"能够在相当程度上拓展传媒的运作空间和推动传媒制度乃至其他的制度变迁,这种非常规实践使传媒自身也蕴含了一股巨大的变革力量。在中国整体不具备环境治理条件的情况下,将传媒设置为行动者,通过其能动的实践策略促进环境治理网络生成和共同环境治理行动产生,也具有相当程度的非常规行动的色彩。所以,中国传媒非常规实践的传统,也为传媒在环境治理中出场提供了可能、积累了经验。下面,将从宏观的制度变迁和微观的内容生产两个层面,具体分析传媒的非常规实践对其在环境治理中出场的意义和价值。

在宏观的制度变迁层面,按照制度变迁理论的观点,由"非常规"实践所引发的改革属于自下而上的"诱致性制度变迁",是"一群(个)人在响应由制度不均衡引致的获利机会时所进行的自发性变迁"②,其"在初始阶段往往表现为以即时获利为目的的违规行为",之后经由国家反复观察和考量,要么以默许、鼓励、追认和批准的方式逐渐促进新制度产生,要么以限制、干涉和禁止的方式阻滞或取缔新制度产生。③ 一般认为,尽管中国传媒制度变迁在整体上仍以政府主导为主,但也表现出相当的诱致性特征,日益呈现出"诱致性制度变迁"与"强制性制度变迁"(由政府法令引起的变迁)相结合的特征。学者周劲将中国传媒制度的变迁划分为四个阶段,始于

---

① 潘忠党:《新闻改革与新闻体制的改造——我国新闻改革实践的传播社会学之探讨》,《新闻与传播研究》1997年第3期。
② 林毅夫:《关于制度变迁的经济学理论:诱致性变迁与强制性变迁》,载[美]罗纳德·H. 科斯等《财产权利与制度变迁——产权学派与新制度学派译文集》,刘守英等译,上海三联书店、上海人民出版社1994年版,第374页。
③ 陈怀林:《九十年代中国传媒的制度演变》,《二十一世纪》(香港)1999年总第53期。

1978年的"财政成本拉动型"的企业化制度变迁，主要由政府主导；始于20世纪80年代末的"经济效益推动型"的市场化制度变迁，是一个自下而上的先由传媒主导、再由政府规范的过程；始于90年代中后期的"行政力量控制型"的产业化制度变迁，由创新集团自觉推动，并受行政力量控制；始于2003年的"政治与资本合作型"的资本化制度变迁，是"上下合谋"，以资本化为根本特征的重新制度化过程。[①] 可见，以"非常规"或"创新"的实践为起点，传媒行动者、创新集团的实践几乎贯穿于中国传媒制度的变迁过程，哪怕是在早期政府主导的企业化制度变迁中，也闪耀着传媒"非常规"实践的身影。如1978年，8家中央新闻单位要求试行"事业单位、企业化管理"；1979年，《天津日报》刊登"文革"后第一条商业广告；1985年，《洛阳日报》自办发行；1986年，珠江经济广播电台引入商业广播模式等。以制度变迁的经济学理论考察，市场力量驱使下的强烈获利动机构成了传媒"非常规"实践的核心动力。市场化生存的传媒作为"自主经营、自负盈亏、自我积累、自我发展"的行动者，面临着市场诱因、面对着生存压力，在既有制度安排难以获取外在利润的情况下，便会在不公然挑战党和国家禁忌的前提下自发地考虑进行制度变迁，而利用既存活动空间突破常规化实践框架的局限、试行非常规实践进行边缘突破和渐进式的增量改革，往往是传媒进行自发制度变迁的实施路径。可见，传媒的非常规实践使其蕴含着推动自身制度变迁的潜能。这意味着，置于环境治理的场域，传媒在整体不具备自由出场的制度环境下，也有可能在特定的区域和议题中通过能动的策略或某种"创新"来突破常规化实践的框架限制，且有可能在日积月累的突破中不断试探、推进既定制度的底线和边界，从而推动传媒制度日渐向有利于传媒参与环境治理的方向发展与完善。

在微观的内容生产领域，传媒的非常规行动还在一定程度上体现

---

① 周劲：《转型期中国传媒制度变迁的经济学分析——以报业改革为案例》，《现代传播》2005年第2期。

为对新闻专业主义的推崇与实践上。所谓专业主义,"是专业话语的价值体系,是一种专业意识形态",能够指导专业从业者的职业行为,并能"作为一种专业策略而成为一种权力的来源"①。新闻专业主义不仅强调新闻从业者应当掌握特定的专业技能、行为规范和评判标准,还包括"一套定义媒介社会功能的信念,一系列规范新闻工作的职业伦理,一种服从政治和经济权力之外的更高权威的精神,以及一种服务公众的自觉态度"②。新闻专业主义强调传媒及其从业者是社会的观察者、事实的客观报道者和公众利益的坚定维护者,而不屈服于任何政治权力或经济势力的控制。毋庸置疑,"党的新闻事业"的新闻范式③仍在中国的新闻业中占据着统领地位,"'党的喉舌媒体'继续作为范例彰显传统范式"④。如此,对中国传媒而言,推崇和践行新闻专业主义是对既定新闻观念实践框架的突破,具有一定程度的非常规实践色彩。对传媒业及其从业人员而言,可借助新闻专业主义的话语实践建构"服务公众"的角色和功能,并据此追求专业人格、建构专业身份、获得专业形象和成就专业名望。有学者认为,改革开放后,新闻业原来享有的"党报体系""党的喉舌"所赋予的政治特权在经济社会转型中被逐渐削弱,所以对新闻专业主义的诉求便从某种意义上成为一种追回特权的策略性行为,即通过专业宣称重新获得公众的认可和在市场化过程中丧失的特权,通过建立专业的形象、推崇一定的专业主义(如"追求真理""帮助公众""反映社会黑暗面"等受公众欢迎的话语)开拓并维护市场,并能在专业

---

① 童静蓉:《中国语境下的新闻专业主义社会话语》,《传播与社会学刊》(香港) 2006 年总第 1 期。

② 陆晔、潘忠党:《成名的想象:中国社会转型过程中新闻从业者的专业主义话语建构》,《新闻学研究》(台湾) 2002 年总第 71 期。

③ "新闻范式"(journalistic paradigm),是指"指导新闻媒体确认并诠释值得报导的'社会事实'的认知模式或格式塔型(gestalt)世界观",具有统领新闻实践的各规范性原则和从业知识,并将之整合成内部同一的意识形态体系的功能。见潘忠党、陈韬文《从媒体范例评价看中国大陆新闻改革中的范式转变》,《新闻学研究》(台湾) 2004 年总第 78 期。

④ Zhongdang Pan, "Spatial Configuration in Institutional Change: A Case of China's Journalism Reforms", *Journalism*, Vol. 1, No. 3, 2000.

化过程中获得专业整体地位的上升。[1] 与此相互作用、叠加共振的是，传媒市场的成长、传媒财政的日渐独立又为传媒及部分从业者追求、践行新闻专业主义理念提供了条件。基于此，中国传媒便不乏新闻专业主义实践的身影。陆晔、潘忠党的田野调查表明，诸如"专业化""专业标准""专业伦理"以及"记者是专业的观察者和揭露者"等新闻专业主义概念已在中国新闻从业者中得到使用，新闻专业主义正在逐渐形成共享的理念；使得新闻专业主义话语实践与党的新闻事业、启蒙文人和市场导向的新闻等话语体系并存。[2] 潘忠党、陈韬文的实证研究也显示，受新闻改革和传媒全球化的影响，"党的新闻事业"和"专业主义新闻"两大新闻范式在中国新闻从业者当中并存。[3] 可见，新闻专业主义理念已在一定程度上得到了相当数量的传媒从业者的认同，并不断将这一理念运用于新闻实践。诚然，在中国现有的制度框架内，新闻专业主义实践在总体上仍带有"依附""从属"的特征，仍需采取"游击""打擦边球"等策略，仍是一种"碎片呈现""局域呈现"的非常规行为。[4] 然而，基于"策略—关系"的研究路径，新闻专业主义的这种非常规实践，能在一定程度上为传媒在环境治理中出场提供内在动力，并能驱使传媒在地方利益集团与公众利益对立的环境事件报道中更倾向于持有公众立场和服务公共利益。

社会力量有效参与环境治理的前提，是话语能得以表达、观点能得以传递、协商能得以开展，而这需要依赖强有力的社会组织、顺畅的表达渠道和开放的协商平台。然而，"强政府—弱社会"的传统，较淡薄的公民意识、较孱弱的社会组织、不顺畅的表达参与机制，使

---

[1] 童静蓉：《中国语境下的新闻专业主义社会话语》，《传播与社会学刊》（香港）2006年总第1期。
[2] 陆晔、潘忠党：《成名的想象：中国社会转型过程中新闻从业者的专业主义话语建构》，《新闻学研究》（台湾）2002年总第71期。
[3] 潘忠党、陈韬文：《从媒体范例评价看中国大陆新闻改革中的范式转变》，《新闻学研究》（台湾）2004年总第78期。
[4] 陆晔、潘忠党：《成名的想象：中国社会转型过程中新闻从业者的专业主义话语建构》，《新闻学研究》（台湾）2002年总第71期。

得公众难以具备社会表达的结构条件。在这样的背景下，传媒的非常规实践彰显出独特的价值和意义：一方面，时至今日，尽管环境议题不再完全属于报道的禁忌和"雷区"，但其背后所关涉的利益博弈、维权抗争、意识形态纷争等，使得环境话语生产仍然是一个充满着控制和争夺的场域。传媒在报道边界上仍然存在着高度的不确定性和模糊性，而非常规实践则能恰当地利用这种模糊性，通过各种能动策略突破限制，获得环境议题的报道空间。另一方面，在环境话语生产与意义争夺的场域，传媒非常规实践推崇与践行新闻专业主义，使之更倾向于持有公众立场、服务公共利益，而这有利于为社会成员的表达和参与赋予条件、创造机会。具体而言，传媒非常规实践的经验和传统，意味着传媒能在一些关键性的环境议题中为公众提供表达渠道，将公众关注的环境话题聚合为公共议题，并通过"舆论共鸣"促使公众意见转化为一种"沟通权力"，从而使公众、社会成为一股有效的治理力量。无疑，这种借由传媒而生的"舆论共鸣""沟通权力""治理力量"等，是政府响应"社会诉求"和推动决策公开的驱动力量。同时，传媒还可通过开辟公共空间、构建协商平台等促使国家、社会、市场之间就环境治理的相关议题展开互动，并据此采取共同的环境治理行动。譬如，在"圆明园防渗事件"的报道中，《人民日报》《中国青年报》《南方周末》《新京报》等媒体尽管性质有别、取向有异，但都不同程度地践行了新闻专业主义精神，在新闻生产中实现了"全线突破"[①]：其一，《人民日报》的率先报道奠定了议题的合法化身份，各种媒体的跟进报道互相影响、互相推动，形成了一种舆论合力，很快就为议题确定了基调。其二，在消息源引用和报道框架建构方面，大多采取了支持民间力量、利于公众行动的立场：《人民日报》将部分学者作为主要消息源，主要采用"信任政府"和

[①] 曾繁旭：《表达的力量：当中国公益组织遇上媒体》，上海三联书店 2012 年版，第 153—164 页；曾繁旭：《社会的喉舌：中国城市报纸如何再现公共议题》，《新闻与传播研究》2009 年第 3 期。

"环境正义"的框架①；《南方周末》将反对专家和NGO人士作为主要消息源，将环保总局官员作为重要消息源，主要采用"损害公众利益"和"程序正义"的框架，更多地指向制度和程序的层面，对政府角色进行了较为深入的反思；《新京报》主要采用民间消息源，采用维护历史文明的"民族主义"和"程序正义"的框架。其三，除了报道倾向于采用民间立场外，不少媒体还开辟"评论专栏""个论""来信"等刊登各种立场的专家来论和市民来信，从而成为一个民意表达和公众参与的重要平台。正是传媒在新闻生产中的这种"全线突破"，推动了NGO、公众等社会力量有效、有力地参与了"圆明园防渗事件"的治理，终使这一国家项目被喊停整改。另据媒体报道，"圆明园防渗事件"在100天里创下多项第一，尤其是不断地创造了公众参与的第一次：环保总局第一次就一个项目召开听证会，第一次点名批评不负责任的环评机构，第一次把一个敏感项目的环评报告公开……而参与评说的专家人数也远远超过历届任何一次专家论证会。②

三 传媒调控机制变迁放出传媒行动空间

有学者言，"即使在市场经济条件下，威权国家的新闻传媒是否能走向一个民主表达而非政治宣传的机器，不仅取决于新闻生产的信息数量或记者的生产动机，而且取决于国家对新闻记者活动的控制能力"③。所以，要分析中国传媒在环境治理中出场的机会和条件，就不得不对传媒的调控机制进行考察。

---

① 作者在文中参考Jung研究美国媒体对有毒废弃物运动所作的框架命名，把媒体报道"环境破坏"的框架分为12类，包括"信任政府"框架、"不信任政府"框架、"负责任的企业"框架、"不负责任企业"框架、"理性组织行动"框架、"冲突"框架、"健康风险"框架、"环境灾难"框架、"处理成本"框架、"环境正义"框架、"漠视环境权"框架、其他。
② 刘世昕：《圆明园事件：100天创下多项第一 暴露环评市场潜规则》，《中国青年报》2005年7月8日经济版。
③ 周翼虎：《抗争与入笼：中国新闻业的市场化悖论》，《新闻学研究》（台湾）2009年总第100期。

以市场化为核心的经济体制转型、"国家—社会"关系的变迁，带来了中国社会权力结构关系的演变，即政治领域垄断一切权力的"单极结构"向政治、经济、社会三个领域分享权力的"多极结构"转变①。社会权力结构决定着调控主体及其力量对比，也规定着调控机制的模式选择。所以，中国社会权力结构的演变也必然会直接促动着传媒调控机制的变迁，并决定着变迁的轨迹和逻辑。有学者详尽分析了中国传媒调控机制嬗变的轨迹：由单一主体的一元化控制结构逐渐向多元主体的一元多层式调控结构转变。具体而言，改革开放前，与"政治领域垄断一切权力的'单极结构'"相适应，传媒作为"组织喉舌"而存在，是政治权力链中的一个重要环节和部门，严格接受党的控制与管理，是一种单向度一元化的刚性控制。改革开放后，新兴的市场力量开始与传统的政治控制相互碰撞，并开始对一元刚性化的控制模式进行改良性的修正，即继续维持政治权力对传媒控制的基本权限大体不变，而在传媒经营领域适当收缩管辖范围，适度引入市场因素、传播效益、舆论反馈等调控因素。20世纪90年代以来，在政治与市场的结盟中，传媒调控机制开始朝着一元多层式的方向转换：调控主体开始多元化，市场的调控能力显著增强，政治与市场共同发挥作用；调控方式更加灵活多样，政治权力宏观调控意识不断增强，其行为方式也从单一的行政指令向综合运用行政、法律、经济、文化手段的方式转变；调控主体间的关系上，政治与市场之间呈现出明显的合作、胶着与冲突的状态。②事实上，正是基于传媒调控机制的这种变迁，传媒才得以逐渐从纯粹的政治权力领域分离出来，走上了从"单一的政治工具"到"有限多元的宣传工具"再到"多元的传播工具"的回归历程；传媒的产业属性才得以彰显，而受众（市场）的地位才得

---

① 康晓光：《权力的转移：转型时期中国权力格局的变迁》，浙江人民出版社1999年版，第1页。
② 余丽丽：《社会转型与媒介的社会控制——透视中国传媒调控机制嬗变的动因、轨迹与逻辑》，博士学位论文，复旦大学，2003年，第19—29、33—49、67—69、82—83页。

以凸显，并日渐成为另一种权威；报道议题才得以有限放开、报道空间才得以拓展。有学者将中国的新闻划分为"黑区""灰区"和"白区"三个领域①，以此为观照，20世纪90年代以来，党和政府对"白区"基本全面放开，对"灰区"的控制也逐渐放松，传媒还可利用"灰区"在边界上的高度不确定性和模糊性，采用各种能动策略将一些敏感性话语（处于"黑区"与"灰区"之间，甚至处于"黑区"）推向"灰色"地带，从而获得报道空间。无疑，这些变化为传媒释放出了相对有限却难能可贵的行动空间，环境事件议题不再属于报道的禁忌使传媒能得以介入其中，并时不时地通过非常规实践突破原有的报道边界；"多元的传播工具"的确立，使环境议题报道得以突破单纯的宣传话语，开始客观、公正地传递信息；受众日渐成为另一种权威，使传媒能够在国家话语之外，部分地持公众立场报道环境议题……如此，传媒调控机制的变迁，为传媒在环境治理中出场提供了可能，并为其继续出场奠定了基础。

客观地说，发展到现阶段的传媒调控机制，尽管党和政府重新调整了调控的行为空间、改变了调控方式，有了显而易见的进步，但仍然处于一种相对失衡的状态。这种失衡体现在政府主导的改革路径、社会领域的调控力量比较薄弱、政治力量与市场力量日趋结盟，使调控主体的权力格局处于严重不对称的状态，政治权力在调控机制中仍然居于主控地位，使得"传媒的政治属性、产业属性以及逐渐萌发公共领域性质在新的媒介环境中激烈冲突着"②。同时，多元调控手段的"多管齐下"、控制方式的改良与升级，并不必然

---

① 黑区新闻是禁忌和高度敏感新闻，新闻行为遵循政治逻辑，与官方立场不能保持一致的报道会受到制裁；白区新闻则是非政治化新闻以及不涉及重大利益冲突的新闻，演艺明星的花边新闻、生活时尚、文学艺术等均在此列，主要以市场机制为主导逻辑；灰区新闻是介于二者之间的区域，其中包括对地方官员腐败的揭露，对自然和人为灾害的报道，对某些政府行为和非关键性政策的批评，以及对种种社会问题的报道与分析，其边界有高度的不确定性和模糊性。见林芬、赵鼎新《霸权文化缺失下的中国新闻和社会运动》，《传播与社会学刊》（香港）2008年总第6期。

② 余丽丽：《社会转型与媒介的社会控制——透视中国传媒调控机制嬗变的动因、轨迹与逻辑》，博士学位论文，复旦大学，2003年，第118页。

意味着调控力度的减弱，如通过建立主导框架①②、议题设限、"经济软控制"③ 等方式，党和政府依旧对传媒及其从业者保持着强大的控制力。如此，政治权力在传媒调控机制中居于主控地位，终使传媒获得的行动空间模糊而不确定，诚如黄旦教授所言，"媒体的公共空间都是在这一制度框架中力所能及的'即兴表演'"，是"忽紧忽松见机行事的'宽紧带'状态"④。传媒调控机制的这种失衡状态，显然不利于传媒在环境治理中持续、有效地出场。

然而，基于"策略—关系"的分析路径，更应关注如何通过"见机行事"，使得"即兴表演"得以发生。事实上，跳出对传媒调控机制进行宏观考察的视角，从微观层面入手，再链接上文所讨论的传媒非常规实践，仍可为传媒在环境治理中的"行事""表演"寻找到一些机会和条件。学者潘忠党认为，在一个意识形态高度发达的社会和行业，象征资源的开发和利用不仅是形成新的新闻实践形态的必要条件，更是在目前仍占主导地位的传统意识形态的框架内，解构一些"天经地义"的原则和实践，构筑、阐释和正当化非常规新闻实践活动所必需的。所谓象征性资源，"指的是那些新闻从业人员在某一特定新闻体制下，用以构筑、阐释、并正当化他们的实践活动的概念、类别纲目和阐释框架"。在中国的传媒生态环境下，掌握象征资源及对其运用自如的程度，在很大程度上决定着传媒及其从业人员的活动空间，也决定着保护自己的能力和水平⑤。前文已有论述，在目前的社会结构和制度框架下，将中国传媒设置为行动者，去促使环境治理网络生成和共同环境治理行动产生，具有非常规行动的意蕴。所

---

① Zhongdang Pan, "Spatial Configuration in Institutional Change: A Case of China's Journalism Reforms", *Journalism*, Vol. 1, No. 3, 2000.

② 陆晔、潘忠党：《成名的想象：中国社会转型过程中新闻从业者的专业主义话语建构》，《新闻学研究》（台湾）2002年总第71期。

③ 周翼虎：《抗争与入笼：中国新闻业的市场化悖论》，《新闻学研究》（台湾）2009年总第100期。

④ 潘忠党、陈力丹、赵月枝等：《反思与展望：中国传媒改革开放三十周年笔谈》，《传播与社会学刊》（香港）2008年总第6期。

⑤ 潘忠党：《大陆新闻改革过程中象征资源之替换形态》，《新闻学研究》（台湾）1997年总第54期。

以，传媒及其从业人员积累、掌握、运用的象征资源丰富与否及其运用的技巧如何，对传媒在环境治理中出场至关重要。基于此，在现阶段传媒调控机制总体失衡的情况下，不纠缠于其给传媒参与环境治理带来的障碍，而是细化考察传媒在现有的调控机制下可从"政治权力"领域汲取的象征资源，更具现实意义。

事实上，作为传媒调控机制的主控者，党和政府也在不断地审视着自身的定位，调整着对传媒的角色与功能、自身与传媒关系的认知。近些年来，中央高层不断深化对执政合法性的认识，拓展执政合法性资源，推动执政合法性转型：在依靠意识形态、经济绩效获取执政合法性之外，不断强调执政权力的获得是人民赋予的，要"坚持人民主体地位"，执政目的必须是为人民谋利益，保障人民的权利，做到"权为民所用，情为民所系，利为民所谋"；"随时随刻倾听人民呼声、回应人民期待，保证人民平等参与、平等发展权利"。以此为出发点，人民在新闻传播中的主体地位得以强调，对新闻传媒也提出了相应的角色期待和功能要求：一是从反映人民意愿出发，强调新闻舆论工作要"坚持党性和人民性相统一"，要"及时把人民群众创造的经验和面临的实际情况反映出来"。二是从维护人民利益出发，强调新闻舆论工作"要树立以人民为中心的工作导向"，"把实现好、维护好、发展好最广大人民根本利益作为出发点和落脚点，坚持以民为本、以人为本"，要求新闻舆论工作者"做党的政策主张的传播者、时代风云的记录者、社会进步的推动者、公平正义的守望者"。三是从坚持人民主体地位、保障人民权利出发，提出"人民监督权力"的理念，群众监督、舆论监督成为党和国家监督体系的重要组成部分，保障人民的知情权、参与权、表达权和监督权，强调"舆论监督和正面宣传是统一的。新闻媒体要直面工作中存在的问题，直面社会丑恶现象，激浊扬清、针砭时弊"。同时，中央高层也多次强调，要"遵循新闻传播规律""增强同媒体打交道的能力""要与媒体保持密切联系""自觉接受舆论监督"……从这些话语可以感受到，党和政府正越来越多地以工作对象、"打交道"的对象来看待新闻媒体。此外，中央正不断加强和创新社会治理，将之作为完善和发展中国特色社会主义制度、推进国家治理体系和治理能力现代化的重要内容，提出"打造共建共治共享的社会治理格局"的要求，要"加强社会治理制度建设，完善党委领导、政府负责、社会协同、公众参与、法治保障的社会治理体制，提高社会治理社会化、法治化、智能化、专业化水平"①。社会治理格局强调"社会协同""公众参与"，要求激发社会活力，"发挥社会组织作用，实现政府治理和社会调节、居民自治良性互动"等，理应会为传媒释放出更大的行动空间：被赋予为公众表达、公众参与、促成公众与党和政府良性互动的平台；被赋予为沟通思想、化解矛盾、疏导情绪、凝聚共识的重要管道；被赋予为政府"善治"的重要资源和手段。在这方面，中央明确要求"领导干部要增强同媒体打交道的能力，善于运用媒体宣讲政策主张、了解社情民意、发现矛盾问题、引导社会情绪、动员人民群众、推动实际工作"。诚然，在党和政府的眼里，传媒更多地是被作为一种"执政资源"来呈现的，甚或是作为一种"治国理政的手段"来强调的；也需承认，这些话语和理念要完全走向实践可能还需要一定的时间，也远未内化到传媒调控机制中。然而，亦不能否认的是，诚如费尔克拉夫话语理论所揭示的那样，话语表达本身也是一种行动，也会产生现实性的效果。这些话语和理念从反映人民意愿、维护人民利益、保障人民权利、坚持人民主体地位等角度强调人民在新闻传播中的主体地位，从党和政府的工作对象、"打交道"的对象逐渐明确传媒的主体性，对于传媒行动者而言，至少具有象征资源的价值和意义，能够转化为实践新闻专业主义理念的话语资源，倘若能被传媒从业人员熟练掌握并运用自如，借以尝试某些新的实践形态，不断用以构筑、阐释乃至正当化"非常规新闻实践"，便能极大地拓展传媒在环境治理中的行动空间。

综上所述，市场拉力、环境议题本身具有的价值和张力、传媒非

---

① 习近平：《决胜全面建成小康社会 夺取新时代中国特色社会主义伟大胜利——在中国共产党第十九次全国代表大会上的报告》，新华网（http://www.xinhuanet.com/politics/19cpcnc/2017-10/27/c_1121867529.htm）。

常规实践的传统及其蕴含的变革力量、传媒调控机制变迁释放出的有限空间和日渐丰富的"象征资源"……这些因素相互关联、叠加共振，一起为传媒在环境治理中出场创造着条件。这并不只是推论，也是建基于传媒在"厦门反PX项目""圆明园防渗事件""反怒江建坝运动""反番禺垃圾焚烧项目"等环境事件中所展开的鲜活实践上。需强调的是，不同传媒涉入市场的程度不同、非常规实践的能力有别、对"象征资源"的熟悉程度和运用水平有异，致使中国的传媒体系并非铁板一块，而是日益呈现出分化的特征：传媒分化为党媒、市场化媒体、专业主义媒体、行业媒体等；实践理念分化为政治家办报、企业家办报、文人办报、专业主义办报等；传媒从业人员分化为"新闻官僚""职业新闻人"和"新闻民工"三个群体[①]……再加入市场拉力的强度、传媒调控机制的把握尺度等媒介环境因素，不同区域传媒的实际运作状态也出现了分化，致使"各个地方媒介体系存在着显著的差异，这种差异明显地体现在媒介体系对于社会运动议题的新闻生产机制之上"，而"地方媒介体系一旦形成，即会影响地方媒介的行业传统和价值理念"[②]。对此，学者曾繁旭将中国的传媒环境分为高度媒体市民社会（强市场、较弱的政府监管，大量具有精英理念的媒体）、中度媒体市民社会（中度市场、高度政府监管，存在精英理念的媒体）和低度媒体市民社会（弱市场、高度政府监管，缺乏具有专业理念的媒体）三大类型。处于"高度媒体市民社会"环境中的传媒，往往通过设置议程、舆论导向等参与到环境运动、社会抗争中，并更多地支持公众的言论和立场；反之，处于"低度媒体市民社会"环境中的传媒则较少给市民社会言论释放空间。[③] 事实上，中国传媒体系和传媒生态环境出现的这种分化，意味

[①] "新闻官僚"为其自身在国家政治序列里的排位做新闻，"职业新闻人"为新闻做新闻，"新闻民工"则为收入做新闻。见林芬、赵鼎新《霸权文化缺失下的中国新闻和社会运动》，《传播与社会学刊》（香港）2008年总第6期。

[②] 曾繁旭、黄广生：《地方媒介体系：一种都市抗争的政治资源》，《传播与社会学刊》（香港）2013年总第24期。

[③] 黄煜、曾繁旭：《从以邻为壑到政策倡导：中国媒体与社会抗争的互激模式》，《新闻学研究》（台湾）2011年总第109期。

着传媒参与环境治理不可能一步到位、一蹴而就，而是一个从局部到整体、从区域到全国、从专业媒体向体制内媒体逐渐扩散的过程。也正是这样的分化，在现阶段整体不具备环境治理条件和传媒自由出场的制度环境下，为传媒在局部、区域的环境治理中出场留存了空间，提供了可能，而局部、区域乃至个案性质的实践又为传媒全面而系统地参与环境治理提供了起点、孵化了希望、积累了经验！

第三节　冲击与倒逼：传媒在中国环境治理中有出场的必要

随着信息传播科技的快速发展与盛行，小到个人、大到全球的整个人类社会正被全方位地重构着。依托互联网尤其是 Web2.0 技术出现的新媒体，绝不仅仅只是一种新的媒介类型，而是不断印证着麦克卢汉"媒介即讯息"这一论断所蕴含的张力，不断改变和重构着人类的生活。对此，有学者做了如下概括：互联网作为一种新的传播科技，创造了一个新的社会网络，在这里有虚拟社区和新的政治、经济生活；创造了数码精英、黑客、创业者、虚拟等各个层面的新型网络文化；创造了"网络"这一新的组织形式和"网络社会"这一新型的社会。不经意间，互联网已嵌入到我们日常生活的各个方面，开始编织我们的生活。[①]

从 1994 年 4 月 20 日中国接入互联网算起，经过 20 多年的快速发展，随着互联网、移动互联网等技术的快速应用，智能手机、计算机、平板电脑等终端的不断普及，"中国的社会信息化过程已由 90 年代精英垄断的局面进入到更广社会内信息中下阶层和中低端信息传播技术紧密结合的新阶段"[②]，新媒介技术进入了大众化、平民化发

[①] Jingfang Liu, "A Green Virtual Space for Social Changes in China: Internet Activism and Chinese Environmental NGOs", paper delivered to the annual meeting of the International Communication Association, Marriott, Chicago, IL, May 21–25, 2009.

[②] 邱林川：《信息"社会"：理论、现实、模式、反思》，《传播与社会学刊》（香港）2008 年总第 5 期。

展的阶段。据 CNNIC 发布的第 41 次《中国互联网络发展状况统计报告》显示，截至 2017 年 12 月底，中国网民规模已达 7.72 亿人，普及率达到 55.8%，农村地区互联网普及率提高到了 35.4%；手机网民规模为 7.53 亿人。网民群体中，高中/中专/技校及以下网民占 79.4%，而初中及以下网民占 53.2%；500 元以下和无收入网民占 20.8%。① 可见，中国网民群体的规模庞大，已逐渐崛起为一股重要的话语力量，且中低社会阶层、草根群体也日渐融入到"网络社会"中。新媒体技术的应用、网民力量的壮大、网络社会的崛起，正不断改变着中国社会的权力分配格局，为中国的环境治理提供了平台、创造着空间、生成着条件，而网络社会所产制、容纳的"社会话语"，又在相当程度上冲击着传媒话语的生产常规，倒逼着传媒响应社会诉求。这既为传媒参与中国环境治理创造了条件，也施加了压力。如果说，前文所分析的环境治理机会、传媒出场的条件，是传媒在中国环境治理中出场的必要前提，那么新媒体技术所生成的环境治理条件，对传媒所带来的种种冲击与倒逼，则在很大程度上驱使着传媒在环境治理中出场。

一 新媒体生成环境治理所需条件

学者乔纳森·巴赫和戴维·斯塔克（Jonathan Bach & David Stark）曾言，互联网为一些事情的发生创造了空间，包括新的社会纽带和新的组织形式；互联网在降低事务处理成本、增加参与和影响以及简化操作等方面是理想的。② 基于互联网创造的这些"空间"，实现了"中国的公民社会和互联网相互促进，共同发展（co-evolutionary）"③。基于此，依托于互联网的新媒体以不同形式产制、培育

---

① 中国互联网络信息中心：《CNNIC 发布第 41 次〈中国互联网络发展状况统计报告〉》，2018 年 1 月，中国互联网络信息中心网站（http://www.cnnic.net.cn/）。
② Jonathan Bach and David Stark, "Link, Search, Interact: The Co-Evolution of NGOs and Interactive Technology", *Theory, Culture & Society*, Vol. 21, No. 3, June 2004.
③ Guobin Yang, "The Co-evolution of the Internet and Civil Society in China", *Asian Survey*, Vol. 43, No. 3, May 2003.

着环境治理主体，并为其提供参与的平台与空间，从而为中国的环境治理生成着条件。

在民间环保组织（ENGO）这一治理主体方面，新媒体依托技术优势，不断拓展着它们的生存与发展空间。事实上，几乎与中国接入互联网同步，中国第一个民间环保组织"自然之友"也于1994年正式诞生。从那时起，在政府对民间组织较为严格的注册管理制度之下，"互联网开始成为一个伟大的替代工具，用以补偿民间环保组织所面临的组织资源稀缺的问题"，"开始成为一个有价值的工具，被ENGO用以创建、扩张和维持环保运动的网络，极大地延伸了当下中国环保运动的可能性"[①]，使ENGO得以随着互联网的发展而发展，并为其开展环保运动、参与环境治理提供了可能。不仅如此，新媒体还创造了一种新的结社形式——基于互联网的新型环保组织（web-based organizations）。在中国现行的国家对社会"分类控制"的体系之下，国家根据自身的利益需求、社会组织的挑战能力等对不同类型的社会组织采用不同的控制策略和强度；不同类型组织拥有的自主性存有差别。[②] 这一体系长期采取民间组织登记管理制度，表现为较严格的控制型管理，《社会团体登记管理条例》对社会团体的注册登记设立了较严格的条件。严格的条件限制和管控制度，使得大多草根ENGO很难达到注册登记的条件，要么只能到工商部门注册为企业法人，要么选择不注册而不具备法律上的合法性。无疑，不具备正式的社团身份甚至完全没有合法身份，就难以获得资金和其他必要资源的支持。正是在这样的背景下，互联网显现出产制、培育草根ENGO的价值。互联网极低的经济、社会成本，能在一定程度上弥补草根ENGO资源匮乏的问题，并为其提供了相对自由的空间，从而使其重新获得了生存壮大的机会，"对许多ENGO而言，特别是还处于小规

[①] Jingfang Liu, "Picturing a Green Virtual Public Space for Social Change: A Study of Internet Activism and Web-based Environmental Collective Actions in China", *Chinese Journal of Communication*, Vol. 4, No. 2, 2011.

[②] 康晓光、韩恒：《分类控制：当前中国大陆国家与社会关系研究》，《社会学研究》2005年第6期。

模阶段的时候，网站是它们的生命线"①。事实上，随着互联网的扩散，个人环保网站和绿色虚拟社区应运而生，其中一些发展成了完全基于互联网的环保组织②。这些环保组织依托互联网而生存，往往没有注册，也没有全职工作人员，而是靠网络将松散的环保志愿者聚集在一起。学者杨国斌认为，对这类环保组织而言，互联网发挥着关键作用：能在受限的政治气候中以最低的经济成本开展志愿环保行为；能被用之组织网上、网下的环保活动，帮助招募网下环保活动的志愿者；在缺乏合法身份和办公场地的情况下，网络呈现成为其存在的关键标志，使其在公众面前具备了可见性。③

在环境公民这一治理主体方面，新媒体在促进公众参与中不断塑造着公民身份，并丰富着他们的社会资本。有学者强调，互联网引起了一种新型的政治行动。互联网的使用促进了公共辩论和问题呈现，对中国政治也表现出了监督的潜能，也蕴含了组织民间社会行动的潜力。公民通过使用互联网能更好地获取信息、更多地参与社会和政治事务。④ 无疑，新媒体为公众"增权赋能"并创造空间促进其进行个人表达、公共讨论和行动参与，能在公众参与中潜在地培育公民意识、构建公民身份、提升参与公共事务的热情与能力。有研究揭示，日渐增多的"新媒体事件"促进着社会共识的形成：随着国家的发展，公民意识会不断提升，维护自身权益的意识会不断增强；特别是在与个人切身利益相关的维权问题上，"试一试"成为普遍心态。⑤ 另外，如前所述，环境治理主体所掌握社会资本的情况，将直接影响

---

① Jonathan Sullivan and Lei Xie, "Environmental Activism, Social Networks and the Internet", *The China Quarterly*, No. 198, June 2009.

② Guobin Yang, "Environmental NGOs and Institutional Dynamics in China", *The China Quarterly*, No. 181, March 2005.

③ Guobin Yang, "Weaving a Green Web: The Internet and Environmental Activism in China", *China Environment Series*, No. 6, 2003.

④ Guobin Yang, "The Internet and Civil Society in China: A Preliminary Assessment", *Journal of Contemporary China*, Vol. 12, No. 36, 2003.

⑤ 周葆华：《新媒体事件中的网络参与和政治功效感——以"厦门 PX 事件"为例》，载邱林川、陈韬文编《新媒体事件研究》，中国人民大学出版社 2011 年版，第 216—244 页。

着个人和环保组织的环境治理能力及相互间的合作程度。新媒体使用往往能够带来更多的社会资本，如微博独特的"关注模式"和普遍存在的"弱连接"，不但有助于形成不同的圈子和群落，通过营造共同归属感不断强化成员的身份意识，而且还加强了不同阶层之兴趣圈和生活圈的互联互通，从而大大拓宽使用者的社会资本来源。有实证研究表明，Web2.0 时代的博客、网络大众分类网站、社会交友网站的使用者比非使用者拥有更多的网络社会信任和更广更多样的社会网络，更倾向于认为上网增加了或没有降低他们的网下社会参与。也就是说，互联网使用者具有更多的社会资本，且随着使用时间的增加而增加。①

基于 Web2.0 系列平台，新媒体使每一个接入互联网的人都可以参与到网络信息的生产与发布当中，尤其是微博采用嵌套式的发展逻辑，实现了信息传播门槛更低、信息扩散速度更快、信息互动频率更高、信息传播效能更强、信息传播成本更低、意见表达更顺畅，日益将自媒体（we media）开启的"普通大众经由数字科技强化、与全球知识体系相连之后……提供与分享他们本身的事实、他们本身的新闻"② 变成一种常态。7.72 亿网民、7.53 亿手机网民、4.11 亿微博月活跃用户、7.9 亿微信公众号月活跃粉丝正将中国带向一个众声喧哗的社会。诚如有学者所言，新媒体实践使传统赋权理论所关注的弱势群体各个层面的赋权过程已经展开，有可能带来弱势群体在话语、经济、文化、社会资本等领域的权力与能力提升，从而在实现社会公正方面产生巨大的潜力。③ 基于新媒体为公众"增权赋能"而构建的社会表达机制，瓦解了强势阶层垄断话语的局面，消弭了话语权的中心化状态，"话语民主"在特定的空间和议题得以实现，所表达的话

---

① 邓建国：《Web2.0 时代的互联网使用行为与网民社会资本之关系考察》，博士学位论文，复旦大学，2007 年，第 168 页。
② Shayne Bowman and Chris Willis, *We Media：How Audiences are Shaping the Future of News and Information*, The Media Center at the American Press Institute, July 2003.
③ 丁未：《新媒体与赋权：一种实践性的社会研究》，《国际新闻界》2009 年第 10 期。

语自然也会更加开放、多元而富有个性。尽管微博、博客、QQ、论坛、公众号等空间是一个理性与非理性并存的社会话语生产场，往往是理性表达、恶意谩骂、泄愤情绪、"群哄"等相互交织，但其言论尺度更大、互动频率更高、更多地持有民间立场、更多地承载公众诉求，也是不能否认的。譬如在"厦门反PX项目"事件中，早期传媒尤其是厦门本地传媒选择了集体失声，市民只能通过QQ、BBS、MSN、博客、手机短信等新媒体进行"反对PX，保卫厦门"的传播与动员，使其成为民意诉求的主要载体。厦门市民上街"散步"后，也主要是用手机等新媒体记录"散步"事件并在网络空间进行传播，使公众可觅得"散步"事件的踪迹。事实上，在现阶段，新媒体甚至成为不少传媒及其从业人员在环境议题报道中的借力平台，常将难以在传媒刊发的稿件发至网络，从而将论坛、博客、微博等作为抗争现有话语体系的手段和平台。在"反番禺焚烧垃圾项目"事件中，传媒便与"江外江论坛"形成了一种互动关系，当传媒因外部政治压力而"失声"时，论坛便以相对开放与自主的优势而"发声"；当论坛因信息公开而引发的行动被迫取消时，传媒的报道又承接并放大了公众的利益表达。①

基于此，在中国现有的社会结构和制度框架下，新媒体备受市民组织青睐，对其有着非常高的渗透率。有研究显示，2003年高达82%的中国市民社会组织使用互联网，到2009年这一比例上升到96.3%。② 具体到环境领域，新媒体被全方位、多层次地运用于环境保护的相关议题与运动之中。有研究揭示，互联网作为一个有力的传播工具，在环境议题中的作用体现在四个方面：在全国或地方层面宣传与动员环境运动和环保活动；提供环境新闻和信息；促进讨论和交流；在线合作。网络传播不仅可以让环保行动者接受和扩散许多比官

---

① 尹瑛：《冲突性环境事件中的传播与行动——以北京六里屯和广州番禺居民反建垃圾焚烧厂事件为例》，博士学位论文，武汉大学，2010年，第64页。
② Shi Song, "Web2.0 Use Among Chinese Civil Society Organizations", paper delivered to the annual meeting of the International Communication Association, Suntec City, Singapore, June 22–26, 2010.

方来源更具争议的信息，而且能够与志同道合的国内环保组织和国际环保运动人士展开协作，且能很好地维持、放大、扩展这种连接及网上网下的互动。中国的环保主义者已在网上有着广泛的联系，形成了一个与网络空间相连的行动者网络，对中国环保运动的发展产生了显著影响。[1] 此外，互联网也是中国 ENGO 与政府沟通的平台，能将 ENGO 的努力从底层推向高层，从而引起政府的关注。新媒体技术在中国 ENGO 从事网络集体行动和创新虚拟公共领域方面发挥了关键作用，其与有序组织的网下活动相结合，能在中国的环境运动中发挥促进作用。[2] 从具体案例看，在"反番禺焚烧垃圾项目"事件中，业主论坛既是发布信息、揭示风险、满足业主知情权并向传统媒体提供信息源的重要管道，又是进行资源动员和行动动员、及时发布行动信息的重要载体，还是业主发表意见，就垃圾焚烧与环境保护问题进行讨论、协商的平台。尤需强调的是，丽江花园业主的"江外江论坛"还据此成为全国各地关注垃圾焚烧问题公众的公共讨论平台。同样，在"厦门反 PX 项目"事件中，在前期厦门本土新闻传媒被信息管制的背景下，新媒体是市民获取信息、表达意见的主要平台，也是市民动员网下参与的重要工具；在后期，新媒体则成为政府鼓励市民参与的重要渠道。

总之，依托于互联网的新媒体具有突破时空限制、开放性、双向即时互动、去中心、去权威、平等共享等特点，将信息传播、话语表达、观点论辩、舆论监督、组织动员、行动参与、社会协调等功能集纳于同一平台和空间，为公众创造了一个新型的信息传播平台和表达参与的空间，在中国的环境治理中激发出极大的能量。可以说，新媒体已成为环保主义者和公众手中的一根有力的"杠杆"，只要能找到一个合适的支点，便能有效撬动"参与环境治理"这一难题，从而

---

[1] Jonathan Sullivan and Lei Xie, "Environmental Activism, Social Networks and the Internet", *The China Quarterly*, No. 198, June 2009.

[2] Jingfang Liu, "Picturing a Green Virtual Public Space for Social Change: A Study of Internet Activism and Web-based Environmental Collective Actions in China", *Chinese Journal of Communication*, Vol. 4, No. 2, 2011.

让公众和环保组织能先于体制地参与到环境治理当中。

二 新媒体冲击传媒话语生产常规

新媒体一方面创造了社会话语表达的新型平台与空间，为公众赋予话语表达的手段与"资源"；另一方面，又不断地培育着NGO、公民等社会话语表达主体，提升着他们的"个人效能意识"，激发潜能，赋予力量和能力，使得长期被束缚的社会话语释放了出来。潘忠党、陆晔认为，社交媒体和移动终端的出现，打破了职业群体运用专业知识把持专门性工作的行业垄断，"瓦解了封闭的管辖权所保障的新闻从业者的职业界定和他们呈现新闻事实的文化权威，也冲击了传统的新闻生产模式"[①]。新媒体带来的社会话语表达能量释放，网络空间承载与容纳的大量社会话语，无疑会改变既有的话语生态格局，而格局的改变又势必会冲击、修正传统媒体的话语生产常规，最终提高环境议题的媒体可见度。

不难理解，基于网络而产制的"社会话语"，极有可能与传媒经由多重把关而产制的更多承载地方政府利益的"宣传话语"存在较大差异，甚至在焦点时刻还存在着对抗。诚然，在中国存在着一个既定的前提，中国共产党代表着最广大人民的根本利益，政府是人民利益的维护者，所以政府立场与民间立场、官方话语与民间话语在理论层面应该是一致的。然而，中国相对碎片化的行政体系和GDP的政绩压力，使得具有"经济人"特征的地方政府、职能部门及其执政者，在面临GDP增长与环境保护、经济效益与生态效益之间的抉择时，很容易从地方利益、部门利益、个人利益出发而作出与公众利益相违背的选择，致使在一些环境事件中政府立场与民间立场、官方话语与民间话语出现分裂，这在近年来已有不少典型案例。譬如，在"厦门反PX项目"事件中，厦门本土传媒"没有对'散步'事件的过程与场景进行客观再现和事实报道"，而是

---

① 潘忠党、陆晔：《走向公共：新闻专业主义再出发》，《国际新闻界》2017年第10期。

采用在新闻标题上过滤"散步"事实、在消息来源上遮蔽"散步"主体、在新闻框架上消解"散步"意义、在社论话语上矮化"散步"行为等话语策略,将"散步"事件本身所蕴含的民众利益表达成分进行隐匿和遮蔽,将"散步"的动因和要求进行抽离,最终将事件整体抽象化为"少数人煽动不明真相的群众参与的非法集会游行"这样一个政治标签。厦门本土传媒所生产的话语与民意表达之间形成了巨大鸿沟和落差,致使"网民普遍对厦门媒体的行为强烈反感,并进行愤怒反弹"。[①]

新华社前总编辑南振中曾不无忧心地提出,主流传媒对民众的"口头语舆论"重视不够、了解不多,没有对人民群众的正确舆论及时给予肯定性报道,没有对一些模糊认识及时给予解释和疏导,没有对一段时间出现的影响社会稳定的错讹流言、传闻及时予以澄清,使得"媒体舆论场"与民众议论纷纷的"口头舆论场"在某些时候、某些问题上互不衔接、互不交融。如果两个舆论场根本不能重叠,那么主流新闻传媒就有丧失舆论影响力的危险。[②] 不得不重视的是,容纳着民意的"口头舆论场"正借助新媒体平台,形成了"一呼百应"的"聚合效应",其形成速度更快、影响面更广、辐射面更大,对"媒体舆论场"的冲击力也更强。有学者认为,基于中国社会独特的转型期特征、制度性解决机制的缺位与独特的传媒生态,中国的新媒体更多带有"另类媒体"的色彩,成为普通公众获取信息、表达观点、维护权益的重要"平台";伴随着普通公民权益意识的增长,造就了"新媒体事件"频繁出现的社会现象。[③] 基于此,面对新媒体给话语生态格局和传媒生态环境带来的变化,传统媒体如果仍然不重视、不吸纳、不响应"社会诉求",

---

① 黄月琴:《反石化运动的话语政治:2007—2009 年国内系列反 PX 事件的媒介建构》,博士学位论文,武汉大学,2010 年,第 112—143 页。
② 南振中:《把密切联系群众作为改进新闻报道的着力点——对"三贴近"本质和核心的思考》,《新闻战线》2003 年第 11 期。
③ 周葆华:《作为"动态范式订定事件"的"微博事件"——以 2010 年三大突发公共事件为例》,《当代传播》2011 年第 2 期。

仍旧以保守的态度、暧昧的报道、宣传的话语、模式化的语言拒民意表达于千里之外，让社会话语固步于网络空间，就会使新媒体越来越多地承载着与传媒话语不同的乃至对立的社会话语，越来越成为环境抗争、环保运动等公共事件的发酵、发生场域，日益成为公众的首选媒介，终使自身被不断边缘化而失去影响力。所以，从维持公信力、影响力乃至生存根基出发，传媒应当不断审视自身所处的话语生态环境，突破单纯的宣传话语生产常规，努力关注、吸纳承载公众环境治理诉求的"民众话语"，从而缩小"传媒话语"与现实"民众话语"的差距。

除倒逼传媒的话语实践响应公众的环境治理诉求外，新媒体还在报道议题、新闻生产常规等微观层面，影响和冲击着传媒的新闻话语生产。中国 7.72 亿网民正成为一股重要的话语力量，其产制的话语已成为中国话语生态的重要组成部分，并通过提供信息源、形成网络舆论等方式渗透、影响着新闻话语的生产。有学者认为，新媒体对传统媒体话语生产的冲击与影响主要体现在两个层面：一是以其强大的传播功能逼使主流新闻传媒认真对待在常规生产模式中被忽略、遮蔽的"另类"议题和现实，或考虑怎样以现存的常规和价值框架去报道这些议题，或考虑是否需要建立新的常规去处理有关的新闻素材；二是直接对主流新闻传媒生产社会知识和现实的方法带来挑战，驱使传媒对现存的新闻生产常规或新闻价值作出范式修正。[①] 无疑，新媒体驱使传统媒体关注"另类"议题或现象，以现存的常规和价值框架对之进行报道，也能潜在地提高敏感性环境议题和环境抗争在传统媒体上的可见度。更重要的是，迅速崛起的网民话语作为中国民意的重要代表，而网络作为"焦点事件"的重要信息来源，正越来越深刻地影响着传媒的新闻话语生产。笔者对中央电视台新闻频道两档栏目的抽样研究发现，2009 年至 2013 年抽取的 228 期《朝闻天下》节目中涉及网民的新闻有 311 条，抽

---

① 李立峰：《范式订定事件与事件常规化：以 YouTube 为例分析香港报章与新媒体的关系》，《传播与社会学刊》（香港）2009 年总第 9 期。

取的 217 期《新闻 1+1》节目中涉及网民的新闻有 108 条。其中，23.5% 的网民以"意见表达者"形象出现，仅次于"新技术的使用者"形象（26.6%）；还有 9.2%、7% 的网民分别以"社会正义者""网络行动的参与者"形象呈现。① 网民往往通过两大路径或直接或间接地参与到传媒话语的生产当中：或通过"爆料""晒""挖""转发""人肉""求助""随手拍"等话语行为引发关注，以提供信息源、"焦点事件"甚至产制"新闻事件"等方式为新闻话语生产设置议题；或将表达的话语、观点直接渗透、融合到新闻话语的产制当中。这意味着，日渐崛起的网民话语可能会逐渐影响传媒建立新的常规去处理环境议题，甚至慢慢改变环境议题的报道框架和价值框架，不断推动传媒话语更多地向社会/民间话语倾斜，驱使传媒日渐成为公众参与环境治理的平台。

综上，新媒体创造了新型的信息传播平台和表达参与的空间，培育、产制着环境治理主体，丰富着环境治理主体的社会资本，从而在客观上为中国的环境治理创造着条件。同时，新媒体所承载的社会/民间立场、所产制的"社会话语"，又在相当程度上倒逼着传媒对公众的环境治理诉求作出某种回应、推动着传媒话语不断向"社会话语"倾斜。在环境问题正演变为公众需要长期面对的日常负担，甚至成了关涉公众生存权问题的背景下，传媒在环境治理中出场无疑是对"社会诉求""社会话语"的一种积极响应。所以，面对新媒体的各种倒逼与冲击，传媒确有出场的必要。事实上，传统媒体和新媒体有着不同的特性，二者推动环境议题发展和政治机会生成的方式与功效也不相同。有研究揭示，在环境抗争中，另类媒体常用于大范围的运动动员和宣传，通过将有影响力的组织和个人纳入行动网络来创造政治机会，而传统媒体的权威性和"地位赋予"功能使其大范围报道能给政府和利益相关方带来一定的舆论压力，通过强化精英不稳定性、推动精英分裂来为议题创造政治机会。同时，传统媒体和新媒体

---

① 姚劲松、张笑晨：《再现的网民：多元的形象与单一的角色——基于〈朝闻天下〉〈新闻 1+1〉中的网民形象考察》，《现代传播》2016 年第 9 期。

通过"媒体循环"协同作用,能助推政治机会形成。[①] 所以,传媒及其从业者可利用新媒体的各种优势,既借力新媒体突破既有的各种障碍,又与新媒体进行融合与互动,充分发挥"媒体循环"协同作用,共同拓展公众参与环境治理的空间,从而形成推进中国环境治理的合力。

[①] 曾繁旭、戴佳、王宇琦:《媒介运用与环境抗争的政治机会:以反核事件为例》,《中国地质大学学报》(社会科学版) 2014 年第 4 期。

第三章

中国传媒与环境治理网络的构建

> 环境政治和公共事务的景观犹如亚马逊河的热带雨林或加拉巴哥群岛的生态一般,是多样化的、严肃的、有争议的、多彩的和复杂的……如今,无论是在新闻发布会、社区中心、网络社群,还是世界银行会议的防护栏外,个人和组织都在不同的场合和公共空间谈论着环境议题。
>
> 新闻媒体不仅是环境议题和环境事件的报道者,而且还是其他声音的发布管道,从科学家到企业到激进的环保主义者,他们都希望通过"发声"来影响公众的态度。[①]
>
> ——罗伯特·考克斯

治理理论强调,公共的、私人的和自愿部门之间的边界变得灵活而模糊,参与者将形成一个网络结构,网络成员在信任的基础上共同协商、交换资源、持续互动、联合行动,以承担原本由国家独自承担的责任。也就是说,各个行动者要将治理理念付诸实践、进入具体操作流程,必须以形成一个涵盖了多元行动主体的网络结构为基础。事实上,网络不仅是治理的结构基础,也是治理的新形式,"网络代表了在市场和科层之外的另一种选择"[②];治理网络的生成,意味着一种既不同于科层组织又不同于市场组织的新型组织类型,即网络组织

[①] Robert Cox, *Environmental Communication and the Public Sphere*, Thousand Oaks: Sage publications, 2006, pp. 20, 28.

[②] 鄞益奋:《网络治理:公共管理的新框架》,《公共管理学报》2007年第1期。

或中间组织的出现；也意味着一种继科层和市场治理机制之后的第三种基本治理机制，即网络治理机制的出现。① 所以，构建一个整合了环境福祉利益相关者的环境治理网络，是网络治理机制生成与运行的前提条件，也是展开环境治理的结构性基础。然而，置于中国现有的制度框架和社会结构下，环境公民还有待培育、环保 NGO 的力量还比较羸弱、公众参与治理的资本与能力不足，这些都意味着构建环境治理网络的基础还很薄弱。基于这样的背景，本章从治理网络不同于科层、市场的结构特征和运行机制出发，按照"策略—关系"的分析路径，探讨传媒促进环境治理网络生成与生长、促使网络治理机制出现与运行的话语实践策略。

第一节　中国传媒与环境治理网络的基础构建

下面将以分析构建环境治理网络的起点为基础，首先探讨环境治理网络基础构建中的传媒策略选择。

一　环境公民：环境治理网络的逻辑起点

从规范的角度看，政府仅仅是治理网络结构中的一个节点，承担着经纪人和网络线路管理者的角色，它把许多行动者结合到一起，组成一个动态、复杂且呈现为"多—对—多"结构关系的网络系统。所以，"政府自身的变革是网络状治理的一个重要支撑体系"②，"对政府部门而言，治理就是从统治到掌舵的变化"③。这意味着，在中国现有的语境下，政府环境治理思路的改变与转型，是讨论构建环境治理网络的基本起点。所以，有必要首先对政府的环境治理思路予以

---

①　李勇军：《政策网络与治理网络：概念辨析与研究维度》，《广东行政学院学报》2013 年第 1 期。

②　朱德米：《网络状公共治理：合作与共治》，《华中师范大学学报》（人文社会科学版）2004 年第 2 期。

③　陈振明：《公共管理学——一种不同于传统行政学的研究途径》，中国人民大学出版社 2003 年版，第 87 页。

简单的梳理和考察。

从查处违法建设项目、挂牌督办,到"区域限批"政策,再到"流域限批"政策……面对空间严峻的环境危机,环保部一次次挖掘政策空间,将行政治理手段发挥到极致,先后掀起了四次"环评风暴"。然而,"风暴式""运动型"的专项治理、集中整治,大多以问题为导向、缺乏后续监督,虽能取得立竿见影的短期效果,但终究只是治标不治本,长期效果十分有限且不具备可持续性,而"限批"政策也无法扭转地方政府"先污染后治理"的思路。党的十八大以来,中央不断改进优化环境治理模式,工作格局从环保部门单打独斗的"小环保",向地方党委、政府及其有关部门落实"党政同责""一岗双责"的"大环保"转变;工作对象从以监督企业为重点,向"督政"与"督企"并重转变;工作手段从以环境影响评价制度为主,向环境影响评价、排污许可、"三线一单"[①]等制度一起抓转变[②]……中央治理环境的决心不可谓不坚定、态度不可谓不强硬、力度不可谓不大、执法督察尺度不可谓不严,这也使中国的生态环境质量开始持续好转,出现稳中向好的趋势。然而,从总体上看,如前文数据所呈现的,当下中国的环境污染依然严重、环境压力仍然居高不下,生态环境保护的成效难以稳固,形势依然严峻。与此同时,"一些地方,特别是县区级党委、政府及其有关部门,包括生态环境监管部门在内,对绿色发展认识不高、能力不强、行动不实,重发展轻保护的现象依然存在。企业环保守法意识不强,环境违法行为时有发生"[③]。可见,在积累已久的环境问题面前,在 GDP 政绩与环境保护、地方官员追求个人"政治市场"效用与公共利益、企业追求利益最大化与环境责任之间的复杂博弈网络中,单纯依靠政府进行环境治理,可能会出现可治理性

[①] "三线一单"是指,生态保护红线、环境质量底线、资源利用上线和环境准入负面清单。

[②] 李干杰:《以习近平新时代中国特色社会主义思想为指导 奋力开创新时代生态环境保护新局面——在 2018 年全国环境保护工作会议上的讲话》,2018 年 2 月 2 日。

[③] 同上。

缺失的问题。早在 2007 年，时任国家环保总局副局长的潘岳就体会到，"传统的依赖行政手段的环境管理方式已经不能够解决问题，中国的环境问题需要新的思路，就是融合行政手段、市场力量和公民参与的综合手段"①。

　　事实上，面对可能会出现的可治理性缺失的问题，中央也一直强调将非行政力量纳入环境治理体系，并逐步构建出一套合作共治的政策体系。2010 年 12 月，环保部颁布的《关于培育引导环保社会组织有序发展的指导意见》提出，要加强对环保社会组织的政策扶持力度和能力建设，培育与扶持环保社会组织健康、有序发展，从而"逐步引导在全国范围内形成与'两型'社会建设、生态文明建设以及可持续发展战略相适应的定位准确、功能全面、作用显著的环保社会组织体系"；要建立政府与环保社会组织之间的沟通、协调与合作机制，促进各级环保部门与环保社会组织的良性互动等。2011 年 4 月，环保部、中共中央宣传部等 6 部委联合发布的《全国环境宣传教育行动纲要（2011—2015 年）》提出，要"鼓励和引导公众以及环保社会组织积极有序参与环境保护""积极统筹媒体和公众参与的力量，建立全民参与环境保护的社会行动体系"；2016 年 4 月发布的《全国环境宣传教育工作纲要（2016—2020 年）》则将"构建全民参与环境保护社会行动体系，推动形成自上而下和自下而上相结合的社会共治局面"作为主要目标，强调"积极促进公众参与，壮大环保社会力量"。党的十九大报告明确指出，要"构建政府为主导、企业为主体、社会组织和公众共同参与的环境治理体系"。如此，一个培育与扶持社会环保组织、促进政府与环保组织协调与合作、着眼于将环保组织、公众等政府之外的非行政力量统筹到环保行动体系中，体现出"多方参与、共同治理"原则的政策体系已初步形成。尽管这一政策体系，并不必然意味着会带来"政府自身的变革"，而政府仍在其中扮演着中心者、主导者、统筹者的角色，但不管怎样，表明政

---

① 郭翔鹤：《潘岳痛陈环保困局："流域限批"已是最后一招》，《新闻晨报》2007 年 7 月 4 日。

府已经开始变革环境治理的思路和方式,并已在一定程度上蕴含了网络治理的思路和方向,其力图构建的环境治理体系也在相当程度上具备了治理网络的雏形。无疑,中央所提出的环境治理体系构建思路,为探讨构建环境治理网络提供了最基本的起点,也为传媒构建环境治理网络的话语实践提供着"象征资源"。

从外部看,构建治理网络需要"政府自身的变革"以分权于社会,但有"分权者"就应有对应的"受权者"——拥有一定行动能力、能够"分享公共权力"的多元治理主体。正如有学者所言,网络治理的另一个支撑条件是"社会自身的变化":不仅需要各类非政府组织和各种各样的私营厂商,使政府很容易找到合作伙伴;更需要具备新公民精神(new citizenship)的公民,他们能够积极地、主动地介入,而非消极地、被动地参与。[①] 再将视线投向治理网络本身,埃里克·汉斯·克利金(Erik Hans Klijn)总结出"网络"所具有的三个重要特征:其一,网络因行动者之间的相互依赖而存在;其二,网络由各种各样的行动者而构成,每个行动者都有自己的目标;其三,网络由行动者之间存在的一种或多或少的持续关系组成。[②] 这就意味着,多元的具有行动能力的环境行动者、行动者能为之相互依赖和持续合作的共同价值和目标,是构建治理网络不可缺少的两大要素。以此为出发点,具体到环境治理网络的构建,笔者倾向于认为,相当数量的环境公民是具有共同价值和共同治理目标的基础条件,也是构建环境治理网络的逻辑起点。

环境公民是环境时代公民身份的新拓展,不断出现的环境问题,加之生态主义理念的提出与强调,都不断拓展着传统公民身份的定义和内涵。这正如德里克·希特所分析的,当有公民资格的个体与空气、水、噪声污染、诸如臭氧层破坏和全球变暖等气象危机,因气候

---

① 朱德米:《网络状公共治理:合作与共治》,第二届中国地方治理学术研讨会,广州,2004年1月,第78—86页。
② Erik Hans Klijn, "Policy Networks: An Overview", In Walter J. M. Kickert, Erik-Hans Klijn and Joop F. M. Koppenjan, eds. *Managing Complex Networks: Strategies for the Public Sector*, Leicester: SAGE Publications Ltd, 1997, pp. 30 – 31.

变迁、工业化和人口增加所导致的资源枯竭等环境议题交织在一起，公民身份概念就大大超出了传统的界限。① 然而，关于如何准确界定环境公民却一直存有争议，难以达成一致。桑纳·英索恩和迈克尔·雷德提出了环境公民身份模型（models of environmental citizenship），总结了不同模式中环境公民身份的主要内容：（1）公民权利（citizen rights），植根于自由主义传统，强调公民的个体权利，认为公民是理性的、自主的、追求自身利益的人；对个人自由和追求经济利益所表现出的利己主义，意味着自由主义模式不将任何内在价值归功于自然，生态环境就是公民们可以使用和开发的自然资源；只要不影响到其他公民的行动自由，生态破坏就可以接受，而只有当环境损害影响了其他公民的自由时，国家才能介入干预。（2）公民责任（citizen responsibilities），植根于共和主义传统，认为强调个人自由和权利的观念导致了环境恶化，在总体上影响了生物圈和后代的福祉，所以应将公民设计为"道德公民"，公民不应是专享利益的私人个体，而应纳入公众范畴，将公共利益置于私人利益之上，强调公民道德和公共责任；对环境的可持续性而言，这是一个有吸引力的模式。（3）共同体利益与公民对话（the interests of the community and citizen dialogue），植根于协商与话语式民主理论之中，强调公共讨论和社会合作是民主的基础，环境立法是环境公民身份的重要组成部分，更重要的是，公民应当积极参与公共讨论；当人们就环境议题进行商议并达成一致的共同原则时，环境公民身份便体现了出来；只有当公民不断地在社会话语中提出环境问题，环境议题才会变得重要。（4）全球化和世界公民（globalization and cosmopolitan citizenship），植根于全球经济一体化带来的环境与社会危机超出民族国家力量之外的背景中，强调跨国公民之间的关系，能开放以展开对话并拥有接受差异的

---

① ［英］德里克·希特：《何谓公民身份》，郭忠华译，吉林出版集团有限责任公司2007年版，第27—28页。

愿望。① 可见，基于不同的理论基础和民主模式，环境公民身份被赋予了各种各样的内涵。从这些内涵出发，结合中国的语境和现实，我们认为，环境公民应该超越权利与责任的二元对立，二者应相辅相成、相互依赖：需承认每个公民对环境资源拥有平等共享的地位，都享有"在不被污染和破坏的环境中生存及利用环境资源的权利"②，而为了兑现这种权利，"每个人都肩负着保护环境的责任，这种责任不只体现在禁止掠夺环境的破坏性行为上，而且还要求积极参与防止他人引起的危害上"③。也就是说，每个公民既是享受"人类环境利益"的权利主体，又是保护环境的义务主体。无疑，环境责任的实现，必须依托于实实在在的"公民参与"。丹尼尔·科尔曼曾如此评价公民参与的价值："只有广泛的民主参与形式才能使公民能够争取到一个矢志于公众福祉与环境福祉的社会。"④ 这意味着，环境公民身份是"公民权利和责任在环境公共治理与决策中的体现与扩展"⑤，而"公民参与"理应是其主要的体现指标。

之所以说培育环境公民是构建环境治理网络的逻辑起点，理由有三：其一，环境治理网络由各种各样的行动者所组成，然而无论是政府、企业，还是环保 NGO，公民都是其最基本的组成单位，也就是说公民是环境治理网络最基本的结构单位。理查德·博克斯曾将公民划分为三种角色："搭便车者"，很少关心社区事务，让别人来行使公民资格的职责，实乃公共服务的"消费者"；"看门人"，想要参与社区事务，但往往只参加少数直接关系到自身利益的关键议题；"积

---

① Sanna Inthorn and Michael Reder, "Discourses of Environmental Citizenship: How Television Teaches Us to be Green", *International Journal of Media & Cultural Politics*, Vol. 7, No. 1, 2011.
② 吕忠梅：《再论公民环境权》，《法学研究》2000年第6期。
③ 郭忠华：《代译序：公民身份的解释范式与分析走向》，载［英］布赖恩·特纳《公民身份与社会理论》，郭忠华、蒋红军译，吉林出版集团有限责任公司2007年版，第4页。
④ ［美］丹尼尔·A. 科尔曼：《生态政治：建设一个绿色社会》，梅俊杰译，上海译文出版社2002年版，第44页。
⑤ 秦鹏：《环境公民身份：形成逻辑、理论意蕴与法治价值》，《法学评论》2012年第3期。

极参与者",能积极投身于公共事务的思考和设计并参与到各种各样的社区事务和社区组织之中,满腔热情地考虑公共利益。[①] 显然,"搭便车者"和"看门人"大多基于经济理性的角度进行算计和考虑,而不愿意承担更多的责任,难以成为环境治理网络的结构基础。不难理解,如果缺失了拥有环境公民身份和行动能力的"积极参与者",构建环境治理网络只能是空想,唯有不断培育环境公民以提高"积极参与者"的基数和比重,才能从根本上为环境治理网络的构建与持续运行产制条件。其二,网络不同于市场,不是完全自愿的、个体化的,而是有一定的共同价值为链接和中介;网络不同于科层,不是命令等级和科层链条的一部分,也不是正式的权威关系,而是基于共同准则的相互性逻辑。[②] 在很大程度上,行动者之间是基于"共同价值"和"共同准则"而相互依赖、彼此合作的,如果缺乏共同的价值和目标,就难以构筑一个相互依存、持续合作的网络。所以,回到环境治理网络最基本的结构单位——公民个体——这一根本原点,只要公民个体具备环境公民身份,各个治理主体之间就有了相互认同的基础,他们更能在环境时代的公民权利与责任、个体利益与共同体环境公益、环境绩效与经济绩效和社会绩效之间的关系等方面形成共识,也更容易持有共同的价值、遵循共同的准则和形成共同的治理目标,从而为环境治理网络的构建与维系提供保障。其三,在中国现有体制下,尽管中央不断探寻着新的治理思路和治理手段,也初步建立了体现"多方参与,共同治理"原则的政策体系,但无法回避的是,"政府自身的变革"道阻且长。基于此,置于环保社会组织得以培育和扶持的政策背景下,与其坐等"政府自身的变革",错失治理良机,还不如依循从个体到体制的发展思路,从塑造环境公民入手,将环境福祉的利益相关者转换为环境公民,使之具备环境治理能力并积极参与到环境治理当中,以良好的治理绩效彰显其作为治理主体的价

---

① [美]理查德·C. 博克斯:《公民治理:引领21世纪的美国社区》,孙柏瑛译,中国人民大学出版社2005年版,第62—63页。

② 鄞益奋:《网络治理:公共管理的新框架》,《公共管理学报》2007年第1期。

值，并不断与政府展开良性的沟通与互动，从而产制出有利于环境治理的网络结构，终使环境治理的机制与秩序得以改变。这正如有学者所强调的，通过公民参与，可以修正有违环境保护的意见，可以改变假定的前提，可以重新发现公共利益，而其所形成的秩序也必然带有对话协商、回应反思和规制的自主性导向，使得"秩序是由协商而定的，而非通过服从赢得的"[1]。总之，环境公民是环境治理网络最基本的结构单位，也是最能产生网络构建和运转所需的共同价值、共同原则和共同目标的源泉。所以，培育环境公民是构建环境治理网络的逻辑起点，塑造环境公民身份是现阶段主动构筑环境治理网络的能动策略，也是推动环境治理模式改革的重要着力点。

二　中国传媒与环境公民身份意识的培育

环境公民身份，意味着公民对自己应享有的环境权利和应履行的环境义务具备一种感知能力；还意味着公民在心理、情感和精神上认同这种权利与义务。"人们作为公民的各种认同，他们对于社会发展的归属感以及他们所感知到的参与社会发展的可能性成为民主生活的最关键因素"；人们只有将自己视为公民，只有在主观上认为自己包含了这一社会范畴可能涉及的各种属性，才能够作为一个公民而行动。[2] 这意味着，塑造环境公民身份不仅在于培育公众的环境权利意识和环境责任意识，还在于建构环境公民的身份认同，使之能在主观上视自己为环境公民，并要求自己作为一名环境公民而行动。

一般说来，当代身份理论主要强调两个关键要素：其一，身份将随着时空转移及情境差异而变化，即身份是可变化的；其二，身份产生于特定的社会情境之中，是在历史、文化、权力的重述中被建构起来的，即身份是可建构的。这就意味着，人们对自我身份的认知、理

---

[1] 秦鹏：《环境公民身份：形成逻辑、理论意蕴与法治价值》，《法学评论》2012年第3期。
[2] [英]彼得·达尔格伦：《媒介、公民身份与公民文化》，载[英]詹姆斯·库兰、[美]米切尔·古尔维奇《大众媒介与社会》，杨击译，华夏出版社2006年版，第304—307页。

解与认同,能够被不断地生产与塑造,是一个动态的建构过程。在客观世界远远超出人们感性经验范围的现代社会,人们越来越多地生活在传媒所构筑的"象征性社会情境"之中,使之越来越多地从传媒所提供的象征资源和符号环境中获得建构自我认知和身份认同的"知识源"。对此,格雷汉姆·默多克认为,传媒接触是大多数人了解并揭示社会与政治进程的主要信息源,也是建构自我表现模式和一般生活方式的映像与启示的主要来源。① 基于此,在日益媒介化生存的现代社会,传媒通过提供"知识源"、构筑"象征性社会情境"等途径,为现代社会公民身份的塑造提供了基本的参照框架,在培育公民意识、建构自我认知、塑造公民身份认同中起着不可估量的作用——尽管"大众传媒并不是文化身份的首要限定者,也不是文化身份的起点。但是,它在文化身份再现和建构中发挥着重要作用,已经'跃升'为再现和建构现代人文化身份的重要途径和资源"②。

环境公民身份是公民身份与环境议题的结合,其"确立了公民身份中不可或缺的环境面向"③。德里克·希特则将环境权利看作"第三代"权利,视为是对"第一代"公民权利和政治权利、"第二代"社会权利和经济权利的补充。④ 这启示我们,环境公民身份并非空中楼阁,而是深深植根于公民身份基础之上。对于大多西方国家而言,涵盖公民权利、政治权利和社会权利在内的公民身份建构是一个完成时,环境公民身份的塑造只需做加法——增加"环境面向"的要素即可。然而,中国的公民身份建构仍然是一个进行时。改革开放以来,尽管中国的公民权利体系一直处于不断发展中,公民权利的内容也得以不断增进和丰富,但正如有学者所指出的,当下中国对公民

---

① [英]格雷汉姆·默多克:《大众传播与意义的建构》,载[英]罗杰·迪金森等《受众研究读本》,单波译,华夏出版社2006年版,第221页。
② 石义彬、吴世文:《大众传媒在文化身份再现和建构中的角色探究》,《武汉大学学报》(人文科学版)2011年第1期。
③ 秦鹏:《环境公民身份:形成逻辑、理论意蕴与法治价值》,《法学评论》2012年第3期。
④ [英]德里克·希特:《何谓公民身份》,郭忠华译,吉林出版集团有限责任公司2007年版,第27页。

人身权利、财产权利保护的制度构建层次较低;尽管公民政治权利的形式和内容在民主政治的实践中有所充实,但大多还处于从制度文本向实践程序的落实与拓展的过程中;公民社会权利的内容和保障大多在制度构建层面取得了一定进展,但保障体系仍不完整,且制度文本往往与现实操作之间存在着一定的差距。① 更加棘手的是,传统文化的惯性力量、持续的强政府传统和政治文明建设的长期性与艰巨性,使得"中国臣民身份向公民身份的转化甚至是举步维艰,臣民意识仍然在纠缠着部分当代中国人的心灵,影响着他们的思想和行为,继而削弱中国建设现代性的力量",这种臣民意识在当代社会具体表现为主奴性人格、依附性意识和非反思性的感恩意识。② 如此以来,为数不少的公众尚未具备公民身份,更没有形成相应的公民身份认同,在公众参与上大多更倾向于选择"搭便车"和"看门人"的角色,致使中国的政治文化更多地呈现出阿尔蒙德所言的"臣民型与参与型"相混合的特征。

环境公民身份除了在延续公民身份各项权利的基础上增加了"环境权利"面向以外,还有其特殊性,即尤其强调公民的环境责任和义务。有法学学者提出,环境权利和义务都是落实环境责任的法律手段,但在二者的关系中,环境义务具有主导性,而"环境权利只能而且可以成为环境责任落实的辅助性手段"③;还有学者认为,环境权是一种自得权,"是以自负义务的履行为实现手段的保有和维护适宜人类生存繁衍的自然环境的人类权利",环境权利"不是通过与权利主体相对的义务主体履行义务来实现,因为根本不存在这种主体,而是通过权利主体本身的努力来实现"④。事实上,世界各国宪

---

① 参见褚松燕《20世纪90年代以来中国公民资格权利的发展》,《政法论坛》2007年第1期。
② 周金华:《新公民论——当代中国个体社会政治身份建构引论》,中国社会科学出版社2010年版,第213—217页。
③ 孟庆垒:《环境责任论——兼对环境法若干基本理论问题的反思》,博士学位论文,中国海洋大学,2008年,第207页。
④ 徐祥民:《环境权论——人权发展历史分期的视角》,《中国社会科学》2004年第4期。

法或环境保护基本法律在明确政府保护环境职责的同时，也大多强调公民个人的责任与义务。对公民个人环境责任与义务的强调，意味着环境责任意识是环境公民身份的核心构成要素。中国的现实情况是，绝大多数公众对个体应"自负的义务"不明确，缺乏参与环境治理的主体意识，尚未形成"环境治理主体"的身份认同。各种调查数据都印证了这一点：1998年、2005年和2006年跨距近10年的三份调查数据均显示，人们一直将政府视为解决环境问题的主要责任者，"公众缺乏公共环保的'责任公民'的意识和行为，致使'政府依赖型'的环保模式依然存续"[1]。2008年，北京大学中国国情研究中心的调查数据显示，公众对环境治理主体的选择偏好也呈现出明显的"政府依赖"倾向，高达67.28%的受访者认为地方政府是环境治理主体，仅有17.86%的受访者选择了公众，还有14.85%的受访者选择了企业；在"80后"的人群中，也仅有24.22%的受访者选择公众是环境治理主体[2]。2010年，零点调查公司的数据亦显示，72.3%的公众认为环境问题应由政府负责[3]。2014年，环保部公布的首份《全国生态文明意识调查研究报告》显示，70.7%的受访者认为政府和环保部门对"美丽中国"建设负主要责任，排在第二位的企业占15.1%，个人排在第三位，仅占12.7%，呈现出较强的"政府依赖型"特征。[4] 塑造中国公众环境责任意识的重要性与紧迫性可见一斑。

新闻传媒在形塑公众环境认知、培育公众环保意识、改变环保态度、建构公民身份等方面的功能受到一些学者的关注和强调。传媒是受众了解环境议题的"知识源"，也促进了公民身份的形成，为人们

---

[1] 王凤：《公众参与环保行为的影响因素及其作用机理研究》，博士学位论文，西北大学，2007年，第129页。
[2] 刘小青：《公众对环境治理主体选择偏好的代际差异——基于两项跨度十年调查数据的实证研究》，《中国地质大学学报》（社会科学版）2012年第1期。
[3] 姜健健：《"中国公众环保指数"调查显示：公众环保仍处个人体验初期阶段》，《中华工商时报》2010年10月25日第7版。
[4] 《全国生态文明意识调查研究报告》，《中国环境报》2014年3月24日第2版。

提供了解决生态问题的办法[1];传媒是增加人们环境问题意识的主要潜在因素,收看电视能在整体上增加公众的环保水平[2];从历史角度看,从儿童石棉与铅中毒到砍伐原始森林、全球变暖,新闻传媒尤其在教育公众对环境问题的认知上起着关键作用[3]……那么,传媒应如何塑造环境公民身份?彼得·达尔格伦认为,媒介社会环境与公民价值的形成有深刻的连带关系,媒介从童年时代早期开始,就逐渐促成身份认同与主体性的形成。人们在介入公民文化的时候是具有参照框架与话语能力的,而参照框架与话语能力在很大程度上是预先由媒介所结构的。[4] 这说明,结构和提供与环境公民身份相匹配的"参考框架"和"身份话语",是传媒塑造环境公民身份的策略选择和实践路径。

基于以上分析,立足于中国的实际情况,传媒塑造环境公民身份既要从公民身份入手,又要考虑环境公民身份的特殊性。按照媒介框架理论的观点,新闻生产者在处理信息、组织话语和建构意义的过程中,存在着一个"选择原则——刻意强调、解释和呈现的符码"[5],这种原则或者说框架"不仅组织新闻生产,而且实际还起着组织生活现实,并赋予其秩序的作用"[6]。在建构环境公民身份的话语实践中,传媒应更多地首先将受众视为公民,而非单一、被动的消费者,并需变革、调整报道框架,即在传媒内容的生产中,通过理念阐释、界定问题、提示原因、建议行动等方式,选择并

---

[1] Sanna Inthorn and Michael Reder, "Discourses of Environmental Citizenship: How Television Teaches us to be Green", *International Journal of Media & Cultural Politics*, Vol. 7, No. 1, 2011.

[2] James Shanahan, "Television and the Cultivation of Environmental Concern: 1988 – 1992", In Anders Hansen, eds. *The Mass Media and Environmental Issues*, Leicester: Leicester University Press, 1993, pp. 181 – 197.

[3] Robert Cox, *Environmental Communication and the Public Sphere*, Thousand Oaks: Sage publications, 2006, p. 164.

[4] [英]彼得·达尔格伦:《媒介、公民身份与公民文化》,载[英]詹姆斯·库兰、[美]米切尔·古尔维奇《大众媒介与社会》,杨击译,华夏出版社2006年版,第312页。

[5] Tim O'sullivan, John Hartley and Danny Saunders et al., *Key Concepts in Communication and Cultural Studies*, New York: Methuen & Co. Ltd, 1983, p. 123.

[6] [美]盖伊·塔奇曼:《做新闻》,华夏出版社2008年版,第2页。

"刻意强调、解释和呈现"公民身份的基本属性和内容——强调个体的自主性与理性，强调共同体成员之间基于平等的合作关系，注重公民权利的维护和积极参与[①]，以及公民身份"环境面向"所规定的权利与义务、所拥有的理念与价值，而尽量避免呈现"臣民""顺民""搭便车""看门人"等群体的理念与行为。具体而言，一方面，在中国公众普遍权利意识不足的现实语境下，传媒应在新闻报道中尽量采用"公民权利"框架，注重从认知、阐释和维护公民权利、政治权利、社会权利和环境权利等角度去选择议题、组织话语、建构意义，以在传媒内容中阐释"公民权利"的内涵、展示"权利公民"的价值观念、提供各类公民权利的实现途径等。具体到环境议题领域，传媒就应不断产制与传递这样的环境公民话语：每个公民都是"人类环境利益"的权利主体，都享有饮用干净水、呼吸洁净空气、免受污染伤害等确保基本环境质量的权利；对国家和居住区域的环境状况、国家的环境管理状况有知情的权利；有参与环境治理、环境政策制定的权利；当环境权益受损后有向相关部门请求保护的权利；等等。

中国面临公众环境主体意识淡化、参与意识淡薄、责任意识缺乏等问题，在于还没有形成环境权利的兑现应以履行"自负义务"为基础的观念，更在于中国公众的公共精神与公共理性缺失，大多数公众仅将环保行为局限于节水、节电等私人领域，或以争取和维护私利而参加环保活动。《全国生态文明意识调查研究报告》显示，虽然受访者随手关灯和水龙头、不乱扔垃圾等的践行比例较高，表现出较好的"律己"行为，但"受访者的生态环境友好行为明显具有功利性，大多出于自身健康和节省生活开支的考虑，保护生态环境成为附带结果"[②]。对此，传媒要将公众塑造为具有环保责任意识的"环境治理主体"任重而道远：首先，需要对公众进行环境责任启蒙，传媒或

---

① 周金华：《新公民论——当代中国个体社会政治身份建构引论》，中国社会科学出版社 2010 年版，第 23—25 页。
② 《全国生态文明意识调查研究报告》，《中国环境报》2014 年 3 月 24 日第 2 版。

呈现环境责任公民的价值观念、生活方式、参与热情、行为选择等，或直接阐释环境责任公民的理念，强调环保责任不只是私人空间的节水、节电、使用环保材料等，更需要积极参与公共的环境治理活动，如举报污染现象、参与环境事务讨论和环境政策制定、参加环保活动等，从而为受众识别、感知环境责任公民和建构相应的身份认同提供"参考框架"。其次，公共精神强调以"利他"的方式关心和促进公共利益，公共理性则强调理性而平等地关注公共事务，均是环境公民身份塑造的应有之义。这意味着，传媒应尽可能多地报道公共事务，并着力于成为公共事务的讨论、协商平台和公共利益的承载平台，从而为受众构筑一个充满公共事务和公共利益的"象征性社会情境"，使公众"可通过新闻、时事节目和纪录片等消费公共知识"[1]。在具体报道中，不应停留于仅仅呈现事实的层面，而尽可能地采用解释性、对话协商式的报道框架；同时，应避免单一、情绪化乃至狭隘的解读，尽量采用理性而有深度的解释框架和多元的解读视角，以此为公众呈现一个理性而多元的认知图景，在潜移默化中培植他们的公共理性和公共精神。最后，公共理性和公共精神作为一种能力素质，不能直接传递，要靠实践训练内化而成。一般认为，公共生活孕育了公共精神和公共理性，是能够为其提供持久生长力的土壤。所以，传媒可采取能动的话语策略，积极组织、动员公众参与到环保活动、环境运动等公共生活中，促使公众在参与中不断构建、确认并巩固自身的环境公民身份。

三 中国传媒与环境公民治理能力的培育

公民参与是环境公民身份的主要指标之一，环境公民的权利和责任最终都需体现在实实在在的环境治理行动中。环境治理行动的产生，一则需要具备上文所言的对环境公民身份的感知能力与身份认

---

[1] Louise Phillips, "Mediated Communication and the Privatization of Public Problems: Discourse on Ecological Risks and Political Action", *European Journal of Communication*, Vol. 15, No. 2, June 2000.

同，以此具备积极参与环境治理的意识；二则需要具备将观念层面的"身份公民"转化为实践层面的"行动公民"的行动能力，以此具备环境治理的能力。这种能力包括：搜集信息、读取信息的能力；表达自己意见、倾听他人意见，并与之进行对话、协商的能力；对自身偏好不断进行理性反思的能力；具备参与环境治理的知识与技能；等等。当下中国的公众环保参与情况不容乐观：1998年、2005年和2006年三份调查数据显示，公众环保行为在近10年时间中几乎没有发生太多的调整和改变，大多仍旧集中于个人的生活空间，以简单的、浅层次的节水、省电等环保行为为主，而社会公益环保活动则很少为之；环境治理形成了强烈的"政府依赖"现象，八成高度关注环保的公众处于"光说不练"的状况[1]。2008年的"中国公众环保指数"显示，仅有26%的公众表示"经常采取环保节能行为"；仅有6%的公众经常向有关部门举报环保违法行为，而高达47%的公众选择了"不会"，公众对社会性的环保参与不积极[2]。2010年，零点调查公司的数据亦显示，公众的环保行为主要集中在家庭生活层面，在公共场所和社会参与层面相对较低，而在调查的20项环保行为中，有一半的采取率在30%以下，公众环保仍处于个人体验的初期阶段[3]。2014年的《全国生态文明意识调查研究报告》显示，50.3%的受访者对身边的污染环境行为置之不理，表现出薄弱的"律他"意识[4]。"公众对优美生态环境的需要日益增长，但自觉主动参与的行动意愿仍不够。"[5]可见，中国公众在公共环境治理中更多地属于不折不扣的"搭便车"或"看门人"角色，"积极参与者"甚少。要

---

[1] 王凤：《公众参与环保行为的影响因素及其作用机理研究》，博士学位论文，西北大学，2007年，第92—93页。
[2] 中国环境文化促进会：《中国环境文化促进会编制的"中国公众环保指数（2008）"出炉》（http://www.tt65.net/zhuanti/zhishu/2008gongzhongzhishu/mydoc001.htm）。
[3] 姜健健：《"中国公众环保指数"调查显示：公众环保仍处个人体验初期阶段》，《中华工商时报》2010年10月25日第7版。
[4] 《全国生态文明意识调查研究报告》，《中国环境报》2014年3月24日第2版。
[5] 李干杰：《以习近平新时代中国特色社会主义思想为指导 奋力开创新时代生态环境保护新局面——在2018年全国环境保护工作会议上的讲话》，2018年2月2日。

走出这种"光说不练"甚至"不说不练"的环保参与困局,既离不开环境公民身份的塑造,也离不开公众环境治理能力的培育。"公民参与"作为环境公民身份的主要指标,是塑造环境公民身份的核心内容之一,但同时又是培育环境治理能力、构建环境公民身份认同的重要手段,而环境公民身份认同和环境治理能力的生成,又会进一步推动公民更加广泛而深入地参与到环境治理当中,它们之间互生互长、相辅相成。这意味着,在大多数公众的环境公民身份认同尚需构建、环境治理能力有待培育的现实情况下,重视"参与"的价值,积极推动公众参与环境治理,使之在参与中涵养环境治理能力,并借此构建、巩固环境公民身份认同,是传媒培育环境公民身份的必由路径。

理查德·博克斯曾强调,"从保证公共服务职业者向公民团体负责任的角度而言,公民必须能够睿智地裁判职业化的行动和提议,并提出有效的反馈建议",而个人的知识缺陷会破坏责任链。[①] 掌握科学的环保知识、合理而有力的环境治理方法,是培育环境治理能力的必然前提。中国公众的环保行为层次低,在相当程度上与环保知识、治理方法的缺乏有关:2008 年,仍有高达 58% 的公众不知道全国统一环境热线"12369";72.2% 的公众不知道 6 月 5 日是"世界环境日";仅有 11.2% 的公众能正确回答"对本辖区环境质量负责的机构";同时,公众对学习环保知识的态度并不积极,仅有 18% 的公众表示会"主动了解环保知识"[②]。2013 年,上海交通大学民意与舆情调查研究中心发布的"中国城市居民环保态度调查报告"显示,37.4% 的受访者认为自己的日常行为对环境不存在影响;高达 54.8% 的受访者不清楚 PM2.5,与 2013 年初中国遭遇的大范围持续雾霾天气极不相称,表明公众对基本环保知识的认知度不高。[③] 2014

---

① [美]理查德·C. 博克斯:《公民治理:引领 21 世纪的美国社区》,孙柏瑛译,中国人民大学出版社 2005 年版,第 78—80 页。
② 中国环境文化促进会:《中国环境文化促进会编制的"中国公众环保指数(2008)"出炉》(http://www.tt65.net/zhuanti/zhishu/2008gongzhongzhishu/mydoc001.htm)。
③ 李玉:《环境保护需公众切实参与》,《中国社会科学报》2013 年 5 月 10 日 A2 版。

年,《全国生态文明意识调查研究报告》显示,受访者对 PM2.5、世界环境日、环境问题举报电话等的回答准确率都在 50% 以下,尽管对雾霾的了解率达到 99.8%,但能确切说出 PM2.5 的受访者只有 15.9%。报告同时显示,收看电视和收听广播是受访者获取生态文明知识的首要渠道,占 69.3%,而报纸/杂志居第三位,占 50.9%。[1] 可见,普及环保知识、展现环境治理方法是推动公民参与环境治理、提高其治理能力的首要前提。路易斯·菲利普斯(Louise Phillips)认为,传媒具有生产、传播生态问题知识的功能,而生态危机的责任和解决办法在传媒内容以及公众消费传媒的过程中得以协商。所以,新闻话语为人们提供了应对生态危机扩散的办法,赋予了人们应对那些危机的责任重担。[2] 针对公众环保知识匮乏、治理方法不明而又疏于主动学习的现状,具备知识普及、观念建构和教育功能的传媒,可将环保知识、环保理念和环境治理方法等融于新闻报道、新闻故事、娱乐综艺类节目中,使公众能在潜移默化中汲取相关的环境治理知识和方法。具体而言,新闻报道可通过记者层层深入、循序渐进的采访路线,直观地展示公众应掌握哪些环保知识、应享有怎样的环境权利、环境权利受损后应搜集怎样的证据、如何搜集证据、应该以怎样的方式向哪些部门主张受损的权利、公众在私领域的日常生活中如何践行绿色行为等。环保知识的专业解读、治理路线的专业示范和参与途径的生动展示,直接为公众参与生态环境治理和生态文明建设提供了学习模仿的对象。譬如,媒体对"铅中毒"事件的频繁曝光,不仅向公众普及了铅、铅在人体中的正常含量、铅中毒症状等专业知识,还向公众展示了专业证明、举报企业铅污染的治理路线,促使一些有智慧、有见识的居民开始拿起数码相机主动搜集证据;也开始学会根据不同的问题有针对性地找相关部门投诉;也知道向传媒提供线

---

[1] 《全国生态文明意识调查研究报告》,《中国环境报》2014 年 3 月 24 日第 2 版。
[2] Louise Phillips, "Mediated Communication and the Privatization of Public Problems: Discourse on Ecological Risks and Political Action", *European Journal of Communication*, Vol. 15, No. 2, June 2000.

索、向上级部门反映情况,以向地方政府官员施压……[1]传媒通过普及环境治理知识、呈现环境治理路线以推动公民环保参与的作用可见一斑。

除了普及环境治理知识、展示治理方法外,传媒培育环境治理能力的价值还在于,可通过能动的策略选择和话语实践,组织公众参与到保护生态环境的公共生活中,为环境公民身份所必需的公共精神和公共理性的孕育提供土壤,让公众在"参与"中不断建构和巩固环境公民身份、训练和涵养环境治理能力。传媒至少可在以下两个层面推动公民参与:第一个层面,传媒可借鉴公共新闻学(public journalism)的理念,视公众为广泛参与的负责任的"公民",而非普通的"读者"和"消费者",将自身定位于"心怀公正的参与者",邀集公众一起从事新闻报道的协同生产,共同针对公共议题或社区问题展开研议协商,以唤醒公众对公民身份的醒觉和对公共事务的关怀,促其成为公共生活的主体。同时,促成公众在公共事务处理上的理性化,凝聚社区共同体意识,涵养公民的公共知识及行动能力[2]。也就是说,传媒应努力为公众搭建一个以自身为中介、开放而平等的对话与协商平台,以或直接、或间接的方式推动公众就某一环境事务或公共议题进行平等协商,并通过收集公共意见、呈现协商场景、产制容纳多元意见的报道等,周而复始地构建充满着表达、对话与协商的"象征性社会情境",以此培育公众理性思考与对话协商的能力。实证研究文献表明,以推动公众积极参与为核心的公共新闻实践模式能够增强公众了解、关注社区问题的兴趣,增强对他人的信任,提高其自觉参与解决公众问题的意识和感悟能力,提升其参与新闻机构的积极态度;而公民知识及态度发生的变化又促使其更倾向于参与社区问题的人际讨论,自愿为当地公民组织服务并/或捐款,组建新的公民

---

[1] 参见司开玲《"铅毒"中成长的环境公民权》,《环境保护》2011年第6期。
[2] 黄浩荣:《公共新闻学:审议民主的观点》,台北:巨流图书公司2005年版,第34—44页。

组织，就当地社区问题与政府官员取得联系等。[1] 第二个层面，传媒可通过能动的策略选择，组织、动员公众参与到真真切切的环保运动中去。在近年的环保运动中，传媒往往通过选择一种认知框架来阐释、定义环保事件，建构能激发公众共鸣并采取行动的意义，同时建构起地方共同体、环保主义者、公民等集体身份认同，并赋予身份相应的行动意义和行动目标，动员公众参与其中。如此以来，传媒在环保事件中建构的集体身份认同与环保参与行为互生互长、相辅相成，使公众在真实的"参与"中不断建构、确认并巩固环境公民身份。对于传媒推动公民参与的具体策略，将在后文予以集中、深入的阐述。

第二节　中国传媒与环境治理网络的机制构建

环境治理网络旨在将环境福祉的利益相关者纳入其中，强调多元治理主体之间的良性互动、持续合作，是一种不同于市场和科层的治理结构。这意味着，环境治理网络有着不同于科层组织和市场组织的生成基础与运行机制。譬如，与科层的运行基础是权威、市场的运行基础是价格不同，网络是多元行动者形成的合作关系，其运行必须建立在信任的基础上；与市场中的自愿个体行为、科层中的命令服从体系不同，网络的合作关系必须以多元行动者的对话与协商为基础。以下，将从环境治理网络的生成基础与运行机制出发，探讨环境治理网络机制构建中的传媒策略选择。

一　中国传媒与环境治理信息的共享与流通

环境信息及相关治理信息的共享与流通，是生成环境治理网络核心机制的基本前提。环境治理关注的是多元行动主体之间的合作治理问题，视"网络"为多元行动者构成的合作关系。信任对于合作的

---

[1] [美] 坦尼·哈斯：《公共新闻研究：理论、实践与批评》，曹进译，华夏出版社 2010 年版，第 71—72 页。

重要性已被诸多学者所强调："信任是合作的润滑剂"（Dasgupta，1988）；"信任是合作的情感基础"（Barbalet，1996）；"如果完全不信任，在自由行动者之间的合作将会失败"（Gambetta，1988）；信任既是合作的前提，又是成功合作的产物。① 国内学者张康之不仅强调合作及合作秩序主要建立于信任基础之上②，而且还将信任关系划分为习俗型信任、契约型信任和合作型信任三种类型。习俗型信任产生非理性合作；契约型信任产生理性合作，但带有谋算性质而具有工具性，不能生成合作秩序；合作型信任强调信任与合作的一体化与同构，能将人类带入一个普遍合作的社会，形成稳定的合作秩序。③ 这就意味着，信任是治理网络生成的基础，而信任机制则是网络治理的核心机制。罗兹（R. A. W. Rhodes）概括的不同治理的共同特征便包括了"游戏式互动建立在信任的基础之上"④；安妮·博格提出，"公共部门内部及公共部门与私人部门之间越来越普遍的合作与混合需要一种信任治理框架"⑤；鄞益奋也强调，"信任是一种核心的凝聚力要素"，"信任机制是网络的运作基础，其地位类似于市场的价格机制或科层的权威机制"⑥。按照张康之对信任关系类型的划分，治理网络所需的信任应更多地属于合作型信任关系。在获取与维护的路径上，与根植于熟人社会的"习俗型信任"可通过熟人获得信任和维护信誉不同，也与植根于间断式陌生人社会的"契约型信任"用成文的规则体系和形式化的制度结构来结构、调整信任不同，"合作型信任"根植于网络式的陌生人社会中，稠密人际关系及其网络结构决定了"交往关系系统中就必须有着充分的信息共享"。唯有如此，

---

① ［波兰］彼得·什托姆普卡：《信任：一种社会学理论》，程胜利译，中华书局 2005 年版，第 82 页。
② 张康之：《通过合作和信任把握历史的脉动》，《齐鲁学刊》2005 年第 2 期。
③ 张康之：《在历史的坐标中看信任——论信任的三种历史类型》，《社会科学研究》2005 年第 1 期。
④ R. A. W. Rhodes, "The New Governance: Governing Without Government", *Political Studies*, Vol. 44, No. 4, 1996.
⑤ ［挪威］安妮·博格：《通过规制实践建立责任与信任》，《国家行政学院学报》2000 年第 5 期。
⑥ 鄞益奋：《网络治理：公共管理的新框架》，《公共管理学报》2007 年第 1 期。

才能带来"信任关系的出现和合作行为的普遍化"的效应。① 波兰学者彼得·什托姆普卡也强调了信息对信任的重要性,"信任的理由有一种知识论的性质:它们归结为信任者获得的关于被信任者的一定的知识和信息","正确地给予信任的可能性随着关于被信任者的信息的数量和种类的增加而提高。没有这种知识,信任是盲目的,而背叛信任的机会是很高的"②。可见,环境治理网络的核心机制——信任机制的生成与持续运转,需以环境信息及相关治理信息的共享与流通作为支撑。

环境信息及相关治理信息的共享与流通,还是环境治理网络机制得以持续运转的有力保障。一方面,戴维·赫尔德强调,"开放的信息体系,确保充足信息条件下的决策"③ 是参与式民主的一个基本条件。这就意味着,环境福祉的利益相关者要参与到环境治理中,无论是要弄清环境现状、预测环境问题,还是决策环境行为、制定环境政策,都必须以掌握足够、全面而准确的信息为基础。不仅如此,还有研究表明,"环境信息公开确实零星地推动了中国环境利益相关者之间的对话,促使企业改进了环境表现,为推进网络化的环境治理创造了条件"④。事实上,环境治理网络持续运转的过程,就是基于流通和共享的信息而进行判断、对话、协商、决策进而采取共同治理行动的过程。这意味着,信息流通的频率越快、共享的程度越高,不同行动者之间掌握的信息越完全、越对称,行动者之间互动的效率和治理的效率就越高。可见,信息是环境治理的基础性资源,基于信息而展开的协商与行动是整个治理网络有效、持续运转的基本动力。正是在这个意义上,有学者将"信息共享"视为网络治理协调机制的重要

---

① 张康之:《在历史的坐标中看信任——论信任的三种历史类型》,《社会科学研究》2005 年第 1 期。
② [波兰]彼得·什托姆普卡:《信任:一种社会学理论》,程胜利译,中华书局 2005 年版,第 94 页。
③ [英]戴维·赫尔德:《民主的模式》,燕继荣等译,中央编译出版社 2004 年版,第 341 页。
④ 李万新、李多多:《中国环境信息的主动发布与被动公开——两个环境信息公开试点项目的比较研究》,《公共行政评论》2011 年第 6 期。

组成部分。① 另一方面，环境信息及相关治理信息的共享与流通，自然蕴含了作为治理主体的环保行政部门应当公开环境政策法规信息、环境质量状况、建设项目的环境影响评价、环境事务处理程序与结果等信息，也蕴含了同样作为治理主体的企业应当披露相关的环境信息，从而满足公众对国家的环境管理状况、国家和居住区域的环境状况等相关环境信息的知情权利。也就是说，环境信息及相关治理信息的共享与流通，是对公民环境知情权的一种承认与满足，既为公众行使环境监督权和参与权提供了必要前提，又在不断强化和巩固着公众的环境公民身份，从而支撑着环境治理网络的持续运转。

整体而言，中国在促进环境信息公开方面已经起步，在出台的《政府信息公开条例》《环境保护法》《环境信息公开办法（试行）》《国家重点监控企业自行监测及信息公开办法（试行）》《国家重点监控企业污染源监督性监测及信息公开办法（试行）》《环境影响评价法》《环境影响评价公众参与办法》《企业事业单位环境信息公开办法》《大气污染防治法》《水污染防治法》等法规条例中，都对环境信息公开与共享作出了相应规定，环境信息公开制度已经逐步确立，信息公开与共享的整体水平处于不断提升中。然而，从整体上看，中国环境信息公开的内容与形式，均不同程度地存在着缺陷。2017 年 9 月，公众环境研究中心（IPE）、自然资源保护协会（NRDC）联合发布的《2016—2017 年度 120 城市污染源监管信息公开指数（PITI）报告》显示，尽管从纵向上看，中国的污染源信息公开取得了历史性进展，但企业信息公开明显滞后于政府信息公开，难以满足社会期待。具体表现在，多数城市发布的重点排污单位名录质量堪忧，社会大众关心、关注的垃圾焚烧、处置单位，对地方环境影响大的污染企业及高架源等未全面纳入重点排污单位名录；仅有 12% 的涉气重点排污单位公布了自动监测数据，绝大多数未按《大气污染防治法》要求公布；污染源监管信息距全面公开还有一定距离，评价的 120 个城市中 105 个城市公开量不足

---

① 郁益奋：《网络治理：公共管理的新框架》，《公共管理学报》2007 年第 1 期。

50%，占比达 87.5%，其中 42 个城市公开量甚至不足 10%。同时，重金属等特征污染物，危险废弃物产生、转移、处置、排放信息仍未全面、完整地向公众公开，大量涉及危险化学品的使用、管理数据仍处于未知状态。① 此外，环境信息公开的渠道和方式比较单一，互联网是主渠道，而通过电视、广播等渠道公布的较少，甚至仅"通过厂门口电子显示屏的方式展示，不便于公众获取"②，大大限制了环境信息的共享程度和流通效果。如若政府、企业、环保 NGO、公众等环境治理主体长期处于信息不对称的状态，对环境信息、彼此之间的环境行为或意图了解不对等，尤其是公众无法获知环境质量状况、环境影响评价、企业排放和污染源检测等数据，不但公众的环境知情权和监督权难以保障、企业由于缺乏监督更易采取环境机会主义行为，而且环境治理网络由于缺乏基础性资源而难以正常运转，更不用说构建环境治理网络的信任机制了。

要实现环境信息及相关治理信息的良性共享与流通，改变现阶段共享的信息零散、滞后、不完整和流通效果不佳的现状，有赖于政府进一步细化、完善全面的环境信息公开制度，并建立成熟的实施体系，也有赖于企业进一步增强社会责任感，加大环境信息披露的力度。同样地，传媒"信息管道"的本质决定其促进环境信息共享与流通的作用不可替代。社会学家汤普森认为，大众传媒提供了"可见度/透明度"（visibility）这种公共性，提高了传媒事件的公共可见度，使得全社会范围得以了解这一事件，从而直接对权力构成约束。③"新闻业在民主国家里最为人们所熟知的主张即为公众提供信息。新闻业为公众提供信息，也就是说告知公众——最终的民主权威——当下，他们的政治代表们都在忙碌些什么，对于整个社会而言，有哪些风险和机遇正在隐隐露出端倪，不管好坏，我们的同

---

① 公众环境研究中心（IPE）、自然资源保护协会（NRDC）：《2016—2017 年度 120 城市污染源监管信息公开指数（PITI）报告》，2017 年 9 月。
② 同上。
③ 转引自李艳红《大众传媒、社会表达与商议民主——两个个案分析》，《开放时代》2006 年第 6 期。

胞都在忙些什么。新闻的这一教育功能将公众推向社会前台，从而使得公民能够积极参与到自治当中。"[1] 传媒"信息管道"的本质，决定了其能有效地增强环境问题的公共可见度，成为公众了解环境议题的"知识源"和获取环境信息的主渠道。具体而言，传媒要推动环境信息的共享与流通，首先需顶住"广告市场——企业主"的压力，确立"公共利益至上"的原则，并将其作为话语实践的理念内化于心，外化于行，及时而负责任地采集和传播公众所需的环境信息数据。其次，环境信息纷繁复杂、涉及面宽，有环保部门监测的污染源数据、建设项目的环评信息，有农业、自然资源、水利、交通运输、卫生等部门掌握的特定领域的环境信息，有企业在不同时间点，采用不同工具以不同形式披露的环境信息，还有社会组织、科研机构、公民个人等收集的环境信息……如此，环境信息广泛分散于各个部门、企业和社会组织之中，加之涉及众多专业术语和标准，往往语言晦涩难懂，离公众的日常生活体验较远，导致不少环境信息虽已公开，但仍处于静态而非流通的状态，没有发挥信息本身应有的价值。环境信息唯有进行流通、共享才能实现其价值。传媒应发挥专业优势，广泛采集、整合源自不同部门、企业和组织的环境信息，通过再加工和再解释，将晦涩难懂的专业语汇解码为与公众日常生活相勾连的信息，或转换为一种公众能感知、能想象的日常生活体验，从而增加环境信息的流通范围和效果。再次，传媒不应只定位于一个单向的环境信息整合与分享平台，还应为公众、环保组织等提供一个搜集、讨论、监督环境信息数据的参与平台，以此推动环境信息的公开、共享与流通，并对污染企业、地方利益集团产生一种自下而上的舆论压力。

二 中国传媒与环境治理主体的对话与协商

罗兹归纳的不同环境治理的共同特征，不但强调"游戏式互动

---

[1] [美]迈克尔·舒德森：《为什么民主需要不可爱的新闻界》，贺文发译，华夏出版社2010年版，第24页。

建立在信任的基础之上",而且还强调了"协商"的重要性,认为互动需"由网络参与者协商和同意的游戏规则来调节",而持续互动是为了满足"交换资源和协商共同目的"的需要。① 环境治理网络强调各行动者作为平等主体参与其中,围绕共同的治理目标彼此合作、相互依赖,形成一种稳定的合作关系。有学者强调,当市民能够较早地参与到事件进程之中,并且是互动的协商沟通而非单向的信息分享时,公民参与是最有利的。② 这就决定了,环境治理网络既不能依托基于自由竞争和商业准则的价格机制来运行,也不能依托基于有意图的行政或管理结构的科层机制而运行③,而需要各行动者之间以平等对话、讨论、协商等良性互动的方式来协调关系、达成共识以展开合作。鄞益奋将治理网络的这种运行机制界定为"协调机制",并强调是协商意义上的协调,即行动者基于共同的利益交换与分享信息,相互考虑对方的需求与利益,通过对话、共同商讨和共同规划来调整彼此之间的关系。④ 还有学者直接将其界定为"协商机制"⑤。事实上,"协商"对于环境治理网络的价值,并不止于是其运行的基本机制,还在于对话与协商的持续开展,能够不断产制出网络运行的基础——信任机制。一般都认可,公众参与和行动者之间的合作,能有效地促进信任的形成或巩固信任关系。卡萝尔·埃布登和艾梅·富兰克林(Carol Ebdon & Aimee L. Franklin)认为,"公民参与通常被视为降低其对政府不信任程度和训练其了解政府部门活动的方式;有更多参与的城市市民往往更

---

① R. A. W. Rhodes, "The New Governance: Governing Without Government", *Political Studies*, Vol. 44, No. 4, 1996.

② Lyn Kathlene and John A. Martin, "Enhancing Citizen Participation: Panel Designs, Perspectives, and Policy Formation", *Journal of Policy Analysis and Management*, Vol. 10, No. 1, 1991.

③ 李勇军:《政策网络与治理网络:概念辨析与研究维度》,《广东行政学院学报》2013 年第 1 期。

④ 鄞益奋:《网络治理:公共管理的新框架》,《公共管理学报》2007 年第 1 期。

⑤ 黎群:《公共管理理论范式的嬗变:从官僚制到网络治理》,《上海行政学院学报》2012 年第 4 期。

少对当地政府持怀疑态度"。① 道格拉斯·里德和雷蒙德·米尔斯则认为,"合作行为可以增加责任感和创造信任的氛围,必然推进信任的建设"②。在实践中,信任与合作总是胶着在一起的,信任既是合作的前提,又是合作的结果,合作能够增强信任,二者之间是一种互构的关系。③ 基于此,作为环境行动者参与、合作治理环境的重要方式和途径,环境治理网络中基于平等地位和共同准则的"对话"与"协商",能够增强行动者之间的信任关系,从而不断构建并巩固环境治理网络的信任机制。鄞益奋特别强调治理网络的"协调机制"对落实"信任机制"的重要性,认为只有建立起良好的协调机制,才能真正培育起行动者之间及行动者与整个网络之间的信任关系,最终实现互利互惠的合作。④ 总之,无论是从促进环境行动者之间的协调互动考量,还是从构建并巩固治理网络的信任机制考察,抑或是从构建环境公民身份的角度考虑,"协商"均是环境治理网络生成与持续运转不可或缺的基本要素。

环境行动者展开协商与对话的一个基本前提,便是哈哲尔所言的"许多空间被创造出来以使得不同的机构、中介、团体、积极分子以及公民个人走到一起就紧迫的社会问题进行协商"⑤,即社会上存在着能有序参与的管道和对话协商的平台。应该说,中国已逐渐建立起人民代表大会制度、政治协商制度、信访制度、党政领导接待制度等较为多样化的体制内参与管道,但这些管道也会出现"沟通阻塞"的问题。譬如,在北京六里屯和广州番禺居民"反焚烧垃圾项目"事件中,公众首先选择行政或司法途径进行利益表达,但不管是递送申诉信、常规上访、申请行政复议还是诉诸直接的司法救济渠道,不

---

① Carol Ebdon and Aimee L. Franklin, "Searching for a Role for Citizens in the Budget Process", *Public Budgeting & Finance*, Vol. 24, No. 1, March 2004.
② [美] 道格拉斯·里德、雷蒙德·B. 米尔斯:《组织中的信任》,载 [美] 罗德里克·M. 克雷默、[美] 汤姆·R. 泰勒编《组织中的信任》,管兵、刘穗琴等译,中国城市出版社 2003 年版,第 40 页。
③ 张康之:《有关信任话题的几点新思考》,《学术研究》2006 年第 1 期。
④ 鄞益奋:《网络治理:公共管理的新框架》,《公共管理学报》2007 年第 1 期。
⑤ 张敏:《协商治理:一个成长中的新公共治理范式》,《江海学刊》2012 年第 5 期。

仅未能促使政府迅速有效地作出回应，而且公众在实际近用这些管道的过程中，还遭遇了表达无效或效果迟滞、部分管道难以近用等诸多障碍。① 这说明，一些地方政府的体制内参与管道尚未有效地转换为政府倾听、回应公众利益表达的渠道，更没有成为与公众展开对话与协商的平台。其结果，便是有调查所揭示的，公众尤其是社会弱势群体不利用体制内的利益表达渠道，认为"表达无门""表达无效"，而"上访闹事"被视为最有效的诉求方式，趋于常态化②；同时，也迫使公众更倾向于采取非正式的游说或借助私人关系来解决问题，找领导、找关系便是其典型表现。关系网成了一个人表达权益诉求的关键③。显然，这与环境公民所倡导的公共精神与公共理性、环境治理网络所必需的对话与协商相去甚远。在这样的背景下，更需重视传媒促进对话与协商的价值，通过其能动的话语实践促进环境治理网络协商机制的构建。

"新闻媒体实负有召唤公民'知'（了解议题）与'行'（参与公共判断）责任的任务"④，传媒对构建环境治理网络协商机制的价值不仅在于能通过推动环境治理信息的共享与流通，使公众对环境事务形成恰当理解而具备对话与协商的基础，还在于能为环境行动者搭建一个开放而平等的协商平台，并以一定的话语策略促进对话与协商的达成。传媒搭建一个以自身为中介的协商平台，要义在于视自己为"心怀公正的参与者"，以客观、公正的立场分享相关背景信息、组织协商审议、收集公共意见和产制容纳多元意见的报道，并将环境行动者设置为平等沟通、对话的主角，引导他们尊重彼此的立场、观点和诉求，承认相互之间存在的差异与分歧，使他们能在共享信息的基础上充分表达不同观点，在理性的基础上展开对话、辩论与协商，在

---

① 尹瑛：《冲突性环境事件中的传播与行动——以北京六里屯和广州番禺居民反建垃圾焚烧厂事件为例》，博士学位论文，武汉大学，2010年，第89页。
② 陈映芳：《贫困群体利益表达渠道调查》，《战略与管理》2003年第6期。
③ Tang W：《中国民意与公民社会》，胡赣栋等译，中山大学出版社2008年版，第109页。
④ 黄惠萍：《审议式民主的公共新闻想象：建构审议公共议题的新闻报导模式》，《新闻学研究》（台湾）2005年总第83期。

倾听与表达中寻求共性与共鸣，最终找到公共利益最大化和各方利益均衡化的共识性治理思路和方案。可见，这样一个平台，必须首先是一个不同利益的表达管道和多元话语的汇聚之地，然后才是一个基于理性的对话与协商平台。

需强调的是，面对当前中国公众的环境公民身份还在建构，公共精神、参与热情和协商能力尚存不足的现状，传媒还需通过策略的话语实践培育公共协商的氛围，推动公众参与到对话与协商中。事实上，中国传媒在这方面已有不少尝试与实践，杭州电视台综合频道秉持"民主促民生"的理念，于2010年12月开播的"我们圆桌会"便是其中之一。正如其栏目名称中的"我们"、"圆桌会"符号和"沟通改变生活，对话推动进步"的节目开场白所体现的，"我们圆桌会"旨在构建一个职能部门官员、专家、行业人士、市民、媒体评论员等平等参与、对话协商的公共话语平台。"圆桌"是一个体现真诚对话、平等协商的符号，而"'我们'就是杭州这一城市共同体的代名词……只有职业的区别，没有身份标签、没有高低顺序、没有等级高下，'我们'的人格是平等的，有着相同的话语权"[1]。在播出的近500期节目里，先后有近4000位嘉宾参与对话、讨论，而政府官员约522人次，共涉及约245个城市公共话题[2]，这些话题分布在基础设施建设、住房保障服务、食品药品安全管理、教育服务、环境保护服务、环境卫生服务与市容管理、社会保障、公共应急管理、卫生服务等诸多领域。在当前公众表达渠道不太顺畅、对话协商平台比较缺乏的背景下，传媒搭建平台、创造空间以推动各个主体之间展开对话与协商，蕴含着促进一种新的治理机制和治理网络生成的可能。有学者如此评价，"我们圆桌会"是一个多中心的沟通交流机制。它用电视媒体手段把城市治理结构"整体性"地呈现出来，"把社会意见（民智）的征集、政府部门的联动（发展）、引导共建（和谐）

---

[1] 朱狄敏、谢金金：《我们圆桌会：共话城市治理》，《浙江人大》2013年Z1期。
[2] 潘一禾：《写在〈我们圆桌会〉改版之际》，《杭州》（生活品质版）2013年第3期。

与共同意识培养（素质）有机地结合起来，形成了一个完整的现代城市治理框架和结构"①。与"我们圆桌会"交相辉映，"市民议事广场""民主促民生圆桌会""民生议事厅""民事众议厅"等专栏也先后在杭州日报报业集团下辖的媒体上开办起来。

较之于其他可能的对话与协商平台，传媒由于话语公开天然地蕴含着一定的监督机制，由于平台开放而使得更加多元的话语能得以表达，由于运作相对公正而使得更多的信息能得以共享、更多的风险能得以揭示。这就决定了依托传媒为中介而展开的公共协商有着更高的品质和质量，讨论所达成共识的传播范围更广、传播速度更快，对政府部门和其他环境行动者所产生的影响力和约束力也更强，最终更有利于将共识性的治理思路和方案转化为共同治理行动。譬如，北京六里屯"反焚烧垃圾项目"事件中，由于缺乏以媒介为平台的公开讨论与协商，讨论更多地限定于"科学选址"的问题上；而在广州番禺"反焚烧垃圾项目"事件中，以媒介为平台的公开讨论使不同的专家意见、政府解释和公众意见都得到了较为充分的表达与讨论，话题涉及了垃圾分类、垃圾处理方式等议题，公众参与的程度更深，讨论的品质也更高。②

三 中国传媒与环境治理网络的监督与约束

环境治理主张增加行动者的范围，强调环境福祉的利益相关者都应参与到环境治理当中，一方面旨在构建一个基于协商机制的合作网络，各行动者在相互依赖的环境中共享信息、交换资源、谈判目标、减少分歧、增进合意，通过平等对话与共同协商，达成公共利益最大化和各方利益均衡化的共识性治理思路和方案，并将思路和方案转化为有效的共同治理行动。另一方面，旨在引入公众、环保 NGO 等非行政力量建立一种公众监督机制，构建一个由广泛分布在各领域、各

---

① 韩福国：《从治理理念到制度治理——基于"我们圆桌会"的分析》，《杭州》（我们）2013 年第 1 期。
② 尹瑛：《冲突性环境事件中的传播与行动——以北京六里屯和广州番禺居民反建垃圾焚烧厂事件为例》，博士学位论文，武汉大学，2010 年，第 93 页。

行业的多元监督主体构成的环境监督网络，从而防止因地方利益集团的违法或不当行为引起环境污染与生态破坏，以此弥补政府环境执法手段不足的问题。这既是满足公众环境监督权的需要，也是公众参与环境治理的一个极其重要而有效的途径。

再将视线投向环境治理网络的运行与管理，网络治理建立在"反思理性的'复杂人'"假设的基础上，认为行动者之间需通过不断的对话交流信息，来克服有限理性的先天不足；通过各种形式的合作将自身锁定于利害相关的网络中，以减少机会主义行为的动机；通过持续的学习、互动和反思来调整各自的行为。[①] 这就是说，从规范的角度出发，以信任为基础、以协商为机制的环境治理网络，形成的是一种平等的伙伴关系，而非科层结构中的权威关系；网络中不存在强制性的控制力，也没有严格的权责体系，主要依托基于信任的对话、协商、合作和学习来调整各自的行为和行动者之间的关系，并实现对网络的管理。然而，由于缺乏强制性的控制力，在公共责任制度还不完善、公共伦理规范尚未形成的情况下，私营机构和环保 NGO 在环境治理中分享了政府转移的部分职责和权力以后，也有可能在自利本性和逐利动机的驱使下，采取单独行动的机会主义行为，甚至出现滥用资源和以权谋私的行为，从而导致共同治理的集体行动困境及合作治理失灵。"影响网络运行的因素是多方面的，某一方面或某种条件的缺失都可能影响网络管理的效果，甚至使合作网络面临解体的危险。"[②] 对环境治理网络尚处于构建阶段的中国而言，还存在合作型信任短缺的问题，应尤其注意预防类似情况出现。所以，建立基于公众监督的约束机制，对环境行动者的自利行为进行软约束，对预防共同治理行动困境和合作治理失灵实属必要。表面上看，这似乎是一个"悖论"，一方面强调信任在环境治理网络中的核心地位，另一方面却又强调建立有效的约束机制。其实不然，建立基于公众监督的软

[①] 陈振明：《公共管理学——一种不同于传统行政学的研究途径》，中国人民大学出版社 2003 年版，第 89 页。

[②] 同上书，第 103 页。

约束机制，虽是应对合作型信任短缺、公共责任和公共伦理不足而有可能导致共同治理行动困境的一种解决办法，但它与治理网络所强调的信任机制并非完全对立。安妮·博格认为，"公共与私营部门的新的组织形态以及它们之间职能的混合使得边界规制成为突出的问题。这实际上是一个信任制造过程……质量保证作为创造责任管理及责任政府的所做改革努力的一部分得到运用"①。通过建立基于公众监督的软约束机制来确保环境行动者合作治理的质量，非但不会削弱信任反而还能在一定程度上创造信任。正如有学者所强调的，信任关系的培育需双管齐下，既要宏扬行动者利他的一面，又要约束其自利的一面；既要以深层次的道德伦理建设和职业精神教育为依托，又要通过构建监督机制、评估机制、信息披露机制等规制实践来建立政府与NGO的信任关系。②

公众监督是一种"以权利制约权力"的机制，实质是使公众成为一种监督力量，在正确理解权利与权力关系的基础上，恰当配置权利，使之能够起到一种限制、阻遏权力滥用的作用。③公众监督往往通过舆论监督来实现，所谓舆论监督是"公众通过舆论这种意识形态，对各种权力组织和其工作人员，以及社会公众人物自由表达看法所产生的一种客观效果，是一种自然存在的、客观的无形的监督形式"④。"传播"作为社会舆论形成的渠道和载体，是社会舆论形成的基本条件。也就是说，公众发表的意见只有经过较为充分的交流和传播，才能具备舆论所需的公共性和社会性，才能最终成为舆论。在现代社会，传播速度快、受众面广、影响力大的传媒无疑是公众意见得以广泛传播而迅速成为公众舆论的最优渠道。正是从这个意义上讲，传媒是公众监督的主要载体和平台，在"以权利制约权力"监督机

---

① ［挪威］安妮·博格：《通过规制实践建立责任与信任》，《国家行政学院学报》2000年第5期。
② 鄞益奋：《网络治理：公共管理的新框架》，《公共管理学报》2007年第1期。
③ 侯健：《三种权力制约机制及其比较》，复旦学报（社会科学版）2001年第3期。
④ 陈力丹：《论我国舆论监督的性质和存在的问题》，《郑州大学学报》（哲学社会科学版）2003年第4期。

制运行中发挥着不可替代的作用,而传媒也常常代表公众自发地开展舆论监督。这里有两点需要强调:一是传媒代表公众监督,并非正式授权和约定,只是一种习惯。正如舒德森归纳的"托管模式"(trustee model)所揭示的,将新闻工作者视为托管公众利益的专家,公众把自己的公民权委托给新闻工作者,就像病人把身体控制权交给医生一样。新闻界并不独立于公众,而是化身为公众的耳目,成为其天然的"托管人"①。二是公众舆论监督的对象是各种权力组织及其工作人员和社会公众人物,尤其强调对国家公权力的监督。环境治理强调政府部门与来自非政府部门的众多治理主体共同分享公共权力、共同治理环境事务,这就意味着分享了公共权力的非政府部门也应纳入公众舆论监督的范畴。唯有如此,才能对环境治理网络中的行动者产生有效的制约。

应该说,舆论监督在中国的环境保护中发挥着至关重要的作用,在监督环境污染、政府部门不作为中表现出极大的"杀伤力"。早在1984年,时任国务院环保委员会主任的李鹏就强调,"有不少造成环境污染单位的领导,既不怕环境保护部门和领导机关的批评,也不怕违反国家的法律规定,就怕群众起来反对他,怕舆论。要充分发挥舆论的作用"②;环境科学专家、原全国人大环资委主任曲格平说,"公众是环保的原动力,媒体是环保的推动力","舆论监督对中国的环境保护事业特别重要"③;曾任环保部副部长的潘岳也如此评价舆论监督的作用,"推动环保事业,媒体的舆论监督功不可没……媒体的新闻报道和批评监督,是推动中国环境事业发展的重要动力"④。然

---

① [美]西奥多·格拉瑟编:《公共新闻事业的理念》,邬晶晶译,华夏出版社2009年版,第7页。
② 李鹏:《环境管理是政府的一项重要职能》,载国家环境保护总局中共中央文献研究室编《新时期环境保护重要文献选编》,中央文献出版社、中国环境科学出版社2001年版,第58页。
③ 曲格平:《绿色媒体的力量》,载王莉丽《绿媒体:中国环保传播研究》,清华大学出版社2005年版,第6页。
④ 环境保护部宣传教育司编:《"十一五"时期环境宣传教育文件汇编》(2006—2010),中国环境科学出版社2011年版,第30页。

而，传媒作为舆论监督的载体和平台，无形中会让舆论监督带上自己的"主观烙印"，也会受到背后政治势力和经济势力的操纵，从而将自然存在的客观的舆论监督变成了"媒介监督"或"新闻舆论监督"[①]。回望之前传媒在环境领域展开的舆论监督，整体上仍是作为党和国家的环境治理工具出现的，仍然是政府主导的自上而下的环境保护的一部分。譬如至今已走过 20 多年历程的"中华环保世纪行"，在 1993 年启动时便强调要"充分运用法律武器和舆论工具……批评那些造成严重污染、破坏生态环境的违法行为，力争在全社会形成守法光荣、违法必究的强大舆论力量"[②]。尽管从 1994 年开始，各媒体也在各自版面或时段公布"中华环保世纪行"热线电话，接受群众的热线投诉，引入了群众监督机制，但仍无法改变传媒在活动中的性质——缺乏主体性的、党和国家治理环境的舆论工具。"中华环保世纪行"是由全国人大环资委会同中宣部、财政部等 14 个部门共同组织，中央媒体和行业媒体共同参加，将行政、司法和舆论监督三股力量融为一体的大型环境资源宣传活动。舆论监督是这一活动的显著特征，也正是借助媒体的曝光和监督，一些地方长期存在的环境污染"老大难"问题得到了集中整治和解决。然而，这一活动每年都是根据"全国人大常委会环境资源立法和监督工作重点"确定一个主题[③]，在组委会制定好活动主题、行动路线、正反典型和活动时间后，传媒便对上配合各部门进行高曝光率环境执法和宣传，"得到点

[①] 陈力丹：《论我国舆论监督的性质和存在的问题》，《郑州大学学报》（哲学社会科学版）2003 年第 4 期。
[②] 《全国人大环境保护委员会、中共中央宣传部、广播电影电视部、国家环保局关于举办环境保护宣传活动的通知》（人环委字〔1993〕02 号），1993 年 8 月 17 日。
[③] 历年来的主题为：1993 年，向环境污染宣战；1994 年，维护生态平衡；1995 年，珍惜自然资源；1996 年，保护生命之水；1997 年，保护资源永续利用；1998 年，建设万里文明海疆；1999 年，爱我黄河；2000 年，西部开发生态行；2001 年，保护长江生命河；2002 年，节约资源，保护环境；2003 年，推进林业建设，再造秀美山川；2004 年，珍惜每一寸土地；2005 年，让人民群众喝上干净的水；2006 年，推进节约型社会建设；2007 年，推动节能减排，促进人与自然和谐；2008 年，节约资源，保护环境；2009 年，让人民呼吸清新的空气；2010 年，推动节能减排，发展绿色经济；2011 年，保护环境，促进发展；2012 年，科技支撑、依法治理、节约资源、高效利用；2013—2017 年均为"大力推进生态文明，努力建设美丽中国"。

名邀请的几十个主流媒体派记者随团进行采访,其采写活动很多时候成为了'例行公事'、'命题作文'";同时,对"反面典型"监督的数量、尺度和角度也需经过组委会和媒体反复斟酌、慎重选择,尽管世纪行活动罕见地集中刊发了大量的监督类报道,但在整体上仍是以"表扬为主、批评为辅"。《人民日报》在1993年至2003年刊发的"中华环保世纪行"典型报道中,正面报道的比例仍达58.82%。① 在四次"环评风暴"中,作为发起者的环保部不具备如"中华环保世纪行"那般调动传媒资源的能力,但其通过能动策略获得了传媒的高度关注与支持,尽管传媒在舆论监督中的主体性明显增强,不再完全处于"附属"地位,但其监督的议题和对象仍在很大程度上由环保部门所设定。

中国传媒在环境监督中的表现是由体制内存在的"既定的舆论监督观"所决定的,即舆论监督并不是独立于国家的权力实践,而是作为党的建设工具和国家的治理工具而存在的,只能在党和国家的许可范围内进行。这一舆论监督观成为统领舆论监督实践各方面的基本范式。② 但也要看到,一方面,党和国家从坚持人民主体地位,保障人民的监督权出发,提出了"人民监督权力"的理念,把群众监督、舆论监督作为党和国家监督体系的重要组成部分,并强调"舆论监督和正面宣传是统一的。新闻媒体要直面工作中存在的问题,直面社会丑恶现象,激浊扬清、针砭时弊"。另一方面,党出于反腐败和"以儆效尤"的考虑,也往往支持传媒的独立舆论监督并将之收编入政治控制的轨道。这种双方互利的"协商",客观上为舆论监督赢得了一定的自主空间,在实践中能够使国家权力运作相对透明化。③ 这就意味着,传媒要在环境治理中成为公众监督的载体和平台,产制一种自下而上的监督力量,

---

① 覃哲:《转型时期中国环境运动中的媒体角色研究》,博士学位论文,复旦大学,2012年,第73—77、81页。
② 雷蔚真、陆亨:《改革开放三十年中国舆论监督的话语变迁:以中国新闻奖获奖作品为线索》,《传播与社会学刊》(香港)2008年总第6期。
③ 同上。

需充分利用党和国家提出的"要加强对权力运行的制约和监督"、保障公民"知情权、参与权、表达权、监督权""人民监督权力""舆论监督和正面宣传是统一的"等象征资源，坚持建设性的监督立场，不以"揭丑""曝光"为目的，而以约束环境行动者的自利行为和促进环境治理为核心，合理采用监督策略，通过"非常规"实践实现对地方利益集团舆论监督的"正当化"和拓展具有独立意识的舆论监督空间。

第三节　中国传媒与环境治理网络的舆论资源

环境治理网络的平稳运行和良性发展，需要网络成员不断从环境中汲取各种资源。"在组织的各种资源中，舆论资源是其重要的软性资源之一。"舆论资源不但在内容上意指社会心理支持因素，还能为组织吸引更多的注意力，为其发展提供"真知灼见"。[①] 毋庸置疑，作为环境治理网络的成员，无论是政府、企业、环保组织，还是公民个人，都置身于一定的舆论环境中，舆论资源是促使其有效率行动的特殊软性资源。良好的舆论资源能为网络成员吸引更多的注意力、获取更多的舆论支持，从而为环境治理网络营造一个好的运行环境和带来更多的资源支持。这就意味着，对环境治理网络而言，其成员拥有的舆论资源在一定程度上决定着治理网络运行的环境和获取更多资源的能力。

早在报刊时代，马克思和恩格斯就提出，"报纸是作为社会舆论的纸币流通的"，报刊是"广泛的无名的社会舆论的工具"[②]。在媒介化生存的现代社会，传媒为公众构筑了"象征性的社会情境"，不断改变着公众的时空观，更是与舆论存在着无法分离的关系——"媒介成为人们的'导航圈'，没有现代大众传播媒介，就谈不上现代舆

[①] 张康之、李东：《组织的舆论资源及其获取》，《东南大学学报》（哲学社会科学版）2008年第4期。

[②] 《马克思恩格斯全集》（第7卷），人民出版社1959年版，第523页。

论及其不息的流动"①。传媒的"社会舆论工具"性质，决定其是为环境治理网络成员产制舆论资源的关键力量。

一 中国传媒与普通公众的舆论资源

"舆论是一定范围内的多数人针对现实社会以及社会中的各种现象、问题，以言语、情感、行为等方式表达出来的大体一致的信念和态度。"② 应该说，"一定范围内的多数人"，或者说"自在的对于外部社会有一定的共同知觉，或者对具体的社会现象和问题有相近看法的人群"③——公众，是舆论资源产制的逻辑主体。然而，舆论有着较复杂的形成过程，也受多种因素影响，决定了公众在舆论资源的产制过程中并非一定处于有利地位。

充分地交流和公开地传播，是形成"大体一致的信念和态度"的必要条件，而具有点对面传播特点的大众传媒则在交流和传播中发挥着重要作用。杰克·麦克劳德等（Jack McLeod et al.）将传媒在舆论形成的跨层（cross-level）传播中扮演的重要角色概括为：渠道或连接器（channels or connectors）、变革代言人（change agents）和认识论设备（epistemological devices）。作为渠道或连接器，传媒使舆论在政治精英、新闻记者和公众这三类行动者之间的传播成为可能，是舆论过程得以发生的基础；作为变革代言人，传媒是影响力的主要来源，是改变公众行为和公众对某些问题认知的传播活动的关键渠道，这种作用通过主动对各种议题施加影响、日益频繁地传播带有公关性质的材料、以特殊的方式建构新闻事件和议题、屏蔽异议和动员信息等方式来实现；作为认识论设备，传媒不仅给受众提供信息，而且还影响着受众知道什么、如何知道等，个人的认知历程直接与传媒宏观

---

① 陈力丹：《舆论学：舆论导向研究》，中国广播电视出版社1999年版，第59—60页。
② 曾庆香：《对"舆论"定义的商榷》，《新闻与传播研究》2007年第4期。
③ 陈力丹：《舆论学：舆论导向研究》，中国广播电视出版社1999年版，第11页。

层面的运作和集体文化相连接。① 传媒在舆论形成中扮演的重要角色，使其作为"自为的传播机构"，在与"自在的舆论"互动中多数处于主导地位。这就意味着，传媒并非总是"自下而上"的表达渠道，不只是单纯的舆论载体，其选择性的报道与评价会造成一些舆论的扩张和另一些舆论的衰退，以至舆论的形成似乎主要呈"自上而下"的状态，致使"大众意见的传播从'自下而上'向'自上而下'的转向"②。可见，在传媒对舆论形成具有强大影响力的现代社会，尽管公众是舆论资源的逻辑产制主体，但因其话语并不总是能在传媒上得以表达与呈现，所以公众并非一定能持有丰沛的舆论资源，甚至还常常在特定时期、特定事件中处于完全被动的地位。譬如在"厦门反PX项目"事件中，厦门市民的意见早期无法在本土传媒得以呈现，最后只能以"散步"的方式来表达他们"大体一致的信念和态度"，而在"散步"后国内传媒都选择了集体沉默，厦门本土传媒则掀起了大规模的舆论攻势，将"散步"事件进行负面定性和评价，致使厦门市民当时持有的舆论资源处于严重不对称状态。

公众作为环境治理的重要行动者，无疑需要传媒为其提供丰厚的舆论资源。从公众是舆论资源的逻辑产制主体出发，传媒为其提供舆论资源的关键在于，需更多地成为公众"自下而上"的表达渠道，更多地选择和扩张承载着公共利益的公众话语。需强调的是，新媒体依托技术优势对公众实现了"增权赋能"，为其话语表达和公共讨论创造了新型空间，日渐成为一个"自下而上"的重要表达管道，成为公众产制和获取舆论资源的重要平台。然而，新媒体中的话语表达往往过于分散、零碎而"整合"不足，缺少由散乱的"众意"到成熟的"公意"所需的"一个合理性化的过程""一种化合的聚变"，而"公意只考虑共同的利益，而众意考虑的则是个人的利益；它是

---

① Jack McLeod, Zhongdang Pan and Dianne Rucinski, "Levels of Analysis in Public Opinion Research", in Theodore Lewis Glasser and Charles T. Salmon, eds. *Public Opinion and the Communication of Consent*, New York: The Guilford Press, 1995, p.73.

② 陈力丹：《舆论学：舆论导向研究》，中国广播电视出版社1999年版，第61页。

个别意志的总和"①。同时，新媒体空间存在的"群体极化""网络暴力"等现象，也在一定程度上导致表达的话语感性有余而理性不足，致使网络舆论含有更多的非理智成分。更重要的是，基于体制保障、认可度和影响力等优势，传统媒体仍是社会传播空间中的主导力量，是一种象征性力量的集中之地；发端于新媒体的话语表达，往往在传统媒体介入后能够重新得以集中、筛选、整合和扩散，从而产制出质量更高、影响更大的舆论资源。譬如，有研究发现，在"厦门反 PX 项目"事件中，被访者认为网络只是技术，虽一直在利用网络，却始终不抱希望，也感受不到力量，仍倾向于将传统媒体视为政府反应的最可靠代表。也就是说，网络的力量要靠传统媒体来肯定，而不能由自身来证明，传统媒体成了象征事件成败的"风向标"，成了力量之源。② 所以，在相当长时间内，传统媒体产制优质舆论资源的地位仍难以撼动，如能与新媒体产制的舆论进行充分的互动与融合，则可为公众提供更加丰厚的舆论资源。

传媒要更多地承载关乎着公共利益的公众话语，就需将公众设置为报道的叙事主体，去倾听、搜集和整理公众的环境利益诉求，将零散、模糊乃至情绪化的公众话语表达进行筛选、分析，进而整合为成熟的、代表共同利益的"公意"并予以传播，从而将公众话语提升为蕴含着沟通权力和约束力的舆论资源，以此具备与国家、政府进行互动的力量。不仅如此，基于传媒能为公众"设置议程"的功能，即"通过反复播出某类新闻报道，强化该话题在公众心目中的重要程度"③，传媒还应采用报道策略主动设置"环境议题"，赋予其显著性，使之成为公众关注的焦点，并唤醒、激发公众就此进行话语表达，从而成为公众舆论产生的源头。这正如有学者所强调的，"媒体

---

① [法]卢梭：《社会契约论》，李平沤译，商务印书馆 2011 年版，第 33 页。
② 周葆华：《新媒体事件中的网络参与和政治功效感——以"厦门 PX 事件"为例》，载邱林川、陈韬文编《新媒体事件研究》，中国人民大学出版社 2011 年版，第 216—244 页。
③ [美]沃纳·赛佛林：《传播理论：起源、方法与应用》，郭镇之等译，华夏出版社 2000 年版，第 246 页。

的权力体现在'制造'问题,并将这些问题进行装扮,使之变成'危机'问题,使人们开始关注并谈论这些问题,最终迫使政府官员不得不采取措施解决这些问题"[1]。所以,传媒或将"私人困境"与"公共的环境议题"相关联,将个体遭遇的环境问题、面临的环境困境展现出来,以个人的痛苦遭遇、生存状态等共通的情感体验引发广泛的"共鸣",从而唤醒公众表达以形成"民意共鸣"的景观;或报道环境领域的焦点事件、呈现环境问题、揭示环境风险,以此引发公众广泛关注、激发其参与到话语表达之中;或挖掘报道一些宏阔的,公众无暇顾及、无能力顾及乃至被其忽略的环境问题,以唤起公众注意,为其提供思考、讨论的话题与素材……总之,传媒既要成为公众"自下而上"的表达渠道,承载关乎公共利益的公众话语,又要"自上而下"地设置"环境议题",以唤醒、激发公众的话语表达并对其予以整合和再传播,从而不断为公众参与环境治理提供充沛的舆论资源。

二 中国传媒与环保组织的舆论资源

学者王名、贾西津从中国实际出发,将非政府组织(以下简称NGO)界定为"不以营利为目的且具有正式的组织形式、属于非政府体系的社会组织,它们具有一定的自治性、志愿性、公益性或互益性"[2]。一般都认可,NGO 是现代社会公共治理的重要标志和元素,"为公民提供了参与公共事务的机会和手段,提高了他们的参与能力和水平"[3]。1978 年,改革开放后中国第一家官方背景的 NGO——"中国环境科学学会"正式成立。1994 年,中国民间自发成立的草根 NGO——"自然之友"正式成立。截至 2008 年 10 月,全国有环保 NGO 共 3539 家(含港澳台地区)。[4] 环保领域的 NGO 成为中国成立

---

[1] [美] 托马斯·R. 戴伊:《自上而下的政策制定》,鞠方安等译,中国人民大学出版社 2002 年版,第 136 页。
[2] 王名、贾西津:《中国 NGO 的发展分析》,《管理世界》2002 年第 8 期。
[3] 何增科:《公民社会与第三部门研究引论》,《马克思主义与现实》2000 年第 1 期。
[4] 中华环保联合会:《中国环保民间组织发展状况报告》,2008 年。

最早、最活跃、社会影响最大的 NGO 类型,是"中国 NGO 发展的一个缩影,也是中国 NGO 的先锋"[①]。环保 NGO 在环境治理中的价值主要在于:为公众参与环境治理提供了组织化的渠道,能组织化地宣传环保知识、培育环保文化并在推动公众参与中构建环境公民身份;能组织化地传输公众的环境利益诉求、监督评价环境问题;能组织化地倡导并参与相关环境政策的调整。这就意味着,环保 NGO 能否成为独立、有效的治理主体,是构建环境治理网络的又一决定性因素。

从整体上看,尽管环保 NGO 是中国 NGO 的"先锋",但其"先锋"地位仍是相对而言的,是"矮子中的高个儿",并不意味着自身的独立与成熟。长期以来,中国对社会组织总体上采取监管型而非发展型的策略,在制度层面为社会组织获得法律身份设置了较高门槛,"法团主义的政治规则使得草根志愿组织经常处于无法注册的阶段。从总的法律框架上来看,非营利组织方面的法律权利方面的规定也还非常少"[②]。置于这样的制度环境下,中国大陆拥有的 3289 家[③]环保 NGO 的分布格局如下:一类是自上而下产生的政府型环保 NGO,由政府主办或由政府派出人员担任主要职务,大多是正式注册、具备法律身份的组织,有着相对丰富的政府资源,但其运作在很大程度上要受到政府逻辑的制约,自主性较弱、公众自愿参与性不足,主要靠行政动员方式参与,运作效率不太高。这类组织数量多,共 1309 家,占总数的 39.8%。二类是自下而上的草根型环保 NGO,多由民间环保人士自下而上发起,或在民政部门登记注册为社团,或在工商部门登记注册为企业,或作为其他社团分支机构存在,或无法登记不具备法律合法性,总体上看大多注册为企业或没有注册。这类组织拥有的资源匮乏,大多缺乏专业的知识、成熟的运作模式和行动策略,组织与扩展能力较弱,但具备相当程度的独立性和自主性,大多共同拥有志愿精神的价值信仰基础,志愿者参与热情较高。这类组织数量不

---

① 邓国胜:《中国环保 NGO 发展指数研究》,《中国非营利评论》2010 年第 2 期。
② 朱健刚:《草根 NGO 与中国公民社会的成长》,《开放时代》2004 年第 6 期。
③ 数据源于中华环保联合会《中国环保民间组织发展状况报告》,2008 年。

多，共 508 家，占总数的 15.5%。第三类是国际环保 NGO 在中国设立的机构，或以项目形式在中国开展活动。按现行民间组织注册规定，国际环保 NGO 尚无法在国内进行登记注册，很难具备法律身份，但它们一般都具有专业化的、成熟的运作模式和行动策略，也拥有相对丰富的资金和资源。这类组织很少，仅有 90 家，占总数的 2.7%。第四类是学校环保 NGO，属于学校内部组织，不需在民政部门登记注册，本单位批准即可。这类组织较为特殊，组织成员单一，拥有的资源、能力和社会影响相当有限，但数量最多，共有 1382 家，占总数的 42%。可见，在监管型的制度设计之下，中国的环保 NGO 尽管看起来数量不少，但整体情况并不乐观：有资源有身份者却自主性、志愿精神不够，有自主性有志愿精神者却资源匮乏、能力欠缺甚至无法律身份，有自主性有资源有能力者却无法律身份，而且各类环保 NGO 分布极不均衡，政府型和学校环保 NGO 占了绝大部分，占比达 81.8%。

中国的社团必须同时争取两种合法性：一种是意味着政府承认和信任的官方合法性，不仅含有依法登记注册的普通含义，还包含党政部门对社团的直接管理；另一种是意味着社会承认和信任的社会合法性。从长期来看，社团的社会合法性是最根本的，是社团能否获得真正发展、能否走向自立和自治的关键。[1] 就官方合法性而言，主要是国际环保 NGO 的中国机构或项目、部分草根型环保 NGO 没有登记注册的法律身份，总体上的占比并不高。在加强和创新社会治理、加快生态文明体制改革的背景下，党的十九大报告提出，要"打造共建共治共享的社会治理格局"，"发挥社会组织作用，实现政府治理和社会调节、居民自治良性互动"，要"构建政府为主导、企业为主体、社会组织和公众共同参与的环境治理体系"。这与环保部颁布的旨在"积极培育与扶持环保社会组织健康、有序发展"的《关于培育引导环保社会组织有序发展的指导意见》相链接，可以看到，中

---

[1] 康晓光：《创造希望：中国青少年发展基金会研究》，漓江出版社、广西师范大学出版社 1997 年版，第 636 页。

国环保 NGO 运行与发展的政策环境将会得到相当程度的改善，在培育与扶持的政策框架之下，草根型环保 NGO 可通过不断加强自身能力建设来获取官方合法性。就社会合法性而言，社会认知度不高、社会支持率较低，是中国环保 NGO 一直面临的窘境。这既与监管型的制度设计有关，也有特定的历史原因，"从 1949 年到 1978 年，独立和半独立的社团基本上从中国的版图上消失了。对于今天的社会公众来说，社团是一个极为陌生的东西，在公共服务领域，他们只知有政府，不知有社团。"① 同时，还与"重政府轻民间"的传统政治文化、公民意识缺乏有关。对此，有学者分析，中国传统的"一元化"领导模式所形成的观念是，民间就是非政府，非政府就是无组织、无政府状态，是无束缚的、自由的、活跃的。社会也习惯了单一的组织类型和运作方式。这使得民间组织首先就受到了认识上的限制，一些人在思想观念上还没有足够的准备来接纳民间组织。② 调查数据显示，69.4% 的受访者认为中国环保 NGO 在公众中的知晓度低，仅有 13.47% 的受访者认为环保 NGO 能力很强或比较强，而 40% 左右的受访者认为环保 NGO 获取资源的能力很弱或比较弱，50% 左右的受访者认为环保 NGO 影响政府和企业的能力很弱或比较弱；与之相伴，公众对环保 NGO 的支持度低，参与的志愿者数量占比非常低，公众捐赠的数量很少。③ 中国环保 NGO 难以得到公众的信任与支持，普遍存在着不同程度的社会合法性不足的问题，相当程度地面临着身份认同危机，致使其"活动一方面容易遭到社会公众的怀疑，公民社会组织的活动经常被指责为'做秀'；而在另一方面，组织也容易受到成员内部的不信任"④。

环保 NGO 作为公共部门的非政府组织，其良性运行与平稳发展

---

① 康晓光：《创造希望：中国青少年发展基金会研究》，漓江出版社、广西师范大学出版社 1997 年版，第 636 页。
② 郭建梅：《中国民间组织的生存与发展——以北大法学院妇女法律研究与服务中心为例》，《妇女研究论丛》2000 年第 5 期。
③ 邓国胜：《中国环保 NGO 发展指数研究》，《中国非营利评论》2010 年第 2 期。
④ 朱健刚：《草根 NGO 与中国公民社会的成长》，《开放时代》2004 年第 6 期。

自然需要以良好的舆论资源为基础。对"现在还处于儿童期"①、普遍存在社会合法性不足的中国环保 NGO 而言，要获得社会的承认与信任，就更需"吸引更多的注意力"和获得"社会心理支持"——"从组织的角度看，这种社会心理支持是确立组织合法性以及构建和维持组织忠诚度的最基本条件，对于公共组织尤其如此"②。这就决定了，中国的环保 NGO 要获得社会合法性，固然要以良好的绩效作为基础，也有待于公众具备现代环境公民意识，但由于其本身也是一个获得舆论资源支持的过程，所以更离不开舆论资源的营造与获取。

中国传媒与环保 NGO 之间密切的结盟关系已被不少研究强调。杨国斌（Guobin Yang）认为，中国传媒既要受政治权威的控制，又要受市场的经济约束，处于"一仆二主"的尴尬境地。自 20 世纪 80 年代以来，夹在两股力量之间的传媒一直在尝试拓展专业自主性。环保 NGO 在社会结构中也处于相似的弱势地位。中国传媒和环保 NGO 处于相同的政治系统之中，结构同源性（structural homology）促使二者形成了一种互惠关系。③ 曾繁旭则将当下中国传媒和公益组织之间的关系比喻为"奇特的'双人舞'"，二者形成一种"协同互动"的关系。④ 中国传媒与环保 NGO 在社会结构中处于相似的弱势地位，对公益性和自主性有着共同的追求与向往，加之环境议题充满了道德、政治价值和政策意涵，与加强社会主义生态文明建设的政治共识保持了一致，为传媒提供了实践新闻专业主义的最佳场域，有利于其塑造服务公众、维护公益的形象，能为其带来相当的市场声誉。所以，中国传媒为环保 NGO 产制、提供舆论资源，不仅只是一种义务和贡献，更是一种基于共通价值基础、寻求自身专业突破和塑造市场

---

① 朱玉宽、张鹏等：《贾峰：中国环保 NGO 尚处于儿童阶段》，《绿色视野》2013 年第 1 期。

② 张康之、李东：《组织的舆论资源及其获取》，《东南大学学报》（哲学社会科学版）2008 年第 4 期。

③ Guobin Yang, "Environmental NGOs and Institutional Dynamics in China", *The China Quarterly*, No. 181, March 2005.

④ 曾繁旭：《表达的力量：当中国公益组织遇上媒体》，上海三联书店 2012 年版，第 240—245 页。

声誉的有效策略和路径。

中国传媒与环保 NGO 互动的经验积累和亲密的结盟关系，无疑为二者继续跳"双人舞"以给环保 NGO 提供丰沛的舆论资源奠定了基础。传媒对于环保 NGO 获取舆论资源的价值主要体现在：能通过公开而广泛的传播提高环保 NGO 的"社会能见度"，而"'社会能见度'是一种资源，它能带来政治和经济的回报"[1]，从而为其获得社会认知度和合法性提供基本前提；能基于传媒体制内的"身份"及"赋予社会地位"的功能，赋予环保 NGO 一定的社会身份和社会地位，从而提升环保 NGO 的社会认同。基于传媒的这些价值，加之大多环保 NGO 缺乏制度化的参与渠道和沟通机制，可动用的资源匮乏，使得"在现有的环境当中，社会组织最可能借助的力量就是具有体制身份的媒体，如果它们得到了媒体的报道，在某种程度上，就意味着被国家认同或者具有了社会的合法性"[2]。所以，传媒要为环保 NGO 产制舆论资源，就需充分发挥专业优势，尽可能地为其提供一个表达与展现的空间，不断报道其目标的公益性、道义的正当性、政治的正确性、程序的合理性，展现其获得的绩效和良好社会反响，从而在不断提高环保 NGO 的"社会能见度"中赋予其相应的社会地位和身份。事实上，在西方社会组织成熟的运作模式和专业化的行动策略中，传媒产制的舆论资源是其争取的核心资源。有学者对此做了概括，在西方，一个没有被报道的社会运动就如同一个没有发生过的社会运动。新闻报道能使社会运动组织者感到自己和自己正在做的工作的重要性，也是传播其思想、主张和认同感的一个最为有效的渠道，是动员大众和寻求同盟的有力武器，是取得社会同情和关注以及从舆论上击败对手的法宝。[3]

---

[1] 潘忠党：《作为一种资源的"社会能见度"》，《郑州大学学报》（哲学社会科学版）2003 年第 4 期。
[2] 曾繁旭：《形成中的媒体市民社会：民间声音如何影响政策议程》，《新闻学研究》（台湾）2009 年总第 100 期。
[3] 赵鼎新：《社会与政治运动讲义》，社会科学文献出版社 2006 年版，第 44、268 页。

"直到今天，所有的运动（或许是所有的政治）面临的一个决定性的因素便是对大众媒介的依赖"；"运动对媒体的关心，不仅是因为媒体是实现组织目标的一种方式，而且通过媒体，运动可以昭示自我的存在"（哈维·莫罗茨语）[1]。所以，在具体的环保实践中，成熟的环保 NGO 都将传媒视为重要资源和公关对象，通过精心建立传媒网络、设计明确的媒体策略、采用专业化的传媒动员模式等，不断从传媒汲取舆论资源支持。与此同时，基于环保运动的公益性，"世界范围内，传媒通常同情和支持环保运动"[2]。基于此，中国传媒理应在环保 NGO 发起的各类环保活动中，变现在的"被动公关"为"主动合作"，积极介入到早期的环保活动中，与环保 NGO 一道成为活动的倡导者和推动者。如此，传媒不仅能极大地提高环保 NGO 及环保活动的"社会能见度"，还能有效降低环保活动的成本与风险，提高环保活动的实施效果。

最后，有必要讨论一下传媒舆论资源在不同环保 NGO 之间的配置问题。毋庸置疑，中国所有的环保 NGO 都需要传媒提供舆论资源以提高其社会合法性。然而，不同类型的环保 NGO 有着不同的运作逻辑和资源动员能力，致使它们需要传媒提供舆论资源的紧迫程度也有差异。政府型环保 NGO，得益于其官方背景，对传媒的依赖性最弱，主要依靠行政化的传媒动员，通常缺欠与传媒互动的有效方式，与传媒形成一种"低度协同关系"；草根型环保 NGO，主要是一种个人网络式的传媒动员，要么创办人与传媒有着密切关联，要么组织会员中吸纳了一批对环境议题有强烈兴趣的记者，与传媒形成一种"中度协同关系"；国际环保 NGO 的中国机构或项目，则采用非常专业化的传媒动员模式，通常情况下会提前半年到一年进行项目设计，而传媒策略是整个项目设计中非常重要的因素，其传媒策略计划书往往会列明目标受众、目标媒体、媒体框架方式、故事版本等多项内

---

[1] [美]托德·吉特林：《新左派运动的媒介镜像》，张锐译，华夏出版社 2007 年版，第 6、181 页。

[2] Guobin Yang, "Environmental NGOs and Institutional Dynamics in China", *The China Quarterly*, No. 181, March 2005.

容，从而与传媒形成"高度协同关系"。① 可见，政府型环保 NGO 借助其地位和身份，无须过多互动便能通过"行政化的传媒动员"获得一定数量的舆论资源，而国际环保 NGO 的中国机构或项目则依靠"专业化的传媒动员模式"获得相当数量的舆论资源，唯独草根型环保 NGO 由于资源的匮乏和能力的不足，只能依靠"个人网络式的传媒动员"获得舆论资源，获得的数量与质量很难与其他两类 NGO 相提并论。在具体的实践中，通常只有"合法性程度比较高、财务状况好、国际化程度高的公益组织才比较有建构议题的可能，而一些资源不足的组织，则因为缺乏吸引媒体关注的能力，而完全被边缘化了"②。应该说，具备相当程度的独立性和自主性，具有志愿精神价值信仰基础、志愿者参与热情较高的草根型环保 NGO 尽管目前数量不多，但对构建中国的环境治理网络意义重大，其星星之火能够在基层中国持续而有效地培育环境公民意识，并孕育、呵护公众参与环境治理所需的公共精神。所以，在传媒资源相对有限的情况下，传媒有理由也有必要将舆论资源更多地向草根型环保 NGO 倾斜。

三 中国传媒与政府部门的舆论资源

从革命战争年代毛泽东强调"应该把报纸拿在自己手里，作为组织一切工作的一个武器，反映政治、军事、经济又指导政治、军事、经济的一个武器，组织群众和教育群众的一个武器"③，到1980年邓小平强调"党报党刊一定要无条件地宣传党的主张"④，到1996年江泽民强调"舆论导向正确，是党和人民之福；舆论导向错误，

---

① 曾繁旭：《表达的力量：当中国公益组织遇上媒体》，上海三联书店2012年版，第247—248页；曾繁旭：《NGO 媒体策略与空间拓展——以绿色和平建构"金光集团云南毁林"议题为个案》《开放时代》2006年第6期。
② 曾繁旭：《表达的力量：当中国公益组织遇上媒体》，上海三联书店2012年版，第236页。
③ 毛泽东：《毛泽东新闻工作文选》，新华出版社1983年版，第113页。
④ 邓小平：《邓小平文选》（1975—1982），人民出版社1983年版，第236页。

是党和人民之祸"①,到 2008 年胡锦涛强调要"把体现党的主张和反映人民心声统一起来,把坚持正确导向和通达社情民意统一起来""舆论引导正确,利党利国利民;舆论引导错误,误党误国误民"②,再到 2016 年习近平强调"做好党的新闻舆论工作,事关旗帜和道路,事关贯彻落实党的理论和路线方针政策,事关顺利推进党和国家各项事业,事关全党全国各族人民凝聚力和向心力,事关党和国家前途命运"③,历届党和政府都非常重视传媒在产制和提供舆论资源中的作用,强调传媒是党和政府的喉舌,将传媒视为重要的执政资源,把"牢牢把握舆论导向,正确引导社会舆论"作为执政能力建设的重要内容,强调要"坚持党管媒体的原则,增强引导舆论的本领,掌握舆论工作的主动权"④。基于此,"党的新闻事业"范式在中国传媒业中居于统领地位,这就决定了党和政府在整体上拥有着最为丰沛的舆论资源。

曲格平曾言,"中国的环境保护事业是靠宣传起家的","中国环保事业二十几年的进步,很大程度上是靠舆论的推动力量"⑤;时任国家环保总局副局长的潘岳也认为,"中国环保事业的发展,经历了由观念转变到利益博弈的历史过程。在这两个阶段中,新闻媒体一直都是最重要的动力。毫不夸张地说,新闻媒体是中国环保运动的真正推手"⑥。可以说,传媒产制的舆论资源,在中央推动环保事业中发挥了关键性作用。这种作用体现在,传媒通过"自上而下"的"议程设置",为环境政策的出台与执行、环境法规的宣传与普及、环境

---

① 江泽民:《江泽民同志视察人民日报社时的讲话》,《新闻与写作》1996 年第 11 期。

② 胡锦涛:《在人民日报社考察工作时的讲话》,《人民日报》(海外版)2008 年 6 月 21 日第 1 版。

③ 杜尚泽:《习近平在党的新闻舆论工作座谈会上强调:坚持正确方向创新方法手段提高新闻舆论传播力引导力》,《人民日报》2016 年 2 月 20 日第 1 版。

④ 《中共中央关于加强党的执政能力建设的决定》,《人民日报》2004 年 9 月 27 日要闻版。

⑤ 曲格平:《绿色媒体的力量》,载王莉丽《绿媒体:中国环保传播研究》,清华大学出版社 2005 年版,第 6 页。

⑥ 潘岳:《舆论监督正在推动社会进步》,《中国青年报》2007 年 4 月 27 日第 2 版。

工作的开展与落实提供舆论支持、营造良好的舆论氛围；还体现在，通过承载"自下而上"的"民间舆论"，成为中央收集舆情民意的重要管道，使得中央得以通过这一独立于行政系统之外的渠道，了解环境政策的贯彻执行情况，获得决策和环境政策调整所需的认知资源，即张康之、李东所言的"舆论为组织的发展提供'真知灼见'"[1]。不仅如此，在现存的新闻体制下，传媒尤其是批评报道产制的舆论资源在中央政府与地方利益集团的博弈中具有特殊的治理价值。有学者认为，中国传媒既接受党的宣传系统领导，但又不计入政府机构而以传媒这一公共面目出现。这种特殊身份赋予传媒两种不可替代的监督优势，使其可以超程序运作：前者赋予传媒一级党和行政组织的身份，为其采访和发布批评性报道提供了权力的支持；后者使其对地方政府的监督不需严格遵循行政程序，在行业纪律范围内可采访并批评任何低于它自身行政级别的政府部门。传媒的这种超程序监督无须经过细密的行政层级，大大简化了上级政府对下级政府的监督程序，降低了监督成本，而传媒带着公共性面目进行批评，则加大了受批评的地方性或较低级政府的政治压力。[2] 传媒产制的舆论资源具有的这种特殊治理价值，在实践中得到了充分的重视和运用，常被上级政府作为一种治理手段来解决环境污染问题。时为国家环保总局副局长的王玉庆曾明确提出，"国家可以曝省里的光，省里面可以曝市里的光……通过曝光能够引起省里领导、市里领导的重视，从而推动问题的解决……"[3] 前文提到的"中华环保世纪行"活动，尽管整合了行政、司法和舆论监督三股力量，涉及14个部门，但"这项活动主要

---

[1] 张康之、李东：《组织的舆论资源及其获取》，《东南大学学报》（哲学社会科学版）2008年第4期。

[2] 孙五三：《批评报道作为治理技术——市场转型期媒介的政治—社会运作机制》，《新闻与传播评论》，2002年。

[3] 王玉庆：《与时俱进 扎实推进环境宣传教育工作》，载国家环境保护总局宣传教育司编《环境宣传教育文献汇编》（2001—2005年），中国环境科学出版社2006年版，第35页。

是靠媒体来实现的"①,其展开的环境资源宣传、环境监督执法、环境法律知识普及、环境政策调研、舆情民意收集等均离不开传媒所产制的舆论资源支持。

要讨论政府部门舆论资源的产制与获取,有一个无法避开的语境,即碎片化的威权主义和条块分割的管理体制所形成的相对"分裂"的行政体系,内部充满了条条、块块以及条块的分割,基于不同的利益出发点和权责范围,各部门之间难免会出现步调不一致的情况。在这一行政体系中,主要负责环境治理的政府部门在经过国务院环境保护领导小组办公室(1973年)、环境保护局(1982年,厅司级单位,归属于城乡建设环境保护部)、国家环保局(1984年,由城乡建设环境保护部归口代管)、国家环境保护局(1988年,副部级)、国家环境保护总局(1998年,正部级直属机构)、环保部(2008年,国务院组成部门)、生态环境部(2018年,国务院组成部门)这样一个逐渐升格的过程后,虽然在国务院决策中的影响力和协调能力得以大幅提升,但在中央强势部门、大企业集团与地方政府共同编织的阻碍网络面前,仍然存在着行政权威不足、执法力量太弱等问题,常被视为缺乏强硬执法手段的"软衙门"。从协调部委之间的横向关系看,生态环境部在协调其他部委支持环境治理方面仍存在着一定的制度性缺陷,生态环境部与自然资源部、水利部、农业农村部、住房和城乡建设部、发改委等部委,在环境管理职能上存在着交叉重叠现象,各部委由于利益出发点和权责范围不同,对待环境治理的态度难免会有差异,而环保部门却没有"统一监管机构"的行政权威和协调能力,缺乏作为环境治理关键行动者的行动能力和资源,"不能对属于同一级别的部或省发布有约束力的命令","缺乏强迫遵守的权力"②。从协调生态环境部与省级政府之间的关系看,这种关系的协调更难、更复杂,在中央权威大于地方的政治语境下,生态环境部不

---

① 曲格平:《绿色媒体的力量》,载王莉丽《绿媒体:中国环保传播研究》,清华大学出版社2005年版,第6页。
② [美]李侃如:《治理中国:从革命到改革》,胡国成、赵梅译,中国社会科学出版社2010年版,第294页。

会直接与省级政府发生关系，而是从纵向上强化对地方环保部门的控制，通过它们执行中央的政策，依靠它们与地方政府发生关系。然而，地方环保部门的经费与编制又受制于地方政府，这就使得地方环保部门陷入"向'条条'（环保部）要执法的专业资源，又向'块块'（省级政府）要生活、生存资源"的"双重说客身份"和"窒息型的生存空间"[①]。

基于在现有行政体系中的弱势地位，环保部门要增强执法力度，树立行政权威，往往需要借力"舆论资源"获得舆论与道义支持，以弥补其"权力"的不足。对此，环保部门非常明确，曾任环保部副部长的潘岳就多次强调舆论资源的重要性，他提出，"环保是靠宣传起家的，更要善于利用新闻话语权，要善加利导。我们要求所有的环保部门都要懂得新闻，善于与媒介打交道"[②]。环保部对舆论资源的重视和舆论资源对环保部的价值，均在环保部发起的四次"环评风暴"中得到了鲜明体现。显然，与"中华环保世纪行"集合了14个部委的资源和力量相比，环保部在"环评风暴"中能用行政方式调动的传媒资源非常有限，但其通过挑战强势部门或企业以制造具有"冲突性""显著性"的议题，通过塑造个性鲜明、"铁腕"、"强硬"、具有人格魅力的部门执掌者形象，通过主动提供信息、设置议题、制造热点等能动策略，获得了各级各类媒体的高度关注与支持。党媒、专业媒体、市场化媒体、网络媒体都纷纷投入到"环评风暴"的报道中，大量报道纷纷聚焦于环保部门执法的弱势和项目单位对环评法规的漠视上，将环保部门塑造为敢于挑战强势部门的英勇挑战者形象，而将项目单位及背后的强势部门置于"违法者"的位置上，由此掀起了一场"舆论风暴"，为环保部门的强硬执法提供了充分的舆论资源和道义支持。应该说，"环评风暴"能获得丰厚的舆论资源支持，在相当程度上取决于环保部及其执掌者较强的媒体动员能力。

---

① 李瑞昌：《理顺我国环境治理网络的府际关系》，《广东行政学院学报》2008 年第 6 期。

② 环境保护部宣传教育司编：《"十一五"时期环境宣传教育文件汇编》（2006—2010），中国环境科学出版社 2011 年版，第 31 页。

当环境治理日渐进入利益博弈阶段，环保部门获取舆论资源的数量与质量更显重要。应看到，尽管党和政府在整体上占有着最为丰沛的舆论资源，但并非同质的、铁板一块的行政体系决定了，传媒产制的舆论资源也不是"同质的""铁板一块的"，还存在着一个再分配的问题。行政体系内部充满着的条条、块块以及条块的分割，也将传媒产制的舆论资源"分割"了、碎片化了，"党委宣传部门的分级管理制，不可避免地使媒介变成地方利益乃至领导者个人利益的工具，这常常导致媒体受到的直接控制，与中央和政府的要求不一致，其实际操作空间要比中央允许的小得多"[①]。所以，在中央环保部门与地方利益集团的环境治理博弈中，地方传媒极有可能产制出维护地方利益集团的舆论，这已在诸多环境事件中得到印证。在这样的情况下，中央传媒、异地传媒基于维护公共利益的原则，变被动"动员"为主动"介入"，积极为相关部门产制丰沛的舆论资源，为其推动环境治理提供舆论与道义支持，并在整体上形成有利于环境治理的舆论氛围，就显得尤为重要了。

---

① 夏倩芳：《党管媒体与改善新闻管理体制——一种政策和官方话语分析》，《新闻与传播评论》(2004年卷)，武汉出版社2005年版，第124—133页。

第四章

中国传媒与共同环境治理行动的产生

  虽然大部分环保运动依赖于草根组织，但环保行动以媒体事件为运作基础，通过制造事件吸引媒体的关注，环保主义者能传递到更广泛的受众那里。此外，传媒持续呈现环保议题可赋予环保主义者更高的合法性……地方电视新闻、广播和报纸都是环保主义者的声音，以至于企业和政客们经常抱怨，是传媒而非生态学家在负责环保动员。[1] ——曼纽尔·卡斯特尔（Manuel Castells）

  唯有了解，我们才会关心；唯有关心，我们才会采取行动；唯有行动，生命才会有希望。[2]

——简·古多尔（Jane Goodall）

  环境治理强调将环境福祉的利益相关者整合进环境治理网络，他们围绕环境绩效、经济绩效和社会绩效最大化与可持续的目标，就环境治理的相关议题相互协商，彼此合作，最终采取共同治理行动。究其实质，环境治理是一种合作治理的行为模式。这就决定了"行动意向的一致"是产生共同行动的主观机制和必要条件[3]。环境治理尽

---

[1] Manuel Castells, *The Power of Identity*, Oxford: Blackwell Publishing Ltd, 1997, pp. 127 – 128.

[2] Jane Goodall, *Jane Goodall: 40 years at gombe*, New York: Stewart, Tabori & Chang, 1999, p. 5.

[3] 张康之、张乾友：《论共同行动的基础》，《南京农业大学学报》（社会科学版）2011 年第 2 期。

管有着整体上的共同利益，但也不可避免地蕴含着生态环境保护与经济发展、个人利益与公共利益、短期利益与长远利益之间的博弈与取舍。与此同时，各行动者作为"反思理性的'复杂人'"，也有着复杂的动机和逐利的一面，相互之间虽有共同的目标和利益，但也存在利益分歧。置于充满博弈和角力的复杂环境治理场域，本章继续基于"策略—关系"的分析路径，从探讨不同形式的"一致意向"与共同环境治理行动的关系入手，在检视传媒已有话语实践的基础上，基于不同形式的"一致意向"的生成路径，探讨传媒促进共同环境治理行动产生的能动策略。

第一节　中国传媒与基于承认的共同环境治理行动

相互承认是共同环境治理行动的基本起点，下面将分析传媒在基于承认的共同环境治理行动中的价值与策略。

一　承认：共同环境治理行动的基本起点

承认（recognition），是指"个体与个体之间、个体与共同体之间、不同的共同体之间在平等基础上的相互认可、认同或确认；在全球化时代多元文化主义冲击的背景下，该概念也突出了各种形式的个体和共同体在平等对待要求的基础上的自我认可和肯定"[1]。这是当代学者对"承认"基本含义的共识性理解。

通常认为，普遍承认公民尊严的思想，伴随卢梭对等级制度、"优先权"的尖锐批判及"人生而自由"、追求平等是人的自然本性等观念的提出而萌芽。据此，查尔斯·泰勒认为，"卢梭可以被视为承认话语的先驱者之一"[2]。此后，费希特的《自然法基础》"首次明确揭示了主体间承认关系的社会性维度"：主体间的承认关

---

[1] 周穗明：《译者前言》，载［美］南茜·弗雷泽、［德］阿克塞尔·霍耐特《再分配 还是承认》，周穗明译，上海人民出版社2009年版，第3页。

[2] ［加］查尔斯·泰勒：《承认的政治》，载汪晖、陈燕谷编《文化与公共性》，三联书店1998年版，第306页。

系是实现主体性的先决条件，只有得到他人的认可，个体行为与集体行为才能达成一致；同时，"承认也与伦理共同体有关，是人的伦理属性的体现"①。一般认为，在早期对"承认"进行规范研究或"最有影响的阐述"者，首推黑格尔。黑格尔在其系列著作中，承续了费希特的"承认"命题，认为人类个体离不开共同体，应以社会关系的范畴来看待人类共同体。黑格尔提出的个体性"唯有通过它的对方它才是它自己"，而"自我意识只有在一个别的自我意识里才获得它的满足"②，揭示了个体因对方承认而存在，且真正的承认是相互而平等的内涵。他还强调，主体间承认关系的矛盾运动构成了人类社会发展的动力和具体内容，促成了社会关系的演变和发展。德国法兰克福学派第三代传人霍耐特则在黑格尔承认理论的基础上，总结出了主体间的三种承认模式，即"爱""法律"和"团结"："爱"代表了相互承认的第一个阶段，"爱作为互动关系，形成了一种特殊的相互承认模式的基础"，强调个体的需要与情感应基于爱的原则获得情感上的支持，这种承认关系为主体提供了"基本自信"；"法律"是个体作为法律主体，需"意识到在共同体中正当分配权利和义务的社会规范"，应基于平等的原则通过确立法律权利而获得认识上的尊重，这种承认关系为主体提供了"自尊"；"团结"是个体作为特殊的个人应互相重视，"'团结'可以被理解为一种因主体彼此对等重视而互相同情不同生活方式的互动关系"，强调个体的特性与能力应基于贡献的原则而获得"社会交往中重视"，这种承认关系为主体提供了"自重"③。查尔斯·泰勒认为，承认不但对认同的形成具有显著影响，而且得不到承认或只能得到扭曲的承认都能够对人造成伤害，"成为一种压迫形式"。泰勒还提出了两种平等承认的模式："平等尊严的政治"，强调公民拥

---

① 王才勇：《承认理论的现代意义辨析》，《马克思主义与现实》2010 年第 6 期。
② [德] 黑格尔：《精神现象学》（上卷），贺麟等译，商务印书馆 1979 年版，第 119、121 页。
③ [德] 阿克塞尔·霍耐特：《为承认而斗争》，胡继华译，上海人民出版社 2005 年版，第 100—135 页。

有平等的权利和资格，享有平等的尊严，所有的人都平等地值得尊重，其基础观念是"人之为人即值得尊重"；"差异政治"，则强调每一个人或群体都有其独特的认同，我们应当承认这种独特性①。南茜·弗雷泽不同意霍耐特和泰勒将承认问题心理化和伦理道德化，而"倡议把承认设想为一个正义问题"，"把它看作社会身份的一项议题"。基于这一视角，需要得到承认的是能彼此同等参与社会生活的身份，而被错误地承认会阻碍人作为平等者同等地参与社会生活，往往是由被制度化的文化价值模式所建构的。身份模式的承认诉求，"旨在将阻碍参与平等的文化价值模式去制度化，并用培育参与平等的模式取代之"。由此，"参与平等"成了弗雷泽建构承认理论的规范理想，根据这一规范，正义需要允许所有社会成员彼此作为平等者进行互动的社会安排。"参与平等"要得以实现，至少需满足两个条件：一是参与平等的客观条件，即物质资源的分配平等，以确保参与者的独立性和"发言权"；二是参与平等的主体间条件，即制度化的文化价值模式对所有参与者表达同等尊重，并确保取得社会尊敬的同等机会。② 可见，弗雷泽的承认理论突破了单一的文化模式，而触及到了更深层次的制度结构问题。

对"承认"的渊源进行粗线条梳理发现，尽管学者们对"承认"命题在诸多方面存有争议，但都无一例外地阐释和强调了"承认"的重要价值和意义。在一个利益多元、文化多元和价值多元的现代社会，"承认"在理论和实践中不断得以强调与深化，"'承认'已经成为我们时代的一个关键词"③，"对于承认的需要，有时候是对承认的要求，已经成为当今政治的一个热门话题"，"平等承认的政治日益成为重要的中心议题"，平等的承认"是唯一适合于健康的民主社会

---

① ［加］查尔斯·泰勒：《承认的政治》，载汪晖、陈燕谷编《文化与公共性》，三联书店1998年版，第290—331页。
② ［美］南茜·弗雷泽、［德］阿克塞尔·霍耐特：《再分配 还是承认》，周穗明译，上海人民出版社2009年版，第5—38页。
③ 同上书，第1页。

的模式"①。大都认可,"承认"概念蕴含着强烈的相互性、对等性指向,即承认双方彼此都应视对方为承认的给予者,要获得对方的承认需以承认对方为前提,只有承认了对方,才能获得对方的承认。这就意味着,在个体与政治共同体之间,不能只强调个体对政治共同体的承认,还应强调共同体对个体的承认与尊重。对此,有学者提出,在阶级矛盾不是社会发展主要矛盾、阶级斗争不是社会发展主要动力的"后革命"时期,个体之间、个体与共同体之间的相互承认关系是国家治理得以实施的前提,也是国家治理的新范式。国家治理应建立主体间的相互承认范式,现代民主、现代政治认同及多元的价值体系都应建立在承认的基础之上。② 环境治理将环境福祉的利益相关者视为行动者,强调在信任的基础上平等参与、彼此合作,最终采取共同治理行动,是国家治理在环境领域的具体运用,理应建立行动者之间尤其是个体与政治共同体之间的相互承认范式。进一步分析,承认作为共同环境治理行动的基本起点,是由其所蕴含的建构主体性的功能和"参与平等"的理念所决定的。

首先,在费希特、霍耐特、泰勒等学者眼里,"承认"是一个自我实现问题,主体间的相互承认关系能够建构个体的自我认同和"主体性",一个主体只有凭借另一主体的承认才能成为独立的主体。泰勒在《承认的政治》的开篇便提出,"我们的认同部分地是由他人的承认构成的;同样地,如果得不到他人的承认,或者只是得到他人扭曲的承认,也会对我们的认同构成显著的影响"③。霍耐特认为,"只要个体仍然遵循合作路线而被组织起来,这种自我关系就允许个体获得社会重视",并在提出三种承认模式后强调,"三种承认形式构成了人类主体发展出肯定的自我观念的条件,因为,三种承认形式

---

① [加]查尔斯·泰勒:《承认的政治》,载汪晖、陈燕谷编《文化与公共性》,三联书店1998年版,第290、300页。
② 唐慧玲:《"后革命"时期国家治理:基于承认政治的理论视角》,《同济大学学报》(社会科学版)2010年第6期。
③ [加]查尔斯·泰勒:《承认的政治》,载汪晖、陈燕谷编《文化与公共性》,三联书店1998年版,第290页。

相继提供了基本的自信、自尊和自重,有了它们,一个人才能无条件地把他自己看作是独立的个体存在,认同他或她的目标和理想"①。"承认"在建构自我认同和"主体性"中的重要性,意味着主体之间尤其是政府对个体的承认与尊重,是培育环境治理行动的基本主体——环境公民的必要前提。换言之,只有政府充分承认并尊重了公众的公民权利、政治权利、社会权利和环境权利,才能建构起环境公民的身份认同,从而使环境公民的塑造和培育成为可能。承认的对等性也意味着,政府对环境公民各种权利的承认与尊重,也必将强化公民对政府执政合法性的认可。

其次,根据弗雷泽"身份模式"的承认诉求,"承认"是一个社会身份议题,相互承认意味着人们身份平等,能够彼此作为行动者同等地参与到社会互动中。概言之,需要得到承认的是平等参与者的身份。环境治理是多元行动者作为平等主体参与其中的治理形态,承认与确认行动者的平等参与身份是展开共同治理行动的根本前提。"如果问题上不了议程,也就无从考虑采取行动。在做出一项政策选择之前,问题首先必须得到承认"②,唯有公众、环保 NGO 等非行政力量的平等参与者身份得到政府的确认,他们才能成为平等的环境治理议题的设定者和问题的定义者,其提出与界定的问题才能得到政府的承认与重视,继而才有可能进入到环境政策议程,以此具备影响环境政策议题和采取环境治理行动的能力。

再次,承认也是产生更高层面的"一致意向"即共识的基本前提。诚如有学者所强调的,"理想的共识在生成路径上凸显出承认的价值",都必须以行动者的相互承认为必要条件。③ 只要不承认他人的观点与自己的观点具有同等重要性,双方就不会达成共识,

---

① [德] 阿克塞尔·霍耐特:《为承认而斗争》,胡继华译,上海人民出版社 2005 年版,第 134、175 页。
② [美] 小约瑟夫·斯图尔特等:《公共政策导论》,韩红译,中国人民大学出版社 2011 年版,第 60 页。
③ 张康之、张乾友:《论共同行动的基础》,《南京农业大学学报》(社会科学版) 2011 年第 2 期。

更不会产生合作。① 从现实情况看，在中国的环境治理领域，不少地方的公众还在相当程度上处于要求承认环境权、参与权的维权阶段，更多地还在为承认而抗争。所以，公众的环境权和参与权得到承认与重视，是环境治理网络达成共识、展开合作治理的必要条件。这也决定了，环境领域的"承认"之争是中国真正实现环境治理无法逾越的阶段。

二 中国传媒与环境领域的"承认"之争

在中国的现实语境中，"生存和发展"的公民权是被制度和官方意识形态认同和接纳的部分，即公民权被实际理解为一种生存和发展的集体性权利，而国家（政府）被认为是这一社会性公民权的代理人和保障者，其权力的正当性和中心目标便是保障民众的生存发展和经济福利。② 改革开放以来，在以市场化为核心的经济体制转型中，民众的经济利益诉求得到了党和国家的承认与推动：通过家庭联产承包责任制承认了农村家庭的收益，通过按劳分配承认了劳动者的收益，之后又承认了资本、技术等要素带来的分配收益。相应地，党和国家在推动经济发展和为公众带来经济福祉的过程中，也据此获得并强化了公众对其执政合法性的承认与认可。然而，尽管中央高层近年来多次强调要"坚持人民主体地位"，"保障人民知情权、参与权、表达权、监督权"，要"随时随刻倾听人民呼声、回应人民期待，保证人民平等参与、平等发展权利"，但不少地方政府从自身的政治利益出发，唯恐响应公民的环境权利和政治权利会影响其孜孜以求的GDP政绩，往往有意无意地忽视、回避公民的政治权利诉求，使之成为停留于话语层面的权利，终使"公众对政治性公民权利的'承认'诉求处于被压抑、被拒斥以及被遮蔽的状态"，"仍然是一个需

---

① 张康之、张乾友：《论共同行动中的共识与默契》，《天津社会科学》2011 年第 5 期。
② 黄月琴：《社会运动中的承认政治与话语秩序：对厦门"散步"事件的媒介文本解读》，《传播与社会学刊》（香港）2012 年总第 20 期。

要'为承认而斗争'的问题"①。可以说,近年来频发的环境群体事件,大多是在公民的知情权、参与权和基本环境权被地方利益集团漠视和排斥的情况下发生的。《人民日报》对此评论道:"公众激烈的表达背后,实际上是未被尊重的权利、未被满足的诉求,是没有被听见、被看见的情绪和声音。"② 譬如,厦门 PX 项目是在厦门大学的专家、当地民众不知情的情况下出现的,报道 PX 风险议题的异地刊物也遭到了当地政府的封杀和收缴。同样,在昆明反 PX 项目事件中,市民的一个要求便是吁请公开 PX 项目信息;在启东反排污项目事件中,附近居民不但没有收到过征求意见的调查,且以信访、起诉、申请游行等制度化方式表达利益诉求数年,却始终未得到项目建设主体和政府部门的积极回应。

"当个体意识到自己被非法地否定或拒绝了社会承认的权利……就自然会形成一种集体在行动上的反抗和对立,社会矛盾和冲突就由此发生。"③ 与高度组织化、掌握充沛资源的地方利益集团相比,公众缺乏对称的信息来源、通畅的利益表达渠道和足够的行动资源,在权力和资源上处于严重不对等的状态。这就决定了,在中国以追求"承认合法权益"为诉求目标的维权活动中,公民能借以维权的资源非常有限。学者们的研究揭示,公民往往凭借"理""法""身体"等资源进行抗争,出现了"以理维权""以法抗争"④,"求助于己"的"以身抗争"⑤ 甚至是"为权利而自杀"的"以死抗争"⑥。公众能借助的资源有限,也决定了他们常常采用"闹大"的逻辑为承认

---

① 黄月琴:《社会运动中的承认政治与话语秩序:对厦门"散步"事件的媒介文本解读》,《传播与社会学刊》(香港)2012 年总第 20 期。
② 金苍:《用什么终结"一闹就停"困局》,《人民日报》2013 年 5 月 8 日第 5 版。
③ 张琳、王永和:《民族事务治理的"德治与法治"——基于霍耐特承认理论的视角》,《西南民族大学学报》(人文社科版)2016 年第 4 期。
④ 于建嵘:《转型中国的社会冲突——对当代工农维权抗争活动的观察》,《理论参考》2006 年第 5 期。
⑤ 王洪伟:《当代中国底层社会"以身抗争"的效度和限度分析:一个"艾滋村民"抗争维权的启示》,《社会》2010 年第 2 期。
⑥ 徐昕:《为权利而自杀——转型中国农民工的"以死抗争"》,载张曙光等编《中国制度变迁的案例研究》(广东卷),中国财政经济出版社 2008 年版,第 255—305 页。

而抗争。所谓"闹大",是资源有限的公民与企业、地方政府及其结盟而成的地方利益集团之间形成的一种博弈逻辑,其核心在于"公民只有通过某些途径把问题公开化,引起社会公众的广泛关注,形成强大的舆论压力,才能获得(上级)政府及其官员的重视,推动自身的问题得到处理或解决"[①]。"闹大"既是一种公开化的、集体行动性质的公民抗争,也是一种非常规的公民参与,成为公众"发声"以获得关注和支持的行动策略。事实上,近年来环境领域出现的系列反 PX 项目、反垃圾焚烧项目等环境抗争事件,都不断演绎并阐释着"闹大"的逻辑与思维。在这些环境抗争事件中,无一不蕴含着追求承认、利益表达和维护权利的诉求,大多是在公民的知情权、参与权和环境权被漠视与忽略的情况下,在维护自身合法权益的同时,不断追求着承认、参与等价值目标,而较少带有政治意识形态色彩,更不是试图控制公共权力和谋求社会资源再分配。这种以追求承认为逻辑的集体行动,通常被学者界定为新社会运动,"行动者的直接激励不再是物质资源的再分配,而是被国家和社会力量所承认",行动者主要借助社会网络而非正式组织实现自我动员,奉行志愿主义的基本原则,强调民众的自由选择而非精英操控和命令管制,通常围绕环境、和平等公共议题进行一种非暴力抗争,表现出超越特殊利益的公共关怀。[②]

就本质而言,"闹大"是在公众资源匮乏以及制度化的利益表达和权利救济管道功能失灵或信任缺失的情况下,公众为了追求承认和维护权利而被迫采取的一种"不按套路出牌"的利益表达方式。作为一种行动策略,"闹大"的立足点在于利益诉求能得到广泛而公开的表达,以此获得社会的关注和舆论的支持,其本质是一种议题扩散机制,是以各种方式产制舆论资源的行为。无论是议题扩散,还是产制舆论资源,传媒都在其中发挥着关键作用。在政策学者眼里,一般

[①] 韩志明:《利益表达、资源动员与议程设置——对于"闹大"现象的描述性分析》,《公共管理学报》2012 年第 2 期。
[②] 高春芽:《集体行动的多元逻辑:情绪、理性、身份与承认》,《上海行政学院学报》2011 年第 4 期。

大众或弱小集团要表明自己的不满并把它转变为具有生命力的议题，或者成为合法性政治争论的议题，就必须将这一议题扩散到更广泛的公众那里，唯有如此，才有可能成为体制议题。大众媒体便是扩散议题战略的关键性机制——可以提高某种议题的显示性并掀起大众对这些议题的注意，其对特定议题的追踪报道，可以使对该议题关心的公众规模急剧扩大。因此，对于要把自己的问题转化为体制议题的机关来说，大众媒体是强有力的武器。[1] 公共行政学者对闹大现象的系统研究揭示，"新闻媒体和网络的关注"是"闹大"的8个基本环节之一，"闹大"事件往往与传媒报道并行发展：一方面，传媒作为资源动员的对象，其对事件的介入与关注本身就构成了闹大事件，"闹大实际上是新闻媒体曝光或网络传播扩散的代名词"；另一方面，传媒作为能动的建构者，其对事件的主动报道与围观使其"也是建构闹大的独立力量"。[2] 当下中国环境领域的集体维权行动，是一种强度与规模较大的"闹大"行为，无疑会呈现出较强的媒介依赖，而其具有的新社会运动特征则加深了这种依赖。对此，有学者分析，由于参与主体分属于不同的社会群体，参与方式往往是个人的、日常生活化的，没有明确的组织、机构作为发起者和组织者，致使环境维权运动对传媒更加依赖，其社会动员往往需要借助传媒而实现。[3] 可见，公众与地方政府在环境领域的"承认"之争中，公众能否成功地链接、动员传媒资源，或传媒是否主动介入其中为公众产制舆论资源，往往成为公众的利益诉求能否引起地方政府重视进而获得承认并转变为合法性政治议题的关键因素。近年来，环境领域的维权抗争行动大都遵循着这样的演变逻辑和路线：往往以个体通过制度化渠道进行理性抗争为开端，受阻后集体以制度化渠道进行理性抗争，再次受阻后

---

[1] ［韩］吴锡泓、金荣枰编著：《政策学的主要理论》，金东日译，复旦大学出版社2005年版，第331—334页。
[2] 韩志明：《利益表达、资源动员与议程设置——对于"闹大"现象的描述性分析》，《公共管理学报》2012年第2期。
[3] 孙玮：《"我们是谁"：大众媒介对于新社会运动的集体认同感建构——厦门PX项目事件大众媒介报道的个案研究》，《新闻大学》2007年第3期。

链接、动员传媒资源进行利益表达与抗争，而被传媒拒绝或传媒被迫集体"失声"后，集体的理性抗争往往会转化为非理性的集体行动，从而引发直接的社会冲突。可见，面对公众的承认与维权诉求，传媒的积极回应与介入，既能为公众提供舆论资源以带来"闹大"效应，也能在一定程度上避免"以身抗争""以死抗争"乃至集体行动抗议等"闹大"行为出现，从而有效降低"承认"之争带来的社会负效应，有利于社会的稳定与和谐。总之，无论从哪个角度考量，传媒在公众与地方政府的"承认"之争中都发挥着重要而特殊的作用。

三 中国传媒与"承认"话语秩序的塑造

公众向地方政府要求承认权利诉求而采用"闹大"策略，实际是通过特殊的行动策略注入公众利益表达的议题与话语，以塑造一种新的基于承认与对话的话语秩序。传媒作为社会最重要的话语生产系统，是公众"闹大"的重要资源，也是突破既有话语秩序以重塑"承认"话语的重要力量。然而，传媒也深嵌于权力网络之中，在中国目前的行政体系下，地方传媒尤其面临着被地方利益集团控制的困局。这种控制的直接表现便是对本土传媒予以操控，不仅遮蔽、过滤公众的"发声"，而且还往往对公众蕴含着维权和承认诉求的"闹大"行为进行"矮化"，甚至完全将之贴上负面的政治标签；同时，还表现在对异地媒体进行封锁，常常采用行政手段控制新闻信息源等。这就意味着，一方面，本土传媒受到地方利益集团的强力控制，突破既定话语秩序大多需要依靠异地的市场化或新闻专业主义倾向的传媒来完成。另一方面，传媒要突破与重塑话语秩序并非易事，需要充满智慧地在当下的制度框架和社会结构中去寻求传播的缝隙与机会；需要采取能动的话语策略去争取报道的空间与合法性，去应对地方政府官方话语的改造与收编，去承载与传播充满承认诉求的话语。

传媒要塑造"承认"的话语秩序，根本起点在于公众利益表达的话语能注入其中。在"既定新闻观念"和"命令型媒介体制"下，传媒要在环境领域提高蕴含公众"承认"权利诉求话语的可见性与能见度，不仅需要从政治权力领域充分汲取并灵活运用象征资源，通过官方话语来获得、扩展或重构"承认"话语的正当性，还需要充分利用自身的优势和资源，合理有效地调动传统的、通俗的、专业的文化资源，采取能动而多样的话语策略进行媒介文本生产。对此，学者李艳红认为，"在当代中国这样一个国家力量仍然非常强大的社会中，在媒介这个公共领域中'讲故事'，进行情绪化的表达，以及建构和呈现'民意'的'景观'等等功能也与理性的陈述同样重要"，而传媒倾向于遵循故事的基本特点，对"维权"与"承认"话语的再现与重构常采用两种故事脚本或基本叙事策略：一是"受难故事"，用种种符号工具表现和渲染个体遭遇的种种"苦难"，往往着力于塑造在强权势力下无权力的弱者状态；二是"维权故事"，讲述"觉醒的"个体如何为自己争取权益，往往强调强权状态下弱者的抗争和维护权益的"神圣"与"光荣"。这两种故事脚本之间也相互交融，"受难故事"中对苦难的强调能衬托维权的神圣，而"维权故事"常常会强调过程的艰难和苦难。① 要塑造"承认"的话语秩序，仅仅呈现公众话语和"维权故事"显然是不够的。一般而言，受时间、精力、资源等限制，公众的利益诉求只有通过竞争才能引起政府部门的关注与重视，进而得以进入政策议程。同时，社会学者也强调，一个社会问题是否存在，在于要有一个客观的、确定的社会事实存在，而主要还在于它是如何被定义的以及如何被社会所构思和想象的。② 也就是说，"社会问题"并非是对客观问题的镜子式再现，还有一个被建构和被定义的动态过程。所以，在现有的制度框架下，对问题进行良好而恰当的界定，是引起政府关注与承认的必要前提。然而，尽管公众是环境问题的最直接"感受者"甚至是"受害者"，但由于信息不对称、专业知识与技能不足，往往使其不具备定义问题的能力，面对困境，"个体的当事人大多时候所能做的，就是向公众和社会诉苦，展示他们的困境与遭遇，表达他们的不满情绪和抗议姿

---

① 李艳红：《故事、表演、表达——当代中国传媒与消费者运动研究》，硕士学位论文，香港中文大学，2000年。

② Herbert Blumer, "Social Problems as Collective Behavior", *Social Problems*, Vol. 18, No. 3, January 1971.

态，并提出模糊不清的利益要求"①。这就意味着，传媒需要根据公众提供的剧目和素材，有效利用象征资源和调动专家等各种话语资源，以专业的问题定义和议程设置能力，选择恰当的诠释框架对公众个人化、零散化和情绪化的诉苦与表达进行理性分析，并将其界定为一个恰当的、政府能予以承认并与之对话的社会问题或政策议题。譬如，厦门"散步"运动发生后，处于控制之中的本土传媒被作为一种宣传机器为当地政府的决策服务，采取各种手段扩大官方声音、遮蔽公众诉求、负面定性公众行为和消解运动意义，但异地传媒仍采取能动的话语策略将公众的抗争话语和承认诉求注入媒介话语，并恰当而合理地进行了界定，成功塑造了"承认"的话语秩序。学者黄月琴对此进行了概括总结，异地媒体谨慎行事，相机而动，通过运用春秋笔法、置换话语词汇、调整消息来源结构等话语策略，再现了"散步"的过程与面貌；通过反复突出行动者的朴素逻辑和小人物身份，强调他们的和平理性、无组织、无野心和无政治要求，所主张的不过是一种维护自身利益不受侵害的消极的公民权，以这样一种日常生活的正当逻辑为行动者辩护。② 可见，遵循日常生活的逻辑，从普通市民的小人物身份和日常生活入手，渲染普通个体因环境污染、环境维权而遭遇的种种艰难和苦难，反复表达环境维权者仅是争取自身环境权得以承认与维护的朴素逻辑和主张，是传媒消解、突破既有的权力话语秩序，提高"承认"话语能见度与感染力的重要策略。

当下中国的环境运动，不少都蕴含着要求当地政府承认公众环境权和参与权的目标诉求，具有较明显的新社会运动特征，由于缺乏明确的发起者和组织者，往往对传媒的动员功能有着较强的依赖。因此，通过建构"集体认同感""集体行动框架"等策略唤醒公众参与维护环境权的环保运动，亦是传媒塑造与重构"承认"话语秩序的能动策略。所谓构建"集体认同感"，就是把涉入运动的"我们"，

---

① 韩志明：《利益表达、资源动员与议程设置——对于"闹大"现象的描述性分析》，《公共管理学报》2012 年第 2 期。
② 黄月琴：《社会运动中的承认政治与话语秩序：对厦门"散步"事件的媒介文本解读》，《传播与社会学刊》（香港）2012 年总第 20 期。

"界定成为一个群体,而它的成员则必须发展出关于社会运动的共享观点,发展出共同目标,以及有关集体行动的可能性和局限性的共通意见"①。在环保运动中,传媒可策略地建构出地方共同体、环保主义者、公民等集体身份认同,并依据建构的身份赋予相应的行动意义,确定应实现的行动目标,以动员公众参与其中。"集体行动框架",是"一个阐释图式,它能通过在人们目前或过去的环境中,有选择地强调和解析目标、形势、事件、经验和行动序列,来简化和浓缩'那个社会'"②。这意味着,传媒需要选择合理的认知框架来阐释、定义环境事件或环保运动,并建构起能激发公众共鸣、认可并采取行动的意义,以唤起公众的公共精神和参与意愿。譬如,在"厦门反PX项目"事件中,传媒将事件设定为环保问题,将项目选址的程序问题界定为涉及公民权利的民主政治问题,还有意识地与重庆"钉子户"事件、山西窑奴事件等其他社会问题产生勾连,以展示一种"不公正"的社会图景,并通过多次提及"厦门"这一城市概念、提出环保概念、阐释公民权利与责任等,建构了厦门人、环保主义者、公民等集体身份认同,在很大程度上起到了组织、动员的作用,同时还建构了"绿化"的文化价值观。③

综上所述,传媒通过能动的话语策略塑造与重构"承认"的话语秩序,使公众要求承认和维护环境权利的诉求得以公开表达,由此产生的舆论压力迫使地方利益集团开始响应、考虑和承认公众的环境权利诉求,并在保障社会稳定、维护安定团结等官方意识形态主导的维稳压力机制下,开始被动地放弃自身意向,考虑将公众意向作为彼此共同行动的意向。如不少地方在出现反PX项目、反垃圾焚烧项目等环境抗争事件后,地方政府往往迫于无奈,最后以"停建""迁

---

① [荷兰]贝尔特·克兰德尔曼斯:《抗议的社会建构和多组织场域》,载[美]艾尔东·莫里斯、卡洛尔·麦克拉吉·缪勒编《社会运动理论的前沿领域》,刘能译,北京大学出版社2002年版,第95页。

② [美]西德尼·塔罗:《运动中的力量:社会运动与斗争政治》,吴庆宏译,译林出版社2005年版,第147页。

③ 孙玮:《"我们是谁":大众媒介对于新社会运动的集体认同感建构——厦门PX项目事件大众媒介报道的个案研究》,《新闻大学》2007年第3期。

址"等行动来承认公众的环境权利和认同公众的意向。从纵向看，这种进步无疑是显著的，公众据此能以一种非常规的方式参与到环境治理中，能借助传媒的关注与介入带来"闹大"效应，其利益与诉求能在传媒的恰当定义与诠释中得到地方政府的重视与承认，并迫使地方政府在相当程度上采取与公众意向一致的共同行动。同时，这也能逐渐建立起一个社会共识，即"舆论合法性"是地方政府权力运作的一个基本前提，也有利于逐渐培育地方政府尊重个体、承认公众权利诉求的行政思维和政治文化，进而促进政府与公众之间"相互承认"关系的构建，以一种渐进的方式为环境治理共识的达成创造条件，从而在起点上为产生常态化、共识性的共同环境治理行动孵化希望！

然而，也应看到，环境领域的"承认"之争受制于诸多因素的影响和传媒恰当话语策略的运用，带有很强的不稳定性、偶然性甚至表面性。地方政府在政治维稳压力下所做的决策，有可能是一种"息事宁人"的权宜之计或暂时妥协，非但没有解决深层次的根本问题，而且还掩盖了地方政府与公众之间的分歧。同时，不少"一停了之""一迁了之"的决策过程也缺乏科学论证，暗含对前期调研、论证和环评的否定，不但造成"多输的局面"，难以实现经济绩效、环境绩效和社会绩效最大化的目标，也有可能是对公共利益的另一种偏离，而且还有损政府的权威性，并验证和强化了"闹大"逻辑的有效性，其带来的示范效应很可能使类似环境事件陷入"一闹就停"的死循环，从而阻碍常态化、制度化的共同环境治理行动产生。

第二节 中国传媒与基于共识的共同环境治理行动

客观地说，在中国的环境治理领域，不少地方的公众还在相当程度上处于要求承认环境权和参与权的阶段。无疑，在"承认"之争中当地政府对公众环境权和参与权的承认与重视，是中国展开环境治理的必要条件。这就决定了，"承认"之争是中国真正实现环境治理所无法逾越的阶段。然而，客观地说，环境领域的"承认"之争往往是基于"闹大"的逻辑而非对话与协商的程序,而地方政府与公众之间大多也是对立而非合作的关系,最终产生的共同行动大多是妥协方被迫接受胜利方的意向而非共识性的结果,与环境治理所强调的理念和原则相去甚远。环境治理更多地应是一种基于共识的治理,即是否达成共识或经历了达成共识的程序,是展开有效治理的关键所在。所以,传媒应采取恰当的策略,助力环境领域的治理突破"承认"之争的层次,并努力促使环境治理共识的达成。

一 共识:共同环境治理行动的正当前提

根据《大美百科全书》的解释,共识(consensus)是"在一个政治体中,对既定问题达成普遍一致协议的状态。对于该团体应支持何方,应采取什么样的共同行动方针,都有实质的一致意见。社会科学家们使用'共识'一词来指一个既存社会中协议的程度与类型。一些社会的共识程度较其他社会为高——他们对于意见和想法一致性的程度较高、较和谐,且彼此想法能够沟通"[1]。《布莱克维尔政治学百科全书》则从不同学科出发,翔实地解释了"共识"的概念,"共识是在一定的时代生活在一定的地理环境中的个人所共享的一系列信念、价值观念和规范"。从理论上讲,共识的概念可用于研究由一个以上单位组成的各种社会实体。在政治意义上,它指的是与政治体系有关的信念;在政治学和政治科学中,这一概念主要用于研究民族国家或地区性的次一级单位以及组成团体的社会阶层;古典政治理论认为,共识包含"共有的集体目标观念"和"对决策达成的过程所共有的看法"两个基本要素;民主政治学认为,除了两个要素之外,"共识还指对具体的公共政策的共同认可"[2]。在这里,共识更多地指涉多元社会主体在共同体、制度安排、决策、目标、规范、信仰、价值观念等诸多层面和领域所形成的"一致意向""共同认识""共享

---

[1] 光复书局《大美百科全书》编辑部:《大美百科全书》(7),台北:光复书局企业股份有限公司1991年版,第303页。

[2] [英]戴维·米勒、韦农·波格丹诺:《布莱克维尔政治学百科全书》,邓正来译,中国政法大学出版社2002年版,第166页。

性的理解"等。同时，还有学者着重从共识产生的过程来界定共识，甚至直接将共识界定为一种民主方法。"共识是群体决策（group decision-making）的过程。它是一种全部群体成员能够形成一致意见的方法。所有参与者的观点都被收集，综合得出一个大家都能接受的最后决定。凭借共识，我们不仅能够找到更好的解决方案，还能够促进社区的成长与信任。"① 托马斯·佩恩（Thomas Payne）曾在梳理相关文献后认为，共识至少有三层含义：（1）共识首先可以被设想为一种政治运作方法，其特点是依赖于妥协和对必须调解的分歧、冲突和利益寻求调节办法；（2）共识是一个政治系统内现有和谐模式的一种应用。因此，共识或指一个社会存在着遵守的基本原则或普遍接受的信仰系统，或指就直接的公共政策问题达成的一致意见；（3）最后，共识有时被描述成利益群体之间经过讨价还价过程所带来的平衡。② 可见，共识是一个极具包容性和抽象性的概念，在不同的学科、场合和语境中常常有着不同的指涉。具体到环境治理领域，如果"绿水青山就是金山银山"，"人与自然是生命共同体"，"人与自然和谐共生"，"绿色发展、循环发展、低碳发展"等能够成为整个中国普遍遵守的基本原则，能够内化为各级政府的执政理念、各个企业的文化理念和每位公民的价值观念，显然更能够促进共同环境治理行动的产生。然而，中国在整体上尚未形成"绿色"的文化价值观，而环境领域也蕴含着发展理念、资源分配、利益博弈、公平正义等诸多议题，使得多元治理主体之间不可避免地存在着各种分歧、矛盾乃至冲突。基于这一现状，本书更多地将共识视为一种调解分歧、冲突和利益以寻求多元环境治理主体之间"平衡点"或形成"一致意向"的民主方法。

在哈贝马斯眼里，"在（无事实根据的）假设的意义上，规范的有效性主张是可以认知的，在话语上是可以兑现的——就是说，它是

---

① Consensus Decision Making, http://www.actupny.org/documents/CDdocuments/Consensus.html.
② Thomas Payne, "The Role of Consensus", *The Western Political Quarterly*, Vol. 18, No. 3, Sep. 1965.

以参与者通过争论达成的共识为基础的"①。也就是说,"规范的有效主张"意味着对规范的约束性接受,需以交往过程中达成的共识为必要前提。基于环境治理网络的生成与运行对信任关系和协商机制的依赖,环境治理网络的多元行动者只有在公共协商的过程中努力消除分歧与增进合意,在达成共识的程序中寻求"一致意向"或各方都能接受的行动方案,才能形成规范各行动者的"有效主张"。对此,有学者强调,行动者之间在相互承认彼此意向的基础上,就共同行动议题经过反复沟通和理性取舍后形成一致意向即"共识"后,所产生的共同行动往往是合理的,其结果也多是道德的。② 所以,多元的环境治理主体围绕环境治理议题,在相互承认彼此意向与合理分歧的基础上,通过互相沟通与理性取舍的程序而达成一致的共同意向,抑或取得暂时平衡,形成一个大家都能接受的方案,是产生共同环境治理行动的正当前提。

需强调的是,共识所强调的"一致意向",并不意味着其能代表所有人的意志,也"并不要求所有公民出于相同理性而同意,它只要求在相同的公共协商过程中公民能够持续合作与妥协"③。所以,强调共识是共同环境治理行动的正当前提,不仅在于其可能带来"一致意向"或"暂时的平衡点",更在于其经历了达成共识的协商程序而具备了正当性与合法性。哈贝马斯对此做了强调,他把正当性的标准描述为"某种根据或原因的可接受性的形式条件,它使得效力合法化,它有能力达成共识并形成动机"。对此,莱斯利·豪进一步解释道,"试图为正当性提供的实质性的特殊根据就转变为那些形式前提,而形式前提是任何个人的正当性论证的必要条件,即正当性本身的条件","由于'可能的共识形成的形式条件'拥有合法化的力量,正当性程序本身就限定着其结果的正当性;合法化是通过遵循

---

① [美]莱斯利·A. 豪:《哈贝马斯》,陈志刚译,中华书局2002年版,第57页。
② 张康之、张乾友:《论共同行动的基础》,《南京农业大学学报》(社会科学版)2011年第2期。
③ [美]詹姆斯·博曼:《公共协商:多元主义、复杂性与民主》,黄相怀译,中央编译出版社2006年版,第78页。

一种被认同的程序而实现的——这种遵循建立了广受欢迎的合法性。合法化是一种正当性论证程序或合理性程序的结果，那些程序规定意见一致是合理的，与强制的或偶然的程序相反，它也明确规定着合法性及其实现的理想条件。所以，合法化的有效性意指它同时满足两个条件：（a）遵循特定的理想的正当程序，（b）普遍利益的合理性。"① 所以，环境治理作为多元行动者之间的合作治理，治理网络的合作关系更应也必须以多元行动者的对话与协商为基础。多元行动者在不同利益交织的环境治理领域，需经历一个正当性论证或合理性协商的程序，通过交流与协商不断消除分歧、增进合意、达成共识，以此寻求决策的合法性和共同治理行动的正当性。

二 中国传媒与环境治理共识的焦虑

当下的中国，农业社会、工业社会和后工业社会压缩于同一时空，传统性、现代性和后现代性聚集于同一社会，而在市场化过程中原有基于民族血缘共同体的价值观念日渐离散，全社会所认同的价值体系和共识又尚未形成，使整个社会存在着一定程度的"共识的焦虑"。在媒体知识分子的论述中，这些焦虑体现在：现代化与后现代矛盾的纠结；张扬个人主义同个人欲望膨胀的矛盾；市场的消费陷阱与政府对市场的失察；西方理想社会治理模式与中国传统文化的丧失……②无疑，这些不同层面、不同领域的"共识焦虑"必然会映射到环境治理和传媒领域中，会不同程度地离散着环境治理集体共识的形成、分化着传媒在环境治理中的表现与实践，从而加大共同环境治理行动产生的难度。

应该说，中央不断凸显、强调生态环境议题，把"生态文明建设"纳入中国特色社会主义现代化建设"五位一体"的总体布局，上升为"中华民族永续发展的千年大计"，说明中央已在生态环境

---

① [美]莱斯利·A.豪：《哈贝马斯》，陈志刚译，中华书局2002年版，第62—63页。
② 司景新：《共识的焦虑：中国媒体知识分子对危机与风险的论述》，《传播与社会学刊》（香港）2011年总第15期。

保护方面达成政治共识，即"人与自然是生命共同体"，要"尊重自然、顺应自然、保护自然"，坚持"人与自然和谐共生的现代化"，以实现环境绩效、经济绩效和社会绩效的最大化和可持续性。然而，置于"共识焦虑"的大环境下，在充满利益纷争的环境治理领域，要将政治话语层面的共识转化为共同环境治理行动并非易事。近年来，各地不断出现的反石化项目、反垃圾焚烧项目等环境维权运动，便是因缺失"达成共识"的协商程序而导致缺乏"治理共识"的结果。2007年的厦门反PX项目事件，在唤醒公众环境权利意识和环境风险意识的同时，也激活了公众的"化工恐惧"与"环境焦虑"，此后在大连、宁波、启东、什邡、彭州、昆明等地相继出现了类似抗议涉污项目的环境维权运动。这些运动大多按照公众力斥其环境风险、政府和企业力证其安全，谁也说服不了谁的纠结"剧目"上演，也大多重复着"一闹就停"和"迁址复出"的拉锯战"剧目"。"一闹就停"，看似是民意的胜利，但对当地很可能是一种多输的结局。单光鼐将其概括为"三输"：地方经济失去合法、合规的项目；审批机构公信力遭遇挑战；公众抗争并未争得更优的环保效果[1]。如宁波项目的投资损失达60多亿元，什邡项目为4亿元。旅美学者张炎午对什邡项目停工提出的担忧引人深思：政府的巨额前期投资损失问题如何消化？项目停工可能造成中国扩大进口国外废金属，相应的环境成本未必低于项目本身，政府与民众何以承受？[2] 事实上，一些涉污项目并非全然负面，其可能还承载着另一个层面的公共利益，有的可能关乎着国家工业产业结构调整或地区的产业结构升级，有的可能关乎着多个产业链的发展乃至公众的日常生活消费，有的可能关乎着市民的整体利益和生活便利……譬如，2010年，中国PX消费量约占全球32%，成为最大消费国。2012年，PX的对外依存度接近45%。然而，PX建设项目

---

[1] 冯洁、汪韬：《"开窗"：求解环境群体性事件》，《南方周末》2012年11月29日。
[2] 转引自田飞龙、王又平《环境信息公开与环境政治治理》，《绿叶》2012年第9期。

在公众的环保抗争中步履艰难、一再搁浅，使 PX 供应雪上加霜。供需关系失衡导致中国在 PX 进口中没有话语权。中国进口日韩 PX 产成品已被迫采取"按月定价"的方式，2013 年 6 月，其价格较 2012 年同期上涨 200 美元/吨。价格上涨无疑对纺织、化纤等相关产业链的发展十分不利，而终端消费者也必然要为相关产品的溢价买单。① 2015 年，中国 PX 进口量比 2014 年增长 16.8%，对外依存度高达 56%。由于 PX 消费量和对外依存度持续增长，国际市场上 PX 价格不断上涨。如果长期依赖进口，高企的原料成本最终会转嫁为消费者的生活成本。② 基于此，"一闹就停"固然是对"民意"和"不要建在我家后院"邻避情结的一种回应，但如果"民意""众意"没有经过"一个合理化的过程"，就不可能转化为代表公共利益的成熟"公意"。所以，"一闹就停"有可能是对公共利益的另一种偏离，也并非一定具备正当性。"迁址复出"，无疑是响应了当地人的环境权利与邻避诉求，也在一定程度上从另一个层面说明了项目建设的重要性。然而，项目"迁址"往往选择迁向抗争阻力小、抗争资本少的地方，带来的是环境风险进一步"由强势群体向相对弱势群体转移：从精英群体向普通民众转移，从城市向乡村转移，从大城市向小城市转移，从中心区向边缘区转移，从经济发达区向欠发达区转移"③，这就潜在地加剧了既有的社会不公。可见，在环境维权事件中，公众与政府之间由于缺乏"达成共识"的协商程序，很容易陷入"谁也说服不了谁"的"共识断裂"状态，而在维稳机制的压力之下，公众基于"闹大"逻辑的环境维权运动最终迫使项目"一闹就停"，但仍可能会"迁址复出"，难以实现环境绩效、经济绩效、社会绩效最大化和可持续的环境治理目标。

中国传媒置于"共识焦虑"的场域，必然会受之影响，而其作

---

① 温宝臣：《PX 项目还要不要继续发展》，《经济日报》2013 年 7 月 24 日第 15 版。
② 《进口占 56% 我国芳烃产业链需补齐 PX 短板》，《乙醛醋酸化工》2017 年第 1 期。
③ 夏倩芳、袁光锋、陈科：《制度性资本、非制度性资本与社会冲突性议题的传播——以国内四起环境维权事件为案例》，《传播与社会学刊》（香港）2012 年总第 22 期。

为社会观念的建构者和社会文化的塑造者,很有可能会进一步凸显和加剧这种"焦虑"。有学者提出,改革开放以来,尽管中国社会在物质生活质量上取得了巨大进步,但在商业化进程中没有构建出一个能为政治精英、知识精英和正处于上升中的中产阶级所共同认同的核心价值体系和共识。所以,当环境污染、贫富差距、犯罪上升、道德沦丧等社会问题开始严重时,政治精英和知识精英(包括记者)之间就缺乏对话沟通的价值基础。就新闻从业人员而言,西方记者的职业主义、中国传统知识分子的入世精神、中共新闻观念都在商业化新闻的环境下互相胶着塑造了新一代记者的价值理念。[①]共识的缺乏、理念的分化使中国传媒及其从业人员在一定程度上失去了共同的操作原则,成为传媒常规地、持续地建构共同话语的离散力量。加之不同传媒涉入市场的程度不同、实践非常规行为的能力有别、对"象征资源"的熟悉程度和运用水平有异,再加入传媒调控机制的把握尺度、市场的拉力强度等媒介生态环境变量,传媒在环境公共事件中要么态度暧昧有意规避,要么态度各异甚至截然相反,难以形成叠加共振的共识性话语。以下将对此做一个非常粗线条的勾勒。

首先需强调一下大的语境,即不少地方利益集团从自身利益出发,漠视、排斥公民的知情权、参与权和基本环境权,使得公众还在相当程度上处于要求承认权利诉求的维权阶段。一般而言,镶嵌于权力网络中的传媒受制于宣传纪律的要求,加之消息源也被利益集团进行了封锁控制,往往不能也无法对环境污染事故、涉污项目情况进行主动报道,无法预警环境风险和满足公众的知情需求。然而,在正常传播渠道不顺畅的情况下,一旦有公众获知环境风险后,往往会通过手机、网络、人际等渠道进行裂变式传播,而主观判断、情绪感染和各种流言、谣言也会夹杂其中,从而导致环境风险在传播中被无限放大,恐慌不断蔓延滋长,之后无论多么科学理

[①] 林芬、赵鼎新:《霸权文化缺失下的中国新闻和社会运动》,《传播与社会学刊》(香港)2008年总第6期。

性的声音都会很快淹没于漫天的流言和情绪化的对抗中。在MSDS①中危险级别为第三类易燃液体的PX，就是在这样的传播中被贴上了"剧毒""畸形儿""白血病""秒杀一座城""原子弹"等令人毛骨悚然的标签，成了一个全民敏感的词汇。此后，当公众对污染事故或涉污项目提出质疑后，本土传媒往往成为地方利益集团启动宣传机制、放大其声音与主张的核心力量。具体而言，本土传媒往往秉持地方利益集团的意图，以"安全叙事的逻辑"努力构建一套"'不怕'的认知体系"，即"以'技术安全'为核心，同时辅助以'依法行政'和'民心工程'来强化其合法性"——"它是技术安全的，所以不怕；即使怕，但这是'依法行政'的结果，所以必须支持；如果不支持，就是对抗公共利益，因为这是'民心工程'"②。同时，常常把维权的公众及其行为建构为"自私的""不理性的""无知的""不明真相的""误解的""被少数别有用心的人煽动的"等形象。

与之相对，异地传媒被公众以各种非制度性资本链接上或主动介入事件报道后，大多对公众的遭遇和抗争持同情态度，常采用多样化的叙事策略重塑"承认"的话语秩序，在报道框架上较多选择"漠视环境权"框架、"健康风险"框架、"环境正义"框架、"损害公众利益"框架、"公民权利"框架等。这些框架对公众权利诉求、公众利益、环境风险的强调，一方面，会不可避免地去关注、讨论环境风险，有可能会潜在地放大风险，从而影响公众对环境风险和环境危机的想象。譬如，PX成为一个全民敏感的词汇，也与传媒的报道密切相关，"2007年3月15日，经《中国青年报》的报道，PX致癌信息首次通过大众传媒传达给公众。此后，吉林双苯厂爆炸被引入媒体

---

① MSDS是Material Safety Data Sheet的缩写词，意为"化学品安全技术说明书"（也有的译为"物质安全技术说明书"或"物质安全数据表"）。它是一份涵盖化学品基本特性、燃爆性能、健康及环境危害、安全处置和储存、泄漏应急处理、法规遵从性等信息的综合性文件。美国、加拿大、澳洲及亚洲许多国家采用MSDS术语。参见郭景芝《走近MSDS》，《硫酸工业》2009年第4期。

② 何艳玲、陈晓运：《从"不怕"到"我怕"："一般人群"在邻避冲突中如何形成抗争动机》，《学术研究》2012年第5期。

讨论、胎儿致畸率之说开始出现"。① 事实上，国外不少研究表明，传媒倾向于夸大潜在危险，传递超出实际危险状况的风险感，却没提出积极的解决方案，而这些信息在受众意见形成中扮演着关键角色。② 可以说，异地媒体无论是对环境风险的关注，还是对公民权利诉求的强调，都在解构着本土传媒的"安全叙事逻辑"和"不怕"的认知体系，进一步降低了公众对当地政府的信任度，公众与政府之间的"共识鸿沟"越拉越大。这也从另一个角度说明，以控制的方式获取的舆论资源，只是一些质量不高的资源，长此以往，常规组织"很可能就会陷入舆论环境恶化的境地"③。另一方面，异地传媒将话语资源集中于公民的权利诉求，有可能使报道"难以集中在环境和风险本身，难以激发人们对经济发展和环境风险生产之间逻辑关联的反思和警惕"，"环境风险的生产与分配逻辑及其正当性问题就往往为社会所遮蔽，不被追问"④。所以，尽管传媒是塑造"承认"话语秩序的关键资源与重要力量，但如果长期聚焦公众的环境维权议题，也难以增益于环境治理共识的达成。

综上，不少环境议题由于本身缺乏"达成共识"的协商程序，而传媒又不断产制分化、离散甚至对立的话语，往往使公众与当地政府之间陷入"谁也说服不了谁"的"共识断裂"状态，难以产生共识性的环境治理方案和共同环境治理行动。传媒与环境领域的"共识焦虑"相互影响、相互叠加，不断瓦解着环境治理共识达成的基础。

---

① 彭利国、沈念祖等：《谁制造了 PX 全民敏感词》，《南方周末》2011 年 11 月 10 日 B09 版。

② 根据 Qingjiang Yao 综述，见 Qingjiang Yao, "Media Use, Postmaterialist Values, and Political Interest: the Making of Chinese Environmentalists and Their Views on Their Social Environment", *Asian Journal of Communication*, Vol. 18, No. 3, 2008.

③ 张康之、李东：《论任务型组织的舆论资源》，《中共浙江省委党校学报》2008 年第 1 期。

④ 夏倩芳、黄月琴：《社会冲突性议题的媒介建构与话语政治：以国内系列反 "PX" 事件为例》，《中国媒体发展研究报告》，2010 年。

三 中国传媒与环境治理共识的达成

不可否认,中国日渐高涨的邻避情结是公众与政府在环境治理中分歧明显、共识缺乏,难以在经济绩效、环境绩效和社会绩效之间寻求到"平衡点"的重要原因。邻避情结由邻避设施而起,邻避设施的特点在于"所产生的效益为全体社会所共享,但负外部效果却由附近的民众来承担",所以它的兴建"往往涉及专家科技知识与民众普通常识之间的价值冲突",附近民众多以嫌恶的、"不要建在我家后院"的情绪与抗争来对待邻避设施。维特斯等从三个层面解读了"邻避情结"的含义:是一种全面性地拒绝被认为有害于生存权与环境权的公共设施之态度;基本上是环境主义的主张,它强调以环境价值作为衡量是否兴建公共设施的标准;其发展不须有任何技术面的、经济面的或行政面的理性知识,主要是一种情绪性反应。① 邻避情结引发的环境抗争运动,具有强烈的心理对抗特征和高度的动员性,往往是单议题的行动,有着明确的目标导向,即停建或迁址设施,成为各国政府相当难以突破但又不得不面对的治理难题。

然而,深究其因,"治理共识"缺乏的根源还在于公众的知情权、参与权和基本环境权长期得不到地方政府的承认与重视。一些地方政府、企业甚至相关专家组成的利益集团垄断决策,主导项目开发,排除公众参与,大多是"埋头苦干,只做不说",很少将项目情况告之公众,即使有也只是简单地告知概念性内容,大多强调没有环境污染。在规划环评中,往往只将引入公众参与作为一种程序,使之大多流于形式。如什邡钼铜项目从立项到审批至少历时两年,但大部分居民直到看到开工仪式报道后才知道,而附近村民收到的"环境影响评价意见表"中根本没有列出项目可能带来的环境风险。公众作为利益相关人,基本的环境权、知情权、参与权被漠视和排斥,在项目决策环节参与不充分甚至完全没有参与,最终在邻避情结的主导

---

① 丘昌泰:《从"邻避情结"到"迎臂效应":台湾环保抗争的问题与出路》,《政治科学论丛》(台湾)2002年第17期。

下，无法与当地政府达成"治理共识"，并以"闹大"的形式进行环境抗争，也就不难理解了。这意味着，在项目决策环节缺乏公众参与或参与不充分，哪怕项目符合法律法规的要求、手续也齐全，但政府行为的正当性仍难以得到公众确认。

事实上，就算针对国内外治理难题的"邻避情结"，学者们除了提出通过"回馈补偿"以"分享成本、重新分配收益以及解决公平和公正的问题"外，更加强调"缓解风险"的重要性和有效性。缓解风险包括工程缓解和制度缓解，工程缓解旨在采取各种措施降低设施影响和风险，而制度缓解则旨在赋予公众参与选址决定的权利，将选址方式从"决定—宣布—辩护"的传统形式，转变为"参与、自愿、合作"的形式，从而克服公众在选址过程中的猜疑，是事前避免邻避冲突的最有效手段。[①] "对常民知识与社会理性的压制，只会导致民众与专家或国家权威之间的鸿沟日益扩大"，居民应有"信息权、参与权、充分告知而同意权"，制度设计必须将公民参与和对话纳入决策机制。同时，协商与对话不应局限于回馈或补偿等政府预设的议程，而应在开发案提出与场址评选之前尽早就多元广泛的层面全面咨询在地居民。[②] 总之，要化解邻避情结下环境抗争运动中存在的共识危机，需要"政府与其他行动者（冲突的利益相关者）在互信、互利、相互依存基础上进行持续不断的协调谈判、参与合作、求同存异"[③]，以此在达成共识的程序中努力去寻求"一致意向"或各方都能接受的行动方案，去获取环境治理决策与共同治理行动的正当性。

要弄清传媒在环境治理共识达成中的价值与策略，需首先厘清共识达成的思路与原则。哈贝马斯认为，"交往行为，是一些以语言为中介的互动"，在这些互动过程中，"一切参与者都毫无顾虑地追求

[①] 何艳玲：《"中国式"邻避冲突：基于事件的分析》，《开放时代》2009年第12期。

[②] 邱大昕、罗淑霞：《邻避与被邻避：身心障碍机构与设施抗争处理经验之研究》，《社会政策与社会工作学刊》（台湾）2011年第1期。

[③] 何艳玲：《"邻避冲突"及其解决：基于一次城市集体抗争的分析》，《公共管理研究》（第4辑），上海人民出版社2006年版，第93—103页。

以言行事的目的，以此来达成共识，而这种共识是协调不同行为计划的基础"；"共识的基础是相互信服"，"一种通过交往而达致的共识具有合理的基础"，需要经过"具有言语和行为能力的主体相互之间取得一致"的沟通过程。① 也就是说，共识植根于交往与沟通之中，需要"通过实践的话语和理性的争论，交谈者对规范的有效性主张进行检验，最后在合理推导的基础上（即在理由的基础上）达成一种认为某些规范是'正确的'共识/信念/认识"②。罗尔斯注意到了如何在多样性的基础上达成一致意见、协调行动和稳定秩序的问题，并提出了"重叠共识"的概念。他认为，由于人们存在着"判断的负担"，在观念、价值等方面存在着"合理分歧"，使得"具有充分理性能力的、诚心诚意的人们，哪怕在自由讨论之后，我们也不能指望他们都将达到同样的结论"。所以，"重叠共识"并非严格意义上的共识，而是"不同的前提有可能导致同一个结论"，或者说"对某一事物，不同人从不同理由出发形成共识"。童世骏对此做了解读：持不同观点的人们在承认彼此观点上存在分歧的同时，都以合理的态度彼此相待；基于不同价值的人们在承认价值方面发生分歧的同时，能从各自角度出发或通过采纳彼此视角而认可和遵守共同的规范；目前持有不同观点和立场的人们，在未来的目标上却具有共识，努力寻求通过和平共处、平等交往而形成或加深彼此理解，甚至追求"视域融合"。③ 王绍光、樊鹏则基于中国新医改政策出台的实践提出了"共识型决策模式"，并将其沟通机制概括为"磨合"机制。该机制认为，不同决策主体之间存在着差异、矛盾和冲突，矛盾的根源在于他们所处的位置、考虑问题的角度不同，对事实判断的不同或认知的不同，而非厉害冲突或价值冲突，所以可通过协商、协调、协议解决矛盾，达成共识，但这种共识并不是强加的虚假共识，也非强求的完全一致，而是"求大同存小异"。基于此，"磨合"机制强调总体本

---

① [德]尤尔根·哈贝马斯：《交往行为理论（第一卷）：行为合理性与社会合理化》，曹卫东译，上海人民出版社2004年版，第281—282、274页。
② [美]莱斯利·A.豪：《哈贝马斯》，陈志刚译，中华书局2002年版，第56页。
③ 童世骏：《关于"重叠共识"的"重叠共识"》，《中国社会科学》2008年第6期。

位与合作,把决策过程中各方的交汇点作为"输入点""商议点",而不是"制衡"机制中的"否决点";不同参与方只能通过充分表述、反复协商、高层协调,求大同存小异,最终达成融合各方意见的政策共识。[1] 上述共识理论或模式,因提出的学者有着不同的学科背景、研究流派和研究基础而存在差异,但也有不少共性,可据此厘清环境治理共识达成的基本思路和原则。首先,应具备态度层面的共识,即环境治理网络中的行动者应相互承认在观念、价值等方面存在的"合理分歧",以平等、包容、合作的态度善待彼此存在的分歧与矛盾。其次,应建好行为规范层面的共识,即建立一个基于对话、协商的"共识达成程序",使之成为各方认可和遵守的行为规范,其产生的决策是"规范性的主张",具备合法性和正当性。按照这一程序,各行动者在平等的交往与沟通中不断"协商"而非"否决",详细比较不同行动方案的优劣,扬长避短,努力合成一个融合各方意见的共识性方案。再次,合理把握共识的标准,在协商中很难存在各方都满意、意向完全一致的共识,只能"求大同存小异",追求公共利益最大化和各方利益均衡化的共识性治理思路和方案。也应看到,"共同行动也就表现为一个不断谋求共识的过程,需要通过不断地消除分歧、不断地达成意见一致和不断地在意见一致的基础上开展行动"[2],各行动者将在"共识达成程序"周而复始的运作中,在持续的共同环境治理行动中不断寻求或加深理解,甚至实现"视域融合",最终有利于"一致意向"的达成。

环境治理共识的达成,需建立一个基于对话协商的共识达成程序,在协商中需以承认彼此的"合理分歧"为基础,并合理把握"求大同存小异"的共识标准。事实上,传媒在公共协商中的作用一直为学者所强调,詹姆斯·费什金(James S. Fishkin)认为,传媒报道可使公共协商为众人所关注,能为其营造声势,使得公众也有较高

---

[1] 王绍光、樊鹏:《中国式共识型决策:"开门"与"磨合"》,中国人民大学出版社2013年版,第293、291—292页。
[2] 张康之、张乾友:《论共同行动中的共识与默契》,《天津社会科学》2011年第5期。

的意愿参与其中。所以，媒体报道是促进公众乐意参与公共协商的一个重要原因。① 黄惠萍认为，审议式民主②强调政治决定过程须符合公开、平等、非专制与相互性的原则，新闻媒体在此过程中扮演着重要角色，它应促使公共论述的内涵符合这些原则，协助建立社会的审议文化③。在新闻实践领域，也出现了呼应公共协商理念和公民参与精神的公共新闻学实践模式。公共新闻学被视为一种源于广泛的对新闻现状不满的、由下而上的"草根性改革运动"④，而公众对政治失望与冷漠、公共生活衰退等是其产生的重要背景。公共新闻学着重强调四点基本价值：（1）视人们为公民、公共事务的潜在参与者，而不是受害者或旁观者；（2）帮助政治共同体解决问题，而不仅仅是了解问题；（3）改善公共讨论的环境，而不是简单地看着它恶化；（4）帮助改善公共生活，使它值得人们关注。⑤ 基于此，传媒在促进公共审议/协商中的角色与功能得到了广泛的关注与讨论。黄浩荣将公共新闻实践模式在公共审议中的角色概括为："公共审议的育成者"，推广公共审议，培育审议公共事务的理性氛围；"审议民主的守门犬"，监督审议过程中各项程序是否合乎平等原则；"公民与政治精英的沟通者"，建立公众与政治场域的联系与双向沟通；"媒体与公民的赋权培力者"，与公民共享生产新闻的权力，从公民处取得"代表公众"的权威性；"社区意识形塑者"，集合社区居民参与公共审议，形塑社区成员对生活环境的共同意识与认同感；"公民意识及公民能力培育者"，促使公民在参与审议中，明确公民身份的重要性，达成彼此启蒙、教育公众的成效，提升公民参与公共事务的公民

---

① James S. Fishkin, *Democracy and Deliberation: New Directions for Democratic Reform*, New Haven: Yale University Press, 1991, p.9.
② 又译为协商式民主。
③ 黄惠萍：《审议式民主的公共新闻想象：建构审议公共议题的新闻报导模式》，《新闻学研究》（台湾）2005 年总第 83 期。
④ Arthur Charity, *Doing Public Journalism*, New York: The Guilford Press, 1995, p.1.
⑤ ［美］杰伊·罗森：《理念的行动——公共新闻事业的建筑形式》，载［美］西奥多·格拉瑟编《公共新闻事业的理念》，邬晶晶译，华夏出版社 2009 年版，第 22 页。

能力。① 尽管公共新闻学自产生起就陷入质疑,引发了多个层面的争议,但其强调公民参与、对话与协商的内核及探索出的实践模式,对探讨传媒如何促进环境治理主体参与公共协商以达成治理共识,具有重要的启示价值。前文"中国传媒与环境治理主体的对话与协商"部分,已对传媒作为对话与协商平台的价值做了比较充分的探讨,在此不再赘述。以下主要沿循公共新闻学所开辟的实践路向,依据环境治理共识达成的思路与原则,分析传媒促使公共协商发生和环境治理共识达成的策略选择。

传媒不仅需借由搭建一个开放、包容、平等的对话协商平台,成为公共协商机制和"共识达成程序"的一部分,还应通过能动的话语策略培育公共协商的氛围,推动公众参与到对话与协商中。在这一过程中,"媒体仅是公共论域的承载者及守护者,防杜任何外力或利益的介入造成系统性扭曲,也包括防杜媒体自身立场、利益的涉入公共审议"②,应视各个环境治理的行动者为交往、沟通和协商的主体,努力组织好协商审议并尽量确保过程公正平等,找寻并明确行动者之间的分歧和争议所在,恰当地促使行动者表达或收集他们的不同意见及其论证理由,并合理再现公共协商过程或构建以公共协商为主导的新闻报道。传媒搭建公共领域和协商平台,有"真实在场"和"虚拟在场"两种操作路径:一是传媒组织政府部门、公众、专家学者等代表举办真实在场的"圆桌会议""社区会谈",大家就某一环境事务或公共议题平等而自由地展开讨论与协商,并通过呈现协商场景扩散公共协商和公共意见的辐射面和影响力。二是传媒就环境治理、环境污染、绿色消费等议题进行访谈或民调,了解公众对这些议题的看法,并持着公众的观点和意见采访相关部门和专家,以促成政府部门、专家学者和公众之间的间接互动。之后,传媒再将公众的观点、专家的分析、政府的反馈等多元观点汇聚、熔铸到报道中向公众呈

---

① 黄浩荣:《公共新闻学:审议民主的观点》,台北:巨流图书公司2005年版,第150—151页。
② 同上书,第60页。

现，从而形成一种虚拟式在场的、间接式的讨论与协商。那么，在具体的实践层面，传媒需要通过怎样的话语策略才能推动公众参与讨论与协商，又如何构建以公共协商为主导的新闻报道？对此，黄惠萍提出了"审议式新闻报道"的概念，并较为具体地给出了可循的实施方案，具体包括"辨识争议核心""了解看法及论证""选取适当对象进行采访""以论证为采访重点"和"以争议核心为主轴撰写新闻"五个步骤，而公共协商公开性、平等性、非专制性及相互性的要求与内涵贯穿于五个步骤之中。[①] 以下将遵循"审议式新闻报道"的实践方案，链接环境治理共识达成的思路，对传媒搭建协商平台、推动公共协商、促进环境治理共识达成的实践策略予以细化。

协商议题的准备阶段。传媒从有争议、分歧甚至冲突而难以达成共识的环境议题中选择协商议题。然后，基于态度层面的共识，记者应具有承认"合理分歧"的包容心态，突破二元对立的惯性思维和为吸引眼球而常采用的"冲突"框架，通过民调、访谈等方式了解各环境治理主体对议题的不同观点，据此分析议题各面向的分歧与争议，辨识分歧和争议的核心所在。然后，准备一份涵盖各方意见与争议焦点的基本材料，为之后的对话、协商做好充分准备。

协商的发起阶段。如果需要广泛发动公众参与讨论和协商，传媒需对环境议题尽量做化繁为简、深入浅出的解读，将其生活化地对应到公众的日常生活中，使公众对议题有充分、深入的了解并有参与其中的兴趣和动力。然后，传媒需从各个观点的不同倡导者或认同者中选择适当人选，或对其进行采访，或邀其参加会谈。人选的确定需以对议题的深入了解和对所持观点的理性论证为标尺，需尽量确保各种分歧与争议观点的代表能参与其中，尽量避免忽略少数人的声音。

协商阶段。应基于行为规范层面的共识，按照"共识达成程序"的规范要求，促使参与者在平等的沟通中不断"协商"而非"否决"。如果是组织"真实在场"的面对面协商，记者或主持人应努力

[①] 黄惠萍：《审议式民主的公共新闻想象：建构审议公共议题的新闻报导模式》，《新闻学研究》（台湾）2005 年总第 83 期。

营造所有参与者都承认和尊重彼此的"合理分歧"、平等表达观点而没有人控制讨论的氛围;各参与者的观点表达需提供证明自己观点并说服其他参与者的理由,从而在理性的基础上展开对话与讨论、在倾听与表达中寻求共性与共鸣,并努力寻求具有共识性的治理思路和行动方案。如果是"虚拟在场"式的讨论与协商,记者采访应"以论证为采访重点",即着重获取采访对象所持的观点及其认为可以论证这一观点且可以说服他人的理由。

报道阶段。不论是再现真实的协商过程,还是构建虚拟的协商场景,均需以争议、分歧的核心为主轴,将围绕着争议核心的多元观点及其论证理由汇聚、熔铸到报道中,做到"公民的发言不致因片面剪裁而遭到曲解或低估",使"社会大众得以根据自身独特的生活经验、径自捕捉出关于审议主题的论争重点,从中发现他人与自己在生活经验上的异同之处"[①],以此成为公众考量议题和形塑自己观点的参照框架。

综上,传媒依据环境治理共识达成的思路与原则,借由搭建开放、包容、平等的协商平台和采取能动的话语策略推动环境治理主体参与其中,成为公共协商机制与共识达成程序的一部分,不但能促使共识性治理思路和行动方案的形成,还能有效提高公共协商及各环境治理主体观点的能见度和影响力,并不断培育协商的文化和营造理性的氛围,从而增益于环境治理共识的达成。

第三节 中国传媒与基于默契的共同环境治理行动

默契也是产生共同行动的主观基础,它基于对行动目标和性质的一致理解而促使行动者近乎自发地选择同一行为。[②] 默契是一种内在的、更高层面的"一致意向",而基于默契的共同治理行动也

---

① 黄浩荣:《公共新闻学:审议民主的观点》,台北:巨流图书公司2005年版,第150—151页。
② 张康之、张乾友:《论共同行动中的共识与默契》,《天津社会科学》2011年第5期。

是环境治理的规范形态或者说理想形态。所以，传媒可通过能动的话语策略促使环境治理默契养成，以增益于共同环境治理行动的产生。

一 默契：共同环境治理行动的理想形态

戴维森曾试图发展一套包括"默契"（tacit understanding）在内的理论，他提出的"默契"概念至少可从两个方面去理解：一、默契指涉一种"建议的结构"（propositional structures），譬如，如果能确信人们因之而相信电子产品和科学程序的话，个体便对电子产品有默契。这源于戴维森的整体论立场——信念并非源于言语者，也不能孤立地解释单一话语。二、默契指涉"知道—怎样"（knowing-how）而非"知道"（knowing-that）。针对戴维森提出的概念，蒂莫西·纳尔蒂（Timothy J. Nulty）则建议，应将默契视为可共享的"知道—怎样"而非一种理论，人们通过分享某些自然能力（natural abilities）和社会化到特定的文化活动中，便能开始把握相关的相似之处（relevant similarity）。① 杰克·马丁等（Jack Martin et al.）认为，默契是一种"知道—怎样"，源于与他人在整体一致的传统、规范和设想的共同社会文化语境中的行动。② 可见，默契指的是一种"知道—怎样"的状态，即存在着内在的"一致意向"，使他们能在相关的相似语境中采取相同的或近似的行为。另外，默契是建构的产物，是在一定的社会文化语境中通过对传统、文化和规范的长期默会而养成的。

张康之等将"默契"与"共同行动"相勾连。他认为，随着理性主义话语霸权在后工业社会中受到挑战，加之风险社会对基于合作的共同行动的需求日渐迫切，"默契"的价值日益受到重视并得以彰显。默契是"一种超理性的意向一致形态""一种极高境界的共识"，而基于默契的共同行动是"一种超理性的合作行动"、是"通向共同

---

① Timothy J. Nulty, *Primitive Disclosive Alethism*: *Davidson*, *Heidegger*, *and the Nature of Truth*, New York: Peter Lang Publishing, 2006, pp. 73–75.
② Jack Martin, Jeff Sugarman and Sarah Hickinbottom, *Persons*: *Understanding Psychological Selfhood and Agency*, New York: Springer, 2009, p. 37.

行动目标的最优路径"①。尽管"默契"也可纳入"共识"的范畴，但其在生成路径、具体效用等方面与基于"共识达成程序"而产生的"共识"有着本质不同。简单地说，共识依赖于交流、沟通的话语过程，主要通过"共识达成程序"去努力消除分歧、增进合意，以此寻求共同行动的正当性和"求大同存小异"的治理方案，然后再产生共同行动。所以，基于共识的共同行动是一个先由外向内达成"一致意向"，然后再由内向外践行"一致意向"的过程。默契则与此不同，它依赖于个体具有"伟大的、不可或缺的默会能力"（tacit power）②，并在一定的社会文化环境中通过不断的自我互动和自我调节，逐渐具备能够把握"相关的相似之处"和"知道—怎样"的能力，最终对行动的任务和目标形成大体一致的理解。所以，默契能够促使人们超越交流的过程和沟通的障碍，在相似的语境中选择同一或近似的共同行动，有效提升了共同行动的质量。

环境治理网络不同于具有自愿的、个体化特征的市场组织，也不同于具有权威的、等级特征的科层组织，而是多元环境行动者基于共同的价值、准则和目标而建立起的合作关系。这就意味着，环境治理网络中各成员之间价值取向、治理目标和治理原则的共同性越强、默契程度越高，合作就越顺畅，共同环境治理行动也就越容易产生。从规范角度或者说理想层面看，环境行动者之间相互依存、彼此合作而展开的环境治理行动，理应是基于默契的共同行动。不难理解，如果各级政府、企业、环保 NGO 和公众能在观念上形成一种"绿色发展、循环发展、低碳发展"的默契，能在程序上形成一种需通过"共识达成程序"寻求共识性治理方案和共同行动正当性的默契，能在主观世界里对环境的地位和生态的价值有大体一致的认识，能在治理目标上对实现环境绩效、经济绩效和社会绩效的最大化及可持续性

---

① 张康之、张乾友：《论共同行动中的共识与默契》，《天津社会科学》2011 年第 5 期；张康之、张乾友：《论共同行动的基础》，《南京农业大学学报》（社会科学版）2011 年第 2 期。

② Michael Polanyi, *The Tacit Dimension*, Chicago: University of Chicago Press, 2009, p. 6.

有共通性的理解，显然能大大降低环境治理行动者之间的分歧及其带来的沟通成本，大大提高共同环境治理行动的水平和绩效。当然，环境领域蕴含诸多的利益纷争和矛盾纠葛、各行动者因"判断的负担"而存在"合理分歧"，加之环境治理网络尚处于构建之中，都决定了具体的环境治理行动很难完全基于默契而产生。然而，各环境治理行动者拥有的默契越多，越能增益于共同环境治理行动的产生，越能降低共同治理行动的成本和提高环境治理的绩效。有学者强调，在危机情境中，行动者没有足够时间进行充分的沟通交流和审慎的理性权衡，危机的紧迫性使得共识难以形成，就更需要得到"默契"的支持。① 在环境危机日渐频发的时代，更需要用蕴含着默契的共同治理行动去应对突发的、高度不确定的环境危机事件。所以，尽管完全基于默契的共同治理行动看起来遥不可及，但促使各行动者之间产生更多的默契，理应是环境治理的努力方向。

PM2.5 带来的雾霾天气、"电荒"带来的拉闸限电、"污染"带来的各种疾病……公众正前所未有地感受到环境污染与能源危机不再遥不可及、事不关己。日积月累的环境问题正不断嵌入到公众的日常生活中，成为他们需要长期面对的一种日常负担。然而，30%—40%的环境退化又是由私域的家庭消费活动所导致的②。对拥有 13 亿人的中国而言，环境污染、生态危机、能源困境"三大问题"共同积聚，烟煤、扬尘、尾气相结合的"三重污染"共时存在，也在相当程度上与每位公民私人领域的日常生活行为密切关联。譬如，汽车的尾气排放、烧煤供暖的烟煤排放等生活污染已被证实是雾霾天气的主要来源之一。巢湖 80% 以上的污染，源自农村面源污染和城市生活污染。③ 在生活能源浪费方面，据央视报道，中国人每年在餐桌上浪

---

① 张康之、张乾友：《论共同行动的基础》，《南京农业大学学报》（社会科学版）2011 年第 2 期。
② 转引自 Ricky Y. K. Chan, "Determinants of Chinese Consumers' Green Purchase Behavior", *Psychology & Marketing*, Vol. 18, No. 4, April 2001.
③ 洪波等：《巢湖 80% 以上污染来自生活污染 蓝藻或提前爆发》（http://finance.chinanews.com/ny/2011/05-27/3071039.shtml）。

费的粮食价值高达 2000 亿元，被倒掉的食物相当于 2 亿多人一年的口粮。另据推算，全国各类学校、单位规模以上集体食堂每年倒掉的食物至少可以养活 3000 万人一年。① 中国农业大学课题组对大、中、小三类城市的调查显示，一年时间里，仅餐饮浪费的食物蛋白质可供 2.6 亿人一年所需，浪费的脂肪可供 1.3 亿人一年所需。② 食物的生长、收获、保存、包装和运输均会消耗大量的资源和能源，浪费食物就是对资源和能源的浪费。环境、能源、生态与日常生活之间的这种互嵌关系决定了，个体在私人领域的行为与生活方式关乎着环境保护的品质和能源利用的效率，关乎着其他个体和后代个体环境权利或者说"有意义生活"的实现，也关乎着公众个体当下的生存环境和生活质量。与此同时，消费者与企业之间"买—卖"互动关系及其带来的动力也决定了，"如果消费者显示出一种高层次的生态意识并由此而采取相应的环保或绿色消费，那么受利益驱动的企业就会在经营中有了进行绿色营销的强大动力"③，最终促进整个市场的绿色变革。这就意味着，环境治理不只是公共领域的共同参与环境政策制定和环境影响评价、共同应对环境危机事件、共同阻止环境污染和生态退化、共同抑制能源浪费，还是一场深入公众日常生活的绿色变革运动，需要个体在私人领域低碳生活、绿色消费、减少浪费、削减垃圾等。尽管当下中国公众的环保行为大多集中于个人生活空间，但仍处于个人体验初期阶段，而且大多以自身健康、节省生活开支为出发点，具有较强的功利性。《全国生态文明意识调查研究报告》显示，"受访者的生态价值观很大程度上还属于工业文明框架下的'以人为中心'、'万物为人而存'的经济价值观，还没有树立起生态文明所倡导的

---

① 江跃中等：《政协委员痛陈粮食浪费现象 餐饮业是"重灾区"》（http://www.chinanews.com/gn/2011/03-07/2889472.shtml）。
② 李松：《关注粮食浪费现象》，《发展》2013 年第 3 期。
③ Ricky Y. K. Chan, "Determinants of Chinese Consumers' Green Purchase Behavior", *Psychology & Marketing*, Vol. 18, No. 4, April 2001.

'人与自然和谐相处和协调发展'的生态价值观"①。相关研究表明,"人—自然"取向(man-nature orientation)和集体主义的文化价值观、生态情感和生态知识,都影响着中国消费者绿色消费态度的形成。② 可见,促使公众对"人与自然和谐共生""低碳环保、绿色消费"等观念与行为理解一致而形成"默契",是环境治理对人们生态价值观的主观世界进行源头治理的重要内容。"基于默契的共同行动充分体现了个体的独立性和主动性,而在付诸共同行动的时候,又拥有了总体性的特征"③,鉴于公众日常生活与生态环境之间的"互嵌"关系,公众在私人领域的日常生活中基于默契而产生的绿色行为,看似个体性的、独立性的,但在总体上却呈现出共同治理行动的内涵与图景,是环境治理的应有之义和重要目标。

二 营造绿色语境:传媒促进环境治理默契养成的着力点

默契不能进行简单意义上的转让,必须经过一个"重新获得"或"重新发现"的过程,而默契的重新发现与获得需依赖于个人的"默会思维"(tacit thought)和"默会能力"(tacit power)。对此,博兰尼曾强调,默会思维是人类认知不可或缺的组成部分和终极的精神力量(ultimate mental power),所有显性知识通过其赋予意义,决定着每代人成功的可能性,更不用说每个人了。④ 这意味着,默契的形成需要经历一个"主我"(I)与"客我"(me)不断对话的"自我互动"与"自我调节"的内隐过程。按照社会认知理论的观点,自我调节"是为了设置并逐渐达到个体的目标,自我生成思想、情感和行为的过程",是个体、行为和环境三者之间交叉互动的结果。其中,社会和自然环境是"自我加强预测、操作或意志控制以及自我

---

① 《全国生态文明意识调查研究报告》,《中国环境报》2014年3月24日第2版。
② Ricky Y. K. Chan, "Determinants of Chinese Consumers' Green Purchase Behavior", *Psychology & Marketing*, Vol. 18, No. 4, April 2001.
③ 张康之、张乾友:《论共同行动中的共识与默契》,《天津社会科学》2011年第5期。
④ Michael Polanyi, *The Tacit Dimension*, Chicago: University of Chicago Press, 2009, p. 60.

反省的资源",自我调节机能的内在观念经常以所处的社会环境的确切信息为基础。① 所以,默契形成的过程并不是孤立的、封闭的,也不是绝对的主观精神活动,而是与之所处的社会文化环境和社会互动行为有着密切关联。这正如张康之等所强调的,"默契的形成依赖于语境",可以视为行动者对于共同"语境"的一致理解②,而蒂莫西·纳尔蒂也强调,人们在环境中彼此的立场决定着相关的相似之处的语境,而人们对环境的立场也不是事先决定的。人们与之所处环境的关系,不仅只是由生物因素决定,而且还由文化和历史的因素而决定。③ 如此,涵盖社会文化环境、社会互动行为在内的"语境"是养成默契的关键场域,是个体不断"领悟默会"与反复"自我调节"的基础资源。这意味着,营造或构建特定的"语境",是养成相关"默契"的关键点和着力点。

在日益媒介化生存的现代社会,传媒无可争辩的是默契养成所需"语境"的重要组成部分和关键塑造力量。一方面,"日渐相关的媒介象征空间,已经成为现代世界中一种重要的社会化机构,而社会经验逐渐地与媒介经验交织,或者至少,社会经验以媒介话语提供的语汇被阐释"④,传媒构筑的"象征性社会情境"或者说"拟态环境"既是社会文化环境的有机组成部分,又经由"拟态环境的环境化"机制在潜移默化中塑造着社会文化环境、涵化着社会观念。基于此,传播是我们了解环境、知道环境问题的关键,而专业传媒更是我们知道环境问题,以及各种环境问题得以陈述、辩论和解决的主要公共领域⑤,在环境议题尤其是公众没有直接经验的

---

① 乐国安、纪海英:《班杜拉社会认知观的自我调节理论研究及展望》,《南开学报》(哲学社会科学版) 2007 年第 5 期。
② 张康之、张乾友:《论共同行动中的共识与默契》,《天津社会科学》2011 年第 5 期。
③ Timothy J. Nulty, *Primitive Disclosive Alethism: Davidson, Heidegger, and the Nature of Truth*, New York: Peter Lang Publishing, 2006, p. 75.
④ [英] 彼得·达尔格伦:《媒介、公民身份与公民文化》,载 [英] 詹姆斯·库兰、[美] 米切尔·古尔维奇《大众媒介与社会》,杨击译,华夏出版社 2006 年版,第 312 页。
⑤ Anders Hansen, "Media and Environmental Change", *Media Development*, Vol. 56, No. 2, 2009.

议题中,扮演着提高公众意识和塑造公众舆论的核心角色[1],能在相当程度上建构环境治理默契养成所需的社会文化环境。另一方面,默契的养成是一个"领悟默会"和"自我调节"的内隐过程,需要主体在与社会互动的过程中获取默会的"素材"和"资源"。可以说,个体社会互动的频率、范围和对象直接影响其获取默会素材的数量和质量。唐纳德·霍顿和理查德·沃尔认为,以收音机、电视和电影为代表的大众传媒,带给人一种与传媒中的人物(performer)形成面对面交往关系的幻觉(illusion),与他们形成一种准社会关系(para-social relationship),从而将互动关系延伸到世界事务的领导者、戏剧明星、虚拟角色甚至人格化的木偶等。这种准社会关系带来的准社会互动(para-social interaction)类同于并在很多方面类似于基本群体的社会互动,由此而形成的"准社会"成为常态社会的补充,它提供了一个社会环境,日常生活的设想、对基本群体互动与社交的理解,都可以在这里得到证实和确认。[2] 传媒的这种"准社会互动"功能,大大拓宽了受众互动的对象与范围,而传媒中的人物与角色很有可能成为受众模仿、移情和比对的对象,成为默契养成所需"语境"的有机组成部分。据此,传媒也可以借由特定的传媒人物或角色,赋予其特定的故事、观念与行为,促使公众在与之进行的准社会互动中养成特定的默契。

研究表明,新闻和其他的媒介内容(如自然纪录片)与公众关注环保议题、产生亲环境(pro-environmental)的态度和行为积极相关[3],"如果不同形式的电视节目能根据观众需求传递不同的环境信

---

[1] Sharon Dunwoody, "Scientists, Journalists, and the Meaning of Uncertainty", In Sharon M. Friedman, Sharon Dunwoody and Carol L. Rogers, eds. *Communication Uncertainty: Media Coverage of New and Controversial Science*, Mahwah: Lawrence Erlbaum Associates, 1999, pp. 59-79.

[2] Donald Horton and Richard Wohl, "Mass Communication and Para-Social Interaction: Observations on Intimacy at a Distance", *Psychiatry*, Vol. 19, No. 3, 1956.

[3] Xiaoquan Zhao, "Personal Values and Environmental Concern in China and the US: The Mediating Role of Informational Media Use", *Communication Monographs*, Vol. 79, No. 2, June 2012.

息，而在环境议题的讨论中能蕴含不同层次的议题，便可能会吸引不同的观众，也会带来不同的结果"①。所以，传媒要构筑有利于环境治理默契养成的语境，需尽可能地将参与文化、协商文化、环保文化等融入到各类传媒产品中，在合理排污、低碳环保、绿色消费等方面"用一个声音说话"（speak with one voice）。只有这样，才能既保证各类群体的传媒"接触点"构建的是大体一致的语境，又确保在整体上营造一个有利于环境治理默契养成的社会文化环境。一方面，兰斯·霍尔伯特等（R. Lance Holbert et al.）的研究表明，基于事实的电视节目（factual-based television）能带来亲环境行为。电视新闻的使用，哪怕只是对环境进行插话式的和过于戏剧性的报道，都能对促进人们循环利用、购买环保产品、在日常生活中更加节能等产生积极影响。② 所以，传媒在对环境污染、环境冲突、环境危机、生态风险等公共事务的报道中，需结合具体的环境事件与场景，选择适当的话语策略传递"人与自然是生命共同体""人与自然和谐共生"的价值尺度、共同参与治理的趋势、环境治理的目标、参与环境治理的原则与程序等内容，在周而复始的报道中为公众提供环境治理默契养成所需的知识和素材。前文讨论的传媒在培育环境公民、促进信息共享与流通、塑造"承认"话语秩序、推动讨论与协商、促使环境治理共识达成中的话语策略，均可灵活运用到具体的环境事件与场景中。另一方面，传媒还可通过自然纪实类节目/图片/报道等产品形式，以其特有的方式，如呈现未受人类影响的自然栖息地且强调长期保持这些环境的重要性，展现大自然的魅力且解说其如何经过长期进化而成，体现"全球视野，当地行动"且强调当地行动能影响遥远的栖息地③等，为环境治理默契的养成提供有别于环境公共议题报道的另一种语境，借由

---

① R. Lance Holbert, Nojin Kwak and Dhavan V. Shah, "Environmental Concern, Patterns of Television Viewing, and Pro-Environmental Behaviors: Integrating Models of Media Consumption and Effects", *Journal of Broadcasting & Electronic Media*, Vol. 47, No. 2, 2003.
② Ibid.
③ Ibid.

美好的自然画面和生态图景唤醒生态意识、培养生态情感、涵化生态文明观念。

三　娱乐教育：传媒营造绿色语境的重要策略

在阿尔温德·辛哈尔和埃弗雷特·罗杰斯（Arvind Singhal & Everett Rogers）看来，将娱乐和教育相结合的理念并不新，但有意识地在大众传播（尤其是电视、广播和电影）中使用娱乐教育却是一种新现象。诸如肥皂剧、摇滚音乐、故事片、脱口秀、卡通、漫画和戏剧都被运用到不同国家以促进信息教育问题。所谓娱乐教育（entertainment-education），是为了增加受众对一种教育性议题的知识、塑造倾向性的态度并改变外在的行为，而有意设计和实施兼顾娱乐和教育议题的媒介信息的过程。这种策略使用通用的娱乐吸引力来展现个体如何更安全、更健康和更快乐地生活。[①]"娱乐节目传播策略提供了一种克服娱乐退化和无聊教育节目的方法"[②]。自20世纪70年代开始，娱乐教育作为一种将教育性议题镶嵌于娱乐节目的传播策略，不断在不同的国家和地区得到推广，且实践的领域日渐广泛、议题日益丰富、目标更加多元、层次更具深度。托马斯·塔夫特（Thomas Tufte）概述性地描述了这一过程：娱乐教育作为一种用于发展项目的传播策略，在解决高血压、吸烟、疫苗推广、计划生育、艾滋病预防等健康议题中的运用得到了显著增长，也被越来越多地作为一种策略运用到环保、农村发展、解决冲突与和平建设等部门中；在战略层面，娱乐教育的目标也从推动个人行为改变拓展到支持社会变革，从增强社会动员扩展到号召公众参与

---

① Arvind Singhal and Everett Rogers, *Entertainment-Education: A Communication Strategy for Social Change*, Marwah: Lawrence Erlbaum Associates Publishers, 1999, p. xii.
② William J. Brown and Arvind Singhal, "Entertainment-Education Media Strategies for Social Change: Promises and Problems", In David Demers and K. Viswanath, eds. *Mass Media, Social Control and Social Change: a macrosocial perspective*, Ames: Iowa State Univenity Press, 1999, p. 265.

和为少数民族群体、边缘群体赋权以参加集体行动。① 在数字娱乐媒介流行和参与文化兴起的背景下，娱乐教育被界定为"一种基于理论的传播策略，它有目的地把教育性和社会性议题嵌入到娱乐节目的创作、生产、加工和传播的过程中，以期在预期的媒体用户群中实现期望的个人、社区、制度乃至社会的改变"②。不断发展中的"娱乐教育"关注的议题更广、实现的渠道更多、设定的目标更高、蕴含的参与性更强，但其策略性地运用通俗文化，将娱乐与教育相融合的内核一以贯之。基于中国公众的媒介接触偏好和娱乐教育独特的作用机制，娱乐教育是传媒营造绿色语境的重要策略，在促进环境治理默契养成中发挥着不可替代的作用。

从中国公众的媒介接触偏好看，娱乐教育所强调的镶嵌载体——以电视剧、电影为代表的娱乐节目，由于具有很强的"市场通用性"，以其蕴含的趣味性、娱乐性等元素超越了不同人群的兴趣差异，统合了一般大众的共同需求，成为中国大多数公众使用传媒的重要乃至关键"接触点"。全国电视观众抽样调查显示，除了影视剧外，省级卫视以综艺娱乐节目吸引观众；82.63%的被调查者最喜欢大陆电视剧。③ 80个城市的收视数据显示，观众平均每人每天收看电视剧51分钟。其中，45岁以上的各年龄段观众平均每天收看时间超过一个小时，而65岁及以上的老年人收看时间突破了84分钟。中低等学历比高学历者、低收入观众比高收入观众更偏爱看电视剧、收看时间更长。2012年，电视剧占中央级频道节目总播出量的12%，占省级卫视节目总播出量的37%，占地面频

---

① Thomas Tufte, "Entertainment-education in Development Communication: Between Marketing Behaviours and Empowering People", In Oscar Hemer and Thomas Tufte, eds. *Media & Glocal Change: Rethinking Communication for Development*, Buenos Aires: Clacso Books/Nordicom, 2005, pp. 159 – 174.

② Hua Wang and Arvind Singhal, "Entertainment-Education Through Digital Games", In Ute Ritterfeld, Michael Cody and Peter Vorderer, eds. *Serious Games: Mechanisms and Effects*, New York: Routledge, 2009, pp. 271 – 292.

③ 徐立军、王京：《2012年全国电视观众抽样调查分析报告》，《电视研究》2013年第2期。

道的24%，而电视剧的收视贡献占中央级频道收视量的15%，占省级卫视的45%，占地面频道的31%—32%。电视剧深具大众化基础，对省级卫视的收视贡献几乎占半壁江山。① 基于北京的收视数据分析，晚间黄金时段，电视剧的收视率高于除电影以外的所有节目类型；观众更偏好电视剧，且人口特征不影响该结论。② 可见，从公众的媒介接触偏好出发，传媒要有效地将关乎着环境治理默契养成的理念贴合到公众日常媒介使用所接触的"语境"中，就必须将其融入到各种娱乐类传媒产品中。

从娱乐教育的作用机制看，娱乐具有永久的（perennial）、无处不在的（pervasive）、流行的（popular）、个人的（personal）、愉悦的（pleasurable）、能打动人心的（persuasive）、富有情感的（passionate）、能盈利的（profitable）和可实践的（practical）特点，使其特别适合传播提供教育和推进发展目标的亲社会（pro-social）信息。③ 娱乐节目能有效地诱发积极情绪，而积极情绪的累积有助于个体形成积极的心理品质和增加行动的动力。所以，将低碳生活、绿色消费、绿色出行、合理排污等亲社会信息融入到娱乐类传媒产品中，能够诱发公众的积极情绪，让他们在放松的休闲状态中领悟、默会娱乐节目所倡导的理念，在愉悦的娱乐体验中逐渐养成环境治理所需要的默契。娱乐教育更重要的作用机制还在于，娱乐节目独特的叙事格式使观众一旦卷入到戏剧发生的世界里，就容易失去反驳故事所携带观点的动机，并减少对信息带有说服性本质的感知。同时，在经由准社会交往的过程后，观众对娱乐节目中人物角色的认同将增加其对观点的吸收而减少反驳，从而提高对节目中描

---

① 李红玲：《格局变幻 好剧维新——2012年我国电视剧市场年度盘点》，载崔保国编《2013年中国传媒发展报告》，社会科学文献出版社2013年版，第61—72页。

② 池建宇：《电视观众收视行为的经验分析——基于北京市电视收视市场》，《产业经济评论》2009年第3期。

③ 转引自 William J. Brown and Arvind Singhal, "Entertainment-Education Media Strategies for Social Change: Promises and Problems", In David Demers and K. Viswanath, eds. *Mass Media, Social Control and Social Change: A macrosocial perspective*, Ames: Iowa State Univenity Press, 1999, p. 265.

绘的价值观和信仰的接受程度。"当观众卷入到一个娱乐节目的戏剧性元素时，他们处于很少挑剔的状态，而更多地处于沉浸式的参与状态。所以，观众不太可能反驳植入的说服信息，使得该信息更容易去影响观众的信念、态度和行为。"① 这就意味着，传媒采用娱乐教育策略，将"人与自然和谐共生"的价值、生态文明观念、绿色消费理念、参与文化和协商文化等价值观和理念融入到娱乐类传媒产品中，能让公众沉浸在娱乐节目戏剧性的故事情节中消弭对这些价值观和理念的抵触心态，从而为环境治理默契养成提供最佳的默会语境。同时，节目角色的吸引力或相似性能增进激发效用和自我效能，使公众在与角色的准社会互动中增强环境公民身份认同和展开环境治理行动的动力。安东尼·莱丝洛威茨（Anthony A. Leiserowitz）的研究证实，电影《后天》②（The Day After Tomorrow）在观众对气候的风险感知、概念模型、行为意向、政策倡导甚至投票意向等方面都有显著影响。具体而言，电影使观众对全球变暖有着更高的关注与担忧，更有可能去估计气候变暖给美国带来的影响，对"气候系统"的概念理解转向"阈值模型"（threshold model）；还促使观众从事个人的、政治的和社会的行动以应对气候变化，认为全球变暖成为国家需要优先解决的问题，甚至还影响了选民的偏好。这说明，在大众文化中呈现环境风险能够影响公众的态度和行为。③

借鉴娱乐教育的实践经验，通过娱乐类传媒产品构筑有利于环境治理默契养成的语境，需把握以下要点：首先，希瑟·赫瑟等（Heather J. Hether et al.）的研究表明，较之单一故事情节给受众的

---

① Emily Moyer-Gusé, "Toward a Theory of Entertainment Persuasion: Explaining the Persuasive Effects of Entertainment-Education Messages", Communication Theory, Vol. 18, No. 3, 2008.

② 又译为《末日浩劫》，电影描绘的是温室效应带来的全球暖化给人类文明和社会生活带来的毁灭性灾难。

③ Anthony A. Leiserowitz, "Day After Tomorrow: Study of Climate Change Risk Perception", Environment: Science and Policy for Sustainable Development, Vol. 46, No. 9, April 2004.

知识、态度和行为带来的适度影响相比，多种故事情节能带来更好的效果。当观众在不同电视节目中看到相似主题的多个故事情节后，会带来累加效应。[1] 所以，需尽量运用电影、电视剧、流行音乐、动漫、综艺节目等娱乐类传媒产品，围绕着生态文明观念、参与理念等，多渠道地传播多样化的故事情节，力争在各种形式的传媒产品中形成大体一致的理念、传递大体一致的声音。其次，要将倡导的生态文明观念"巧妙地而不能明目张胆地通过可信的角色和地点融入到娱乐内容中，以产制出有价值导向的、道德连贯的和真实的"[2] 传媒产品。这意味着，必须真实而自然地将观念融入到娱乐类传媒产品中。要做到真实，就需保留原有产品的基本特征；要做到自然，就需将宏观抽象的生态文明观念、环保理念等派生出系列更加细化、具体的相关理念，如合理排污、低碳出行、绿色消费等，并根据娱乐产品的特征将其融入到可"准社会互动"的角色上去，进而转化为可模仿、可比对的行为。在这方面，米格尔·萨比多（Miguel Sabido）总结出将倡导的价值自然融入电视剧的方法：确定支持价值者（正面榜样）、反对价值者（负面榜样）、介于二者之间者（怀疑者）三类角色。其中，正面、负面榜样至少各四个：一个支持价值，另一个相反；一个促进价值，另一个相反；一个实践价值，另一个相反；一个验证价值的社会有效性，另一个相反。此外，至少有三个怀疑者，他们代表了目标受众中的不同群体：一个采纳剧中倡导价值的1/3，第二个采纳2/3，第三个一直持全盘否定的态度，往往最后受到了严厉惩罚。当第一个和第二个怀疑者逐渐按照剧中倡导价值改变态度和行为时，会在"收场白"中强化和阐明这种转变。同时，"收场白"大

---

[1] Heather J. Hether, Grace C. Huang, Vicki Beck, Sheila T. Murphy and Thomas W. Valente, "Entertainment-Education in a Media-Saturated Environment: Examining the Impact of Single and Multiple Exposures to Breast Cancer Storylines on Two Popular Medical Dramas", *Journal of Health Communication*, Vol. 13, No. 8, 2008.

[2] Arvind Singhal, Everett M. Rogers and William J. Brown, "Harnessing the Potential of Entertainment-Education Telenovelas", *International Communication Gazette*, Vol. 51, No. 1, 1993.

多将电视剧内容与观众的日常生活相联系，通常由受全国尊敬的人物来表达。① 再次，按照霍顿和沃尔的观点，观众能接受怎样的"准社会"角色或者说他们通过准社会互动能获得什么好处，与他们模拟的角色系统和日常生活中的社会地位相关。② 所以，需尊重并评估目标受众的需求，根据传媒产品的市场定位和受众的选择偏好，将生态文明的价值与观念、倡导参与的理念与文化融入到目标受众或偏爱或相关或与他们日常生活接近的人物角色中，并注重从公众的日常生活中寻找相关创作素材。譬如，在英国 BBC 著名的卡通节目《巴布工程师》（Bob the Builder）中，深受学龄前儿童喜爱的动画主角巴布被塑造为一个热爱环境的人物。在剧情设计上，从低龄儿童的理解和接受能力出发，没有设计曲折的情节和复杂的角色，故事中没有反面人物，而是将"垃圾减量、再利用、再回收""节约能源""与大自然合作""利用自然资源创造能量与动力""跟美丽乡间融为一体"等环保理念自然融入到巴布及其团队所发生的简单、清晰、有趣的故事情节中，并将这些理念具体细化为用废弃的易拉罐、旧轮胎砌墙，用破瓶子、旧玻璃融化变成的彩色玻璃做窗户，用小树枝编桌椅、文件柜，用旧竹子做水槽，用风、水、太阳制造能源等。同时，节目还通过巴布及其团队成员之口，将"资源回收再利用"等环保理念作为一种标志性口号，在恰当的场景中不断进行重复强化。此外，动画片还通过歌曲、问答等多种方式，将生态意识、环保知识与儿童的日常行为相勾连，直接邀请孩子们采取环保行为，以改善未来的环境。在讲述完巴布建造生态城镇的故事后，附了一首歌曲《从点滴做起，你可以做到》供孩子们一起歌唱：

---

① 综合自 Arvind Singhal, Everett M. Rogers and William J. Brown, "Harnessing the Potential of Entertainment-Education Telenovelas", *International Communication Gazette*, Vol. 51, No. 1, 1993.

② Donald Horton and Richard Wohl, "Mass Communication and Para-Social Interaction: Observations on Intimacy at a Distance", *Psychiatry*, Vol. 19, No. 3, 1956.

如果天空不复小鸟的踪迹,泥土上不现虎兽们的爪印,水面上没有了鱼儿摆尾带过的波纹,你会有何感觉?如果每个人都留给地球一片清净的空间,我可以肯定的是,我会和你一样,我们每个人都会拥有更加纯净的空气,可以张大嘴深深地呼吸。

【童声齐问】怎么了?

【歌曲继续】试着存些雨水。

【童声齐问】为什么?

【歌曲继续】这些水可以再利用。

【童声齐问】怎么使用?

【歌曲继续】用它来浇灌花朵和植被。

【童声齐问】什么时候行动呢?

【歌曲继续】每一天!仔细寻找看看,有些事情看起来虽小,但是它们有自己壮大的轨迹。

……①

可见,在《巴布工程师》中,环保理念的融入方式、简单清晰的情节设计、塑造的英雄式人物角色、恰当重复的标志性环保口号等都充分考虑了学龄前儿童的学习与接受特点。《巴布工程师》以娱乐教育的策略,为养成儿童的绿色价值观提供了基础性的素材与资源。巴布成为儿童们模仿、移情的对象,其示范性的环保经验使儿童逐渐获得自我效能感,在今后生活中遇到相似问题会通过储存的环保记忆模仿巴布的环保行为。

总之,在大力推进生态文明建设已成为中国基本政治共识的背景下,传媒从构建环境治理默契养成的语境入手,通过将关乎着环境治理默契养成的文化、理念和价值融入到各类传媒产品中,整体上为公众营造一个有利于环境治理默契养成的绿色语境。传媒尤其要注重采

---

① Sanna Inthorn and Michael Reder, "Discourses of Environmental Citizenship: How Television Teaches us to be Green", *International Journal of Media & Cultural Politics*, Vol. 7, No. 1, 2011.

用娱乐教育策略，让公众在对娱乐节目的沉浸式参与中将低碳环保、绿色消费等理念"内化于心"，固化为主观世界中的绿色秩序，进而"外化于行"，形成低碳、绿色的生活方式与行为习惯，从而逐渐具备环境治理所需要的默契。

第五章

结语：中国传媒"公共性"的制度想象

> 如同在其他领域一样，传媒领域的政策制定通常以"公共利益"（public interest）这一概念为指导原则，而民主国家被认为应当代表其公民追求公共利益。一般而言，公共利益是能够影响整个社会（或社会中若干部分）的事，而非仅与个体相关或受其影响的事。[①]
>
> ——简·冯·库伦伯格、丹尼斯·麦奎尔
> （Jan van Cuilenburg & Denis McQuail）

本书不纠缠于环境治理的障碍，而是基于"策略—关系"的分析路径，将传媒设置为行动者，在现有的结构和制度中寻求缝隙与机会，以其能动的话语策略促使环境治理网络生成和共同环境治理行动产生，蕴含着强烈的公共性指向，在一定程度上具有"自下而上"的、"发现新的时空路径和组织方式"[②]的、非常规实践的特征。一方面，中国传媒制度变迁中具有的"诱致性制度变迁"的特征表明，传媒的非常规实践不但能在相当程度上拓展传媒的运作空间，而且也能在一定程度上逐渐推动传媒乃至其他领域的制度变

[①] Jan van Cuilenburg and Denis McQuail, "Media Policy Paradigm Shifts: Towards a New Communications Policy Paradigm", *European Journal of Communication*, Vol. 18, No. 2, June 2003.

[②] 张兆曙：《非常规行动与社会变迁：一个社会学的新概念与新论题》，《社会学研究》2008 年第 3 期。

迁。另一方面，根据经济学者韦森的观点，除社会博弈外，"大量制度和法律规则是学者们、立法者们和政府决策者们在综合考虑多方面意见和可能影响下理性制定出来的"①。传媒的非常规实践要不断深化乃至常态化，需要得到"自上而下"的传媒制度支持，需考虑"多方面意见和可能影响"对传媒制度予以理性设计。那么，传媒在环境治理中的非常规实践可能会带来怎样的制度变迁？又或需要怎样理性的制度设计来支撑传媒的这种非常规实践？试对其予以适当想象。

第一节 传媒制度设计：增强公共利益取向

尽管"公共利益"是一个饱受争议的概念，但大多学者仍强调将公共利益视为设计传媒政策的指导原则。库伦伯格和麦奎尔强调，"如同在其他领域一样，传媒领域的政策制定通常以'公共利益'这一概念为指导原则，而民主国家被认为应当代表其公民追求公共利益"②；李良荣也强调，传媒业的制度创新必须确立一个原则：公共利益至上；公共利益至上应该成为制度创新的指导思想。③

那么，什么是公共利益？丹尼斯·麦奎尔归纳了公共利益组成和内容确立的主要方式：一是"多数主义"的观点，认为问题的解决应该参阅大众投票。就媒体而言，倾向于把公众利益同"给予公众所想要的"相等同，来迎合媒介市场中大多数消费者的需求。二是"单一论"或"绝对论"，与"多数主义"观点相对，认为公共利益的决定要参阅某一占统治地位的价值观或意识形态。其极端之处在于导致在一种家长式或父权主义的体系中，由监护人或专家来决定

---

① 汪丁丁、韦森、姚洋：《制度经济学三人谈》，北京大学出版社2005年版，第192页。

② Jan van Cuilenburg and Denis McQuail, "Media Policy Paradigm Shifts: Towards a New Communications Policy Paradigm", *European Journal of Communication*, Vol. 18, No. 2, June 2003.

③ 李良荣、张春华：《论知情权与表达权——兼论中国新一轮新闻改革》，《现代传播》2008年第4期。

"什么是有益的"。三是一边依赖辩论和民主决策,一边以特定情形下司法对什么是或者什么不是公共利益的暂时性决断。此外,"在公共利益的自由市场观点和家长式模式之间,还有其他的观点,不过它们都没有提供清楚的指南"[1]。可见,公共利益具有较大的模糊性、随意性乃至功利性,"就像一把大伞,涵盖了各种各样的定义与立场"[2],使其内涵不断随着环境、目标、使用者、技术的变化而改变,给假借公共利益之名合法化自身利益留存了很大空间。诚如有学者所批判的,"在中国,弱势群体的利益常常被等同于公共利益,或者多数人的利益就是公共利益,或者政府、政府部门所代表的就是公共利益。这些界定都有失偏颇,因而导致具体的政策实施、机构运作出现了诸多问题"[3]。对此,夏倩芳认为,"如何界定公共利益,往往依据界定者更偏向哪个因素",并从公众的立场出发,同意帕特里夏·奥夫德海德(Patricia Aufderheide)对于公共利益的界定:公共利益就是公众的利益,"传播的公共利益,就应该是媒介允许并鼓励、提升公众的参与和表达,塑造产业和政府以外的自治空间。也可以被称为孕育公共生活、鼓励公共空间、提升公民文化"[4]。在中国的环境治理中,将传媒设置为行动者,强调其在现有的结构和制度的缝隙之间,以能动的话语策略培育环境公民的身份认同、涵养环境公民的治理能力、促进环境信息共享与流通、搭建环境治理主体的协商平台、构建环境治理网络的监督约束机制、产制环境治理网络所需的舆论资源、塑造承认的话语秩序、促使环境治理共识达成和环境治理默契养成,无疑具有强烈的公共利益取向。

制度保障对传媒实现公共利益的重要性不言而喻。对此,美国公

---

[1] [荷]丹尼斯·麦奎尔:《麦奎尔大众传播理论》(第五版),崔保国等译,清华大学出版社2010年版,第134页。

[2] [加]文森特·莫斯可:《传播政治经济学》,胡正荣等译,华夏出版社2000年版,第164页。

[3] 张春华:《传媒体制、媒体社会责任与公共利益——基于美国广播电视体制变迁的反思》,《国际新闻界》2011年第3期。

[4] 夏倩芳:《公共利益界定与广播电视规制——以美国为例》,《新闻与传播研究》2005年第1期。

民媒介改革者在争取公共利益的过程中有深切体会,"新闻记者个体的专业理念、敬业精神和职业道德不能从根本上解决问题",而需要通过制度设计明确新闻界的公共利益义务和形成有利于总体实现公共利益的媒介结构。① 那么,保障公共利益的传媒政策又是怎样的?麦奎尔认为,"在媒介政治、法律与规范的实践上,除了不对社会造成伤害的最低要求外",还需达到这样一些标准和要求:出版自由;媒介所有权的多元化;信息、观点和文化的多样性;对公共秩序和国家安全的支持;广泛的(近乎普遍的)覆盖范围;公众可以获得的高质量的信息和文化;对民主政治体系(公共空间)的充分支持;对个人和普遍人权的尊重;避免对社会和个人造成伤害和侵犯。② 可以说,这些标准和要求是对西方民主国家的传媒结构及媒介行为的"规范性期望",也是公众为之努力与博弈的"理想类型"。中国的传媒制度安排无疑需要符合中国的语境,但对要在环境治理中持续出场的中国传媒而言,如何在制度层面保障传媒能够自主地获取与传播环境信息,构建一个信息透明、传播通畅的信息环境,从而为环保组织、公众参与环境治理和优化决策提供基本保障;如何在制度层面保障公众能够平等地近用传媒,使之成为公众多元意见表达、相互沟通与协商的平台;如何在制度层面保障传媒能够更多地基于公共利益的原则,努力培育环境公民、协商文化与绿色文化……这些都是中国传媒制度调整需要考虑的问题。

制度是人们在由规章(rules)、规范(norms)、共享策略(shared strategies)以及客观世界所构建环境中的行为的持续规则(enduring regularities),而规章、规范和共享策略是人们在频繁发生或重复情境的互动中被制定和再造出来的。③ "制度作为共有理念的

---

① 单波、刘学:《当前美国媒介改革运动的民主路径、精神实质及其问题》,《中国传媒报告》2007年第3期。
② [荷]丹尼斯·麦奎尔:《麦奎尔大众传播理论》(第五版),崔保国等译,清华大学出版社2010年版,第134—135页。
③ Sue E. S. Crawford and Elinor Ostrom, "A Grammar of Institutions", *American Political Science Review*, Vol. 89, No. 3, September 1995.

自我维系系统，其实质是对博弈均衡的扼要表征或信息浓缩，它作为许多可能的表征形式之一起着协调参与人理念的作用。"① 可见，制度虽外显为协调、约束和规范社会各阶层行为的静态准则，但实际上是博弈参与人之间策略互动、讨价还价和追求平衡的结果。韦森将这一过程具体化为"人们通过社会博弈产生出秩序，也就是习俗，然后通过维持习俗秩序而慢慢使它变成一种非正式的约束及惯例，再通过惯例升华或者上升到法律制度"②，并认为这是制度的自发生成路径，构成了法律制度的现实基础。

传媒制度作为制度的一种，无疑也是各方不断博弈的结果，不同国家及国家的不同阶段，因政治、经济、文化结构的差异导致参与博弈的主体及各方博弈力量对比有别，最终产生了不同的传媒制度。中国的传媒制度是在党和政府的主导下起步的，"1978 年以来中国媒介制度变迁（媒介市场化）过程中，一个明显的特征即政府主导"③，"中国传媒制度变迁在总体上是由国家作为制度主体进行制度选择和制度变革，国家在制度变迁的路径选择、制度变迁推进的次序与时机的权衡中起到决定性作用，扮演着'制度决定者'的角色，是制度供给的主要来源"④。除了自上而下的制度安排外，以创新集团、传媒为代表的经济力量虽然逐渐成长为传媒制度调整的博弈主体，但政府仍在这种自下而上的渐进式传媒制度改革中充当着"把控者"角色。在党和政府主导设计的传媒制度中，"社会效益"也得到了不断强调，且在文化体制改革中将文化单位区分为公益性文化事业和经营性文化产业⑤，为更好地实现"社会效益"进行传媒结构调整提供了

---

① 〔日〕青木昌彦：《什么是制度？我们如何理解制度？》，《经济社会体制比较》2000 年第 6 期。
② 汪丁丁、韦森、姚洋：《制度经济学三人谈》，北京大学出版社 2005 年版，第 192 页。
③ 潘祥辉：《中国媒介制度变迁的演化机制研究》，博士学位论文，浙江大学，2008 年，第 106 页。
④ 周劲：《转型期中国传媒制度变迁的经济学分析——以报业改革为案例》，《现代传播》2005 年第 2 期。
⑤ 公益性文化事业由政府主导，主要强调社会效益；经营性文化产业由市场主导，在强调社会效益的前提下，努力做到社会效益和经济效益相统一。

制度支持。然而,"社会效益"本身具有多面性、模糊性等特征,加之传媒制度对其缺乏科学、可行的操作细则、评价体系和保障制度,大多只是宏观层面的义务性规定,给各利益主体基于自己的立场和利益对其予以弹性界定留存了空间,使得社会效益、公共利益在具体实践中常常被漠视,甚至成为各利益主体攫取、维护自身利益的功利性工具。诚如有学者所批判的:"某些媒体主管部门表面上在执行中央的政策,实际上是为本部门的利益而战,中国的媒介规制就像一块橡皮泥,需要什么样子就可以捏成什么形状,需要怎么解释就可作出相应解释……中国的媒介规制成了'可以随意打扮的小姑娘'。在很多时候,当某一部门为获取自身利益的时候,总能找到意识形态上的一个堂而皇之的尚方宝剑:诸如信息安全、舆论导向之类。明眼人都看得出这里指出的是一种打着'红旗'的伪社会效益……"[①]

制度实际是博弈均衡的产物,有学者考察中国媒介制度的变迁后认为,"从历史制度主义对制度变迁的分析来看,媒介及其制度安排本来就是博弈或说操纵的结果,出现什么样的制度安排很大程度上由博弈格局所决定,行动主体之间的力量对比决定了这种格局"[②]。那么,如何改变既存的博弈格局?杰泽·马蒂和凯勒·兰迪(Jezer Marty & Kehler Randy)提出,在商业化媒介强力驱动传媒政策制定的情况下,只有公众广泛参与才能引起政治家关注媒介管理的问题。[③]这意味着,传媒制度设计要增强公共利益取向,就需要更多公众参与到制度的设计当中,使之成为传媒制度的博弈主体。"阅听大众是一种平衡的力量,可来决定传播的制度与对他们所提供的服务。"[④] 公众作为公共利益的争取者与捍卫者,只有真正成长为传媒

---

① 喻国明、苏林森:《中国媒介规制的发展、问题与未来方向》,《现代传播》2010年第1期。

② 潘祥辉:《中国媒介制度变迁的演化机制研究》,博士学位论文,浙江大学,2008年,第184页。

③ Jezer Marty and Kehler Randy, "Building a Democracy Movement: People or Corporations?", *Social Policy*, Vol. 26, No. 1, September 1995.

④ [美]韦尔伯·施拉姆:《大众传播事业的责任》,载张国良编《20世纪传播学经典文本》,复旦大学出版社2003年版,第304页。

制度安排的博弈主体，才能增强公共利益取向的博弈力量，不断改变传媒制度安排的博弈格局，从而确保公共利益在传媒制度设计中不被漠视。应该看到，中国传媒在推动环境治理的过程中，也在不断培育着公民的权利意识、参与能力、公共精神与公共理性，从而为公众参与传媒制度设计培育着参与主体。

需说明的是，强调公众参与传媒制度设计并非低估，更非否认"理性设计"的作用。公众参与传媒制度设计的过程，本身就是一个公众利益表达的过程，少则为理性设计者们提供来自公众的"意见"和"影响"，为理性设计更多地考虑公共利益提供现实来源；多则通过各种途径的参与和博弈影响并改变传媒制度的博弈格局，使其转向新的更多纳入公共利益的博弈均衡。

第二节　传媒结构调整：建构公众的传播空间

传媒在中国环境治理中出场，无论是提供参与渠道、建构表达空间，还是产制舆论资源、搭建协商平台，抑或是塑造承认的话语秩序、促使环境治理共识达成，为公众提供传播空间是其能动策略的要义所在。固然，从理想状态出发，企盼中国所有传媒都能担负使命，参与其中，而市场的拉力、新媒体的倒逼也能在相当程度上驱使传媒在环境治理中"出场"，并不断响应公众的传播诉求。然而，也应看到，部分传媒尤其是深嵌于地方利益集团权力网络中的地方传媒，对公共利益的漠视并非总是主观上有意为之，也有可能是在政治、市场与资本逻辑下的一种集体自然选择。所以，为了避免对传媒的企盼与期望陷入一厢情愿、缘木求鱼式的境地，也为了公众能通过持续"发声"不断参与到环境治理中，系统构建公众的传播空间实属必要。

从20世纪90年代中期开始，中国的传媒结构调整主要按照文化体制改革"两分开"的制度设计，沿着两条主线进行：一条是着眼于做大做强传媒产业，重视甚至凸显传媒的产业属性，突破一元化的传媒体系并从中剥离传媒的经营部分及商业性传媒，走上集团化、集约化、专业化和跨域扩张之路，通过适度集中，实现传媒"从扩大规模数量为主向提高质量效益为主转变"①。另一条是着眼于更好地发挥传媒的宣传职能和喉舌功能，继续强调传媒的意识形态属性，同时针对"一些单位出版、刊载、播出格调低下、内容不健康甚至有严重政治问题的作品和节目"等问题，通过传媒结构调整和治理，将县广播电台、电视台、有线电视台合并为一个播出实体，"主要转播中央和省的广播电视节目"②，以确保中央和各省的政策精神得以顺畅传通。另外，在传媒专业化之路上，也确实出现了谓之"公共"的频道，然而大多只是徒有其名：一方面，相当数量的公共频道是在"推进我国广播影视管理体制，向中央和省两级管理、地市以下实行由省垂直管理的方向发展"③的调整方案中，根据广电总局要求的"凡已经实行有线电视联网的省（区、市），要积极创造条件，由省有线广播电视台在现有频道中改办一个频道为公共电视频道，统一将节目提供给本省（区、市）各县（市）广播电视台，同时在公共频道中留出一定的时段供各县市广播电视台播放当地的新闻和专题节目"④而设置，所以只能算是各县（市）的共用频道，而非代表公共利益、实现公众近用的频道。另一方面，初衷旨在打造真正公共空间的公共频道，也是在频道专业化的背景下出现的，由于没有建立相应的盈利模式或者财政补贴机制，致使其需要从市场中寻找资源补给，不得不按照大众化媒体的盈利模式来维持生存，很难持续为继"公共"之实！所以，尽管中国的传媒结构不断突破着既存的一元化传媒体系，但这种突破是有限度的、局部的，它只是在原有体系中增量了"产业""商业"的内容，很少给公众建构出足够而顺畅的传播空间。

---

① 《中共中央办公厅、国务院办公厅关于加强新闻出版广播电视业治理的通知》（中办厅字〔1996〕37号），1996年12月14日。
② 同上。
③ 国家广播电影电视总局：《2000年广播电影电视工作要点》，2000年。
④ 《关于进一步推进广播电视播出机构治理工作的意见》（广发社字〔1999〕174号），1999年4月6日。

针对公共传媒缺位、公众表达空间不足的现状，国内一直有学者呼吁调整传媒结构。罗以澄、吕尚彬提出，"有必要明确公共新闻机构与商业新闻机构、宣传新闻机构的不同定位"，需构建多元的报纸身份与功能：宣传类报纸重在宣传角色的承担，商业类报纸侧重文化娱乐功能的承担，公共类报纸重在社会信息的发布和社会整合、公民知情权的满足。[①] 李良荣提出，大众传媒业应一分为三：纯粹的公益性事业单位，是党和政府的喉舌；纯粹经营性企业单位，基本方针是市场取向，自主经营、自负盈亏、独立负责；事业性经营单位，坚持"事业性质、企业化经营"。[②] 与此类似，张立伟、杨飚在文化体制改革一分为二的基础上，提出了一分为三：公益性（非经营事业），为社会提供公益服务；准公益性（经营性事业）；商业性（经营性产业）。[③] 可见，尽管学者们的调整思路和建构路径有所不同，但都强调公众在传媒体系中应有自己的传播空间，应建构公共性质的、公益性的传媒。基于学者既有的调整思路，从公众通过持续"发声"不断参与环境治理的目标出发，确有必要在传媒体系"一分为二"的基础上为公众系统建构传播空间。这个空间主要通过公共媒体和社区媒体来实现。

公共媒体，是以公共利益为导向、以全体公众为服务对象的传媒，非商业、全民服务、高品质是其核心要素。根据国际学者的总结，公共服务广播（public service broadcasting）具有如下特征，"全国性公共服务广播电视机构的地位应该由法律赋予。应规定编辑的独立性，免受政治和商业干扰，全国公共服务广播者的职责是为所属领土和人口提供符合公共利益的服务，应该提供广泛的、富有创意和高质量的节目，还要兼顾民族、文化、宗教和地区的多样性。由独立的

[①] 罗以澄、吕尚彬：《渐进式改革背景下的中国报纸角色转型过程分析》，载戴元光编《全球传播前沿对话》，上海交通大学出版社2010年版，第169页。

[②] 李良荣：《从单元走向多元——中国传媒业的结构调整和结构转型》，《新闻大学》2006年第2期。

[③] 张立伟、杨飚：《广播电视事业与产业的关系新探》，《中国广播电视学刊》2005年第10期。

机构进行管理。基本由公共资金支持,如此等等。"① 以公共媒体的这些特征作为观照点,传媒在环境治理中的话语策略有着强烈的公共利益取向,这就决定了无须介入市场、为全体公众服务、强调高品质的公共媒体,是这些话语策略最有力、最有效和最持续的践行者。甚至可以说,只有公共媒体才可能在环境治理中毫无负担地持续出场。所以,构建中国的公共媒体,是传媒在环境治理中持续、有效出场的重要条件。

社区媒体,是一种强调多元化、地方性、草根性和公众近用的传媒。对于社区媒体中的关键概念"社区",冯建三认为,"一方面,'社区'的诉求与地域或种族系出同源,都是起自地理空间……社区另一个常见的指涉是有别于国家等想象的空间,它强调了地方人士'互动'的可能性较高"②。基于此,广义的社区媒体概念往往超越了地域和社群的限制,国际传媒与传播研究协会将其视为"存在于国家和市场之外的媒介传播领域(通常是非政府和非营利的),但同时可能与国家和市场发生互动……"③ 与公共媒体相比,构建社区媒体的价值在于其能扎根社区,能在微观的实践层面为公众尤其是弱势群体赋权,为他们提供接近、直接使用传媒的机会,公众据此实现自主发声,并可借助这一平台进行讨论与协商。同时,公众也得以在微观、具体的参与中不断涵养公共理性和参与能力,从而在参与中学会"参与"。一言以蔽之,如果说公共媒体更多地强调产制高品质、普遍服务的"公共"内容,那么社区媒体则更多地具有"公用"的特征,传播主体和产制的内容更具草根性,更具表达、参与、对话的风格。传媒要在促进公众参与中培育环境公民身份认同和治理能力,要为公众广泛地搭建平等而开放的对话协商平台,都可依托社区媒体而

---

① 郭镇之:《中国的人民广播和世界的公共广播——数字时代中国公共频道的展望》,《国际新闻界》2009 年第 6 期。
② 敦诚(冯建三笔名):《资本总动员下的地方媒体:小区文化的修辞不敌政经逻辑》,《当代》1995 年第 10 期。
③ 转引自李艳红《传媒产制的"第三部门":北美和澳大利亚社区媒体的实践、制度及民主价值》,《开放时代》2009 年第 8 期。

实现。事实上，社区媒体在一些国家比较活跃：美国提供给公众近用的频道占整个有线电视频道的16.5%；澳大利亚2007年有361家社区无线电广播执照、79家原住民社区电视执照和6家社区电视台；加拿大的社区电台在原住民社区非常活跃。[①] 不同国家的社区媒体尽管功能诉求的重点有别、身份和发展水平有异，但都具有较强的地方性、多元化、草根性和近用的特征，都在主流传播体系外构筑了属于公众的传播空间。

在中国，虽也有谓之为"社区报"的媒体，但大多"冠以'社区报'之名，却行'都市报'之实"[②]，与真正意义上的社区媒体相去甚远。具体而言，中国的社区报要么冠以"社区报"之名，实际却企图做大做强为一张都市报，要么是城市日报尤其是都市报在同质化竞争日益惨烈的情况下，以"社区"这一地理变量细分市场的产物，旨在为特定社区提供相关性较强的新闻和服务来拓展市场。这些社区报并非应公众媒介近用的需求而生，而是市场逻辑主导的产物，虽然能在一定程度上为公众开辟有限的表达空间，但其去留及内容产制均由经济绩效所决定，远离了社区媒体的公众近用特征。

事实上，中国的社区媒体并非遥不可及，随着社区建设的持续升温和公众传播诉求的日益觉醒，一些社区媒体的雏形正在探索中形成。北京出现了街道联合社会力量创办、仅面向某一具体街道发行的"街道小报"。对于创办"街道小报"的初衷，《人文月坛》的创办者李红兵如此谈道，最开始是街道工作者需要一个媒体把政府的政策传达给老百姓，之后是想利用它更多地为老年人、特殊群体、弱势群体提供服务，用来"传递信息、表达心声、沟通情感"；可以"方便百姓生活"，也可以"成为政府与社会、政府与群众、群众与社会、群众与群众之间相互沟通的平台"。目前，这样的"街道小报"在北京有50多张，主要由政府部门出资，不少"小报"吸纳社会力量承

---

① 李艳红：《传媒产制的"第三部门"：北美和澳大利亚社区媒体的实践、制度及民主价值》，《开放时代》2009年第8期。
② 《传媒》编辑部：《社区报前途几何？》，《传媒》2012年第6期。

接具体新闻业务。① 诚然，这样的"街道小报"与完全意义上的社区媒体尚存差距，其身份与相应政策②尚不明朗，但其在探索过程中所强调的"媒体真正的主体是在这个区域生活和工作的人""搭建一个自然人和法人、信息和情感交流的平台""积极吸纳社区自己的居民参与办报"③ 等理念，已部分具备了社区媒体的特征，其经费来源、办报模式也比较符合中国当下的语境，在一定程度上为中国社区媒体的成长孵化着希望。

第三节　传媒调控机制：导入公众力量

传媒调控机制是各调控主体依照自身的目的和要求，利用各种手段在对传媒行为进行强制性或非强制性管理与约束的过程中，互相调节、促进而构建起的规范体系。④ 传媒的调控主体是多元的，包含国家、政党、社会集团、行业组织、公众等在内，相互之间构成一种冲突而协作的关系。

施拉姆曾言，"大众传播事业的责任问题，乃是媒体、政府与大众三种力量间的微妙平衡关系。完成传播方面所必须完成的主要责任在于媒体，基本义务则属公众"⑤。哈钦斯委员会的报告也强调，更多的法律或政府行为并不能解决新闻界的根本问题，而应"主要依靠动员社会因素——而不是通过政府渠道——直接作用于新闻界"⑥。

---

① 参见彭波、王聪盈《一个社区报实践者的心声》，《传媒》2012 年第 6 期。
② "街道小报"没有真正的身份，作为一个内部刊物，在政策上不允许进入社会流通和运营；没有广告，缺乏自我成长和运转的良好机制。目前的资金来源只能更多地依靠政府拨款，会受到地方财力的制约。参见彭波、王聪盈《一个社区报实践者的心声》，《传媒》2012 年第 6 期。
③ 彭波、王聪盈：《一个社区报实践者的心声》，《传媒》2012 年第 6 期。
④ 余丽丽：《社会转型与媒介的社会控制——透视中国传媒调控机制嬗变的动因、轨迹与逻辑》，博士学位论文，复旦大学，2003 年，第 8 页。
⑤ ［美］韦尔伯·施拉姆：《大众传播事业的责任》，载张国良编《20 世纪传播学经典文本》，复旦大学出版社 2003 年版，第 312 页。
⑥ ［美］新闻自由委员会：《一个自由而负责的新闻界》，展江等译，中国人民大学出版社 2004 年版，第 50—51 页。

在施拉姆和哈钦斯委员会的眼里，要鼓励或督促传媒做负责任的事情，使之追求并实现公共利益的最大化，不能单靠政府管理，还需要导入公众的力量，使来自公众的社会评价和监督成为传媒调控机制的重要组成部分，与政府一起成为传媒"公共性"的形塑力量。

实事求是地说，中国公众在传媒调控机制中基本是缺席的，即使零星有之，也大多处于无力状态。诚然，传媒的市场化生存使得作为消费者的公众手中都"掌握一张王牌"，决定自己是否愿意"参加牌局"，即施拉姆所说的，"用订阅、收看和收听与否，来表示我们对某一媒体的支持或反对"[①]。这种通过消费行为来影响并牵制传媒的品位与格调，固然能起到一定的作用。然而，对于公众而言，这仅仅只是一种消极、被动的影响方式，拥有的只是"走或留下来"的唯一"王牌"，很难谈得上是对传媒积极有效的调控。这正如有学者所揭示的，"除了商业化的媒体为了追求经济利益而一味迎合受众之外，受众在媒介及媒介从业人员的职业活动中的约束力是相当有限的"[②]。另外，需提及的是，中华全国新闻工作者协会曾于1997年发布了《关于建立新闻工作者接受社会监督制度的公告》，力求建立新闻工作者接受社会监督的制度，并专门设立了投诉电话。近年来，相关部门也通过征集、招聘"社会监督员""媒体义务监督员"等方式将社会各阶层公众纳入监督传媒的网络，借助公众力量加大监督力度。应该说，较之原来完全封闭的监管模式，这在一定程度上增添了公共元素，具有积极意义。然而，这种监督网络更多是行政力量改善与提升管理传媒手段的产物，而公众的评价与监督并没有成为独立的力量。就公众对中国传媒的评价与监督状况，有学者曾评价道："目前我国的媒介批评依然还处在起步和初始的阶段，社会与公众对其认识还相当不足，从一定意义上它还只是一种囿于学者书斋里的'高

---

① [美]韦尔伯·施拉姆：《大众传播事业的责任》，载张国良编《20世纪传播学经典文本》，复旦大学出版社2003年版，第307页。
② 罗以澄、侯迎忠：《新闻记者的角色冲突与道德失范——兼论记者的职业责任与社会责任》，《武汉大学学报》（人文科学版）2006年第2期。

雅理论',是精英人物手中的一支待射……"①

在传媒调控机制中导入公众力量,除了前面所言的公众参与传媒制度设计外,还需包括在微观层面评价与监督传媒的产品和行为。施拉姆强调,"大众的基本责任,是运用一切可能性,使自己成为机警而又有鉴别能力的阅听大众",要"注意媒体的表现,而且还要敢于发言,把他们的需要与判断反映出来";"大众有责任把他们自己变成为积极而又有识别力的阅听人,把他们的需要告诉媒体,并帮助媒体来满足这些需要。换言之,他们是形成社会所需的那种传播制度的一个合伙人"②。可见,公众"机警而又有鉴别能力"、具有积极主动参与的热情,是将其纳入传媒调控机制的基本起点。可想象的是,公众借由参与环境治理而实现在参与中逐渐成长,其在获得环境公民身份的过程中不断具备的公共精神、公共理性和参与能力,将使之日益具备参与传媒调控的能力。

施拉姆还强调,公众往往通过媒介监督组织来实现对传媒的评价与监督。这些媒介监督组织需要:(1)代表整个阅听大众的利益,这与代表某一团体的特殊利益实有其分别;(2)为全体大众发言,不如此,大众无法以个人立场陈述意见;(3)观察媒体的各种行为,并从大众的需要与利益着眼,对上述表现加以考量;(4)向媒体与大众双方面提出报告,作为二者之间的联系。③ 国外的媒介监督组织在评价、监督传媒的过程中强调:需要以深厚的媒介批判理论为基础;以有具体资料的研究结果作为监督的利器;强调合作、共同进行媒介监督;积极进行媒介素养教育和鼓励公众积极参与监督;掌握各式发声通道;等等④。可见,公众通过媒介监督组织参与评价、监督传媒,是一种极其重要且有力量的参与方式。在中国的语境下,构建

---

① 郑保卫:《当前中国媒介批评的几个问题》,《现代传播》2010 年第 4 期。
② [美] 韦尔伯·施拉姆:《大众传播事业的责任》,载张国良编《20 世纪传播学经典文本》,复旦大学出版社 2003 年版,第 305、287、312—313 页。
③ 同上书,第 310—311 页。
④ 萧苹:《介绍国外媒体监督组织 FAIR 和 Media Watch》,《新闻学研究》(台湾) 1999 年总第 60 期。

类似的媒介监督组织，无疑是将公众形塑传媒公共性的力量发挥到极致的必要条件。

最后，需强调的是，作为一种适当的制度想象，难免会在很大程度上有脱离现实语境的理想成分，更不意味着传媒在环境治理中的非常规实践一定能带来这样的传媒制度变迁。然而，传媒的公共性在环境治理领域抑或其他领域的不断彰显与实现，传媒在环境治理中的非常规实践要不断深化乃至常态化，又确实需要逐渐具备这样的传媒制度，而传媒零碎的、边缘突破式的非常规实践也可能会为这种传媒制度的形成慢慢创造条件。

参考文献

中文部分

1. 专著

阿克塞尔·霍耐特：《为承认而斗争》，胡继华译，上海人民出版社2005年版。

阿诺德·汤因比：《人类与大地母亲：一部叙事体世界历史》，徐波等译，上海人民出版社2001年版。

埃弗雷特·M. 罗杰斯：《创新的扩散》，辛欣译，中央编译出版社2002年版。

艾尔东·莫里斯、卡洛尔·麦克拉吉·缪勒编：《社会运动理论的前沿领域》，刘能译，北京大学出版社2002年版。

白志鹏、王珺编：《环境管理学》，化学工业出版社2007年版。

彼得·什托姆普卡：《信任：一种社会学理论》，程胜利译，中华书局2005年版。

布赖恩·特纳：《公民身份与社会理论》，郭忠华、蒋红军译，吉林出版集团有限责任公司2007年版。

查尔斯·泰勒：《承认的政治》，载汪晖、陈燕谷编《文化与公共性》，三联书店1998年版。

陈力丹：《舆论学：舆论导向研究》，中国广播电视出版社1999年版。

陈堂发：《新闻媒体与微观政治：传媒在政府政策过程中的作用研究》，复旦大学出版社2008年版。

陈振明：《公共管理学——一种不同于传统行政学的研究途径》，中国人民大学出版社 2003 年版。

戴佳、曾繁旭：《环境传播：议题、风险与行动》，清华大学出版社 2016 年版。

戴维·赫尔德：《民主的模式》，燕继荣等译，中央编译出版社 2004 年版。

戴元光编：《全球传播前沿对话》，上海交通大学出版社 2010 年版。

丹尼尔·A. 科尔曼：《生态政治：建设一个绿色社会》，梅俊杰译，上海译文出版社 2002 年版。

丹尼斯·麦奎尔：《麦奎尔大众传播理论》（第五版），崔保国等译，清华大学出版社 2010 年版。

德弗勒、洛基奇：《大众传播学理论》，杜力平译，台北：五南图书出版有限公司 1991 年版。

德里克·希特：《何谓公民身份》，郭忠华译，吉林出版集团有限责任公司 2007 年版。

邓小平：《邓小平文选》（1975—1982），人民出版社 1983 年版。

邓小昭等：《信息管理研究方法》，科学出版社 2007 年版。

盖伊·塔奇曼：《做新闻》，华夏出版社 2008 年版。

高芳芳：《环境传播：媒介、公众与社会》，浙江大学出版社 2016 年版。

光复书局《大美百科全书》编辑部：《大美百科全书》（7），台北：光复书局企业股份有限公司 1991 年版。

国家环境保护总局宣传教育司编：《环境宣传教育文献汇编》（2001—2005 年），中国环境科学出版社 2006 年版。

汉诺·哈特：《传播学批判研究：美国的传播、历史和理论》，何道宽译，北京大学出版社 2008 年版。

赫伯特·席勒：《大众传播与美利坚帝国》，刘晓红译，上海译文出版社 2006 年版。

黑格尔：《精神现象学》（上卷），贺麟等译，商务印书馆 1979 年版。

黄旦：《新闻传播学》，杭州大学出版社 1997 年版。

黄浩荣：《公共新闻学：审议民主的观点》，台北：巨流图书公司

2005 年版。

贾广惠：《中国环保传播的公共性构建研究》，中国社会科学出版社 2011 年版。

贾广惠：《中国环境保护传播研究》，上海大学出版社 2015 年版。

贾西津编：《中国公民参与：案例与模式》，社会科学文献出版社 2008 年版。

金冠军等编：《国际传媒政策新视野》，三联书店 2005 年版。

康晓光：《创造希望：中国青少年发展基金会研究》，漓江出版社、广西师范大学出版社 1997 年版。

康晓光：《权力的转移：转型时期中国权力格局的变迁》，浙江人民出版社 1999 年版。

柯惠新：《传播研究方法》，中国传媒大学出版社 2010 年版。

莱斯利·A. 豪：《哈贝马斯》，陈志刚译，中华书局 2002 年版。

李惠斌、杨雪冬编：《社会资本与社会发展》，社会科学文献出版社 2000 年版。

李侃如：《治理中国：从革命到改革》，胡国成、赵梅译，中国社会科学出版社 2010 年版。

理查德·C. 博克斯：《公民治理：引领 21 世纪的美国社区》，孙柏瑛译，中国人民大学出版社 2005 年版。

厉以宁、章铮：《环境经济学》，中国计划出版社 1995 年版。

林南：《社会资本：关于社会结构与行动的理论》，张磊译，上海人民出版社 2005 年版。

刘海龙：《大众传播理论：范式与流派》，中国人民大学出版社 2008 年版。

刘涛：《环境传播：话语、修辞与政治》，北京大学出版社 2012 年版。

卢梭：《社会契约论》，李平沤译，商务印书馆 2011 年版。

罗伯特·K. 殷：《案例研究：设计与方法》，周海涛等译，重庆大学出版社 2010 年中文第 2 版。

罗伯特·帕特南：《使民主运转起来》，王列等译，江西人民出版社

2001年版。

罗德里克·M. 克雷默、[美]汤姆·R. 泰勒编：《组织中的信任》，管兵、刘穗琴等译，中国城市出版社2003年版。

罗杰·迪金森等编：《受众研究读本》，单波译，华夏出版社2006年版。

毛泽东：《毛泽东新闻工作文选》，新华出版社1983年版。

南茜·弗雷泽、[德]阿克塞尔·霍耐特：《再分配 还是承认》，周穗明译，上海人民出版社2009年版。

邱林川、陈韬文编：《新媒体事件研究》，中国人民大学出版社2011年版。

曲格平等编：《环境科学基础知识》（中国大百科全书环境科学卷选编），中国环境科学出版社1984年版。

荣敬本等：《从压力型体制向民主合作体制的转变——县乡两级政治体制改革》，中央编译出版社1998年版。

斯旺伯：《普利策传》，陆志宝等译，新华出版社1989年版。

孙柏瑛：《当代地方治理：面向21世纪的挑战》，中国人民大学出版社2004年版。

孙聚成：《信息力：新闻传播与国家发展》，人民出版社2006年版。

孙立平：《断裂——20世纪90年代以来的中国社会》，社会科学文献出版社2003年版。

坦尼·哈斯：《公共新闻研究：理论、实践与批评》，曹进译，华夏出版社2010年版。

托德·吉特林：《新左派运动的媒介镜像》，张锐译，华夏出版社2007年版。

托马斯·R. 戴伊：《自上而下的政策制定》，鞠方安等译，中国人民大学出版社2002年版。

汪丁丁、韦森、姚洋：《制度经济学三人谈》，北京大学出版社2005年版。

王邦佐等编：《政治学辞典》，上海辞书出版社2009年版。

王积龙：《抗争与绿化：环境新闻在西方的起源、理论与实践》，中国社会科学出版社 2010 年版。

王莉丽：《绿媒体：中国环保传播研究》，清华大学出版社 2005 年版。

王绍光、樊鹏：《中国式共识型决策："开门"与"磨合"》，中国人民大学出版社 2013 年版。

王信贤：《争辩中的中国社会组织研究："国家—社会"关系的视角》，台北：韦伯文化国际出版有限公司 2006 年版。

威廉·P. 坎宁安主编：《美国环境百科全书》，张坤民主译，湖南科学技术出版社 2003 年版。

韦尔伯·施拉姆：《大众传播媒介与社会发展》，金燕宁等译，华夏出版社 1990 年版。

沃纳·赛佛林：《传播理论：起源、方法与应用》，郭镇之等译，华夏出版社 2000 年版。

吴锡泓、金荣枰编著：《政策学的主要理论》，金东日译，复旦大学出版社 2005 年版。

吴忠标、陈劲编著：《环境管理与可持续发展》，中国环境科学出版社 2001 年版。

西奥多·格拉瑟编：《公共新闻事业的理念》，邬晶晶译，华夏出版社 2009 年版。

西德尼·塔罗：《运动中的力量：社会运动与斗争政治》，吴庆宏译，译林出版社 2005 年版。

席文举：《报纸策划艺术》，中国社会科学出版社 2000 年版。

小约瑟夫·斯图尔特等：《公共政策导论》，韩红译，中国人民大学出版社 2011 年版。

新闻自由委员会：《一个自由而负责的新闻界》，展江等译，中国人民大学出版社 2004 年版。

徐宝璜：《新闻学》，中国人民大学出版社 1994 年版。

岩佐茂：《环境的思想：环境保护与马克思主义的结合处》，韩立新等译，中央编译出版社 2006 年版。

叶安珊编著：《环境科学基础》，江西科学技术出版社 2009 年版。

尤尔根·哈贝马斯:《交往行为理论(第一卷):行为合理性与社会合理化》,曹卫东译,上海人民出版社2004年版。

余谋昌:《创造美好的生态环境》,中国社会科学出版社1997年版。

余谋昌、王耀先:《环境伦理学》,高等教育出版社2001年版。

俞可平编:《治理与善治》,社会科学文献出版社2000年版。

俞可平:《中国公民社会的兴起与治理变迁》,社会科学文献出版社2002年版。

曾繁旭:《表达的力量:当中国公益组织遇上媒体》,上海三联书店2012年版。

詹姆斯·S. 科尔曼:《社会理论的基础》(上、中、下),邓方译,社会科学文献出版社1992年版。

詹姆斯·库兰、[美] 米切尔·古尔维奇编:《大众媒介与社会》,杨击译,华夏出版社2006年版。

张合平、刘云国编:《环境生态学》,中国林业出版社2002年版。

张昆:《大众媒介的政治社会化功能》,武汉大学出版社2003年版。

张立伟:《传媒竞争法则与工具》,清华大学出版社2011年第二版。

张曙光等编:《中国制度变迁的案例研究》(广东卷),中国财政经济出版社2008年版。

赵鼎新:《社会与政治运动讲义》,社会科学文献出版社2006年版。

周葆华:《效果研究:人类传受观念与行为的变迁》,复旦大学出版社2008年版。

周金华:《新公民论——当代中国个体社会政治身份建构引论》,中国社会科学出版社2010年版。

2. 期刊论文

阿拉斯戴尔·麦克比恩:《中国的环境:问题与政策》,《国外理论动态》2008年第6期。

安妮·博格:《通过规制实践建立责任与信任》,《国家行政学院学报》2000年第5期。

包国宪、郎玫:《治理、政府治理概念的演变与发展》,《兰州大学学报》（社会科学版）2009 年第 2 期。

曹立新：《化农民与农民化：乡村建设运动中大众传媒的功能与策略分析——以〈农民〉报为中心》，《新闻与传播研究》2004 年第 3 期。

陈炳辉、王卫：《民主共识的达成——协商民主解决多元偏好冲突的路径选择》，厦门大学学报（哲学社会科学版）2012 年第 5 期。

陈刚：《范式转换与民主协商：争议性公共议题的媒介表达与社会参与》，《新闻与传播研究》2011 年第 2 期。

陈刚：《转型社会争议性议题的媒体再现研究》，《中国地质大学学报》（社会科学版）2010 年第 2 期。

陈华明：《中国环境新闻学发展现状研究》，《西南民族大学学报》（人文社科版）2010 年第 4 期。

陈怀林：《九十年代中国传媒的制度演变》，《二十一世纪》（香港）1999 年总第 53 期。

陈家刚：《协商民主中的协商、共识与合法性》，《清华法治论衡》2009 年第 1 期。

陈力丹：《论我国舆论监督的性质和存在的问题》，《郑州大学学报》（哲学社会科学版）2003 年第 4 期。

陈天祥、徐于琳：《游走于国家与社会之间：草根志愿组织的行动策略——以广州启智队为例》，《中山大学学报》（社会科学版）2011 年第 1 期。

陈映芳：《行动力与制度限制：都市运动中的中产阶层》，《社会学研究》2006 年第 4 期。

程明：《论媒介功能的拓展与媒介的竞争力》，《新闻前哨》2001 年第 6 期。

程少华：《环境新闻的发展历程》，《新闻大学》2004 年第 2 期。

池建宇：《电视观众收视行为的经验分析——基于北京市电视收视市场》，《产业经济评论》2009 年第 3 期。

褚松燕：《20 世纪 90 年代以来中国公民资格权利的发展》，《政法论坛》2007 年第 1 期。

戴长征:《国家权威碎裂化:成因、影响及对策分析》,《中国行政管理》2004年第6期。

戴元光、尤游:《媒介角色研究的社会学分析》,《上海大学学报》(社会科学版)2007年第6期。

邓国胜:《中国环保 NGO 的两种发展模式》,《学会》2005年第3期。

邓国胜:《中国环保 NGO 发展指数研究》,《中国非营利评论》2010年第2期。

丁柏铨:《新闻传媒:特殊的执政资源》,《江海学刊》2007年第1期。

丁未:《新媒体与赋权:一种实践性的社会研究》,《国际新闻界》2009年第10期。

敦诚(注:冯建三笔名):《资本总动员下的地方媒体:小区文化的修辞不敌政经逻辑》,《当代》1995年第10期。

冯必扬:《人情社会与契约社会——基于社会交换理论的视角》,《社会科学》2011年第9期。

高春芽:《集体行动的多元逻辑:情绪、理性、身份与承认》,《上海行政学院学报》2011年第4期。

高立鹏、唐秀萍:《中国环境新闻的现状及趋势》,《新闻记者》2002年第9期。

龚培渝、颜德如:《认同与身份:承认政治理论的两种模式及其争论》,《长春市委党校学报》2008年第6期。

郭建梅:《中国民间组织的生存与发展——以北大法学院妇女法律研究与服务中心为例》,《妇女研究论丛》2000年第5期。

郭小平:《论"风险社会"环境传播的媒体功能》,《决策与信息》2018年第7期。

郭镇之:《中国的人民广播和世界的公共广播——数字时代中国公共频道的展望》,《国际新闻界》2009年第6期。

韩福国:《从治理理念到制度治理——基于"我们圆桌会"的分析》,《杭州》(我们)2013年第1期。

韩韶君:《环境传播中的媒体角色定位与功能发挥——基于环境问题

社会建构理论》,《中国出版》2018 年第 6 期。

韩志明:《利益表达、资源动员与议程设置——对于"闹大"现象的描述性分析》,《公共管理学报》2012 年第 2 期。

何家振:《关于构建全民参与环境保护的社会行动体系的思考与建议》,《中国环境管理》2011 年第 4 期。

何艳玲、陈晓运:《从"不怕"到"我怕":"一般人群"在邻避冲突中如何形成抗争动机》,《学术研究》2012 年第 5 期。

何艳玲:《"嵌入式自治":国家—地方互嵌关系下的地方治理》,《武汉大学学报》(哲学社会科学版) 2009 年第 4 期。

何艳玲:《西方话语与本土关怀——基层社会变迁过程中"国家与社会"研究综述》,《江西行政学院学报》2004 年第 1 期。

何艳玲:《"中国式"邻避冲突:基于事件的分析》,《开放时代》2009 年第 12 期。

何增科:《公民社会与第三部门研究引论》,《马克思主义与现实》2000 年第 1 期。

何增科:《政治合法性与中国地方政府创新:一项初步的经验性研究》,《云南行政学院学报》2007 年第 2 期。

侯健:《三种权力制约机制及其比较》,复旦学报(社会科学版) 2001 年第 3 期。

郇庆治:《发展的"绿化":中国环境政治的时代主题》,《南风窗》2012 年第 2 期。

黄旦:《二十世纪中国新闻理论的研究模式,《现代传播》1994 年第 4 期。

黄旦:《由功能主义向建构主义转化》,《新闻大学》2008 年第 2 期。

黄瀚:《百名政协委员难阻厦门百亿化工项目》,《瞭望东方周刊》2007 年第 21 期。

黄惠萍:《审议式民主的公共新闻想象:建构审议公共议题的新闻报导模式》,《新闻学研究》(台湾) 2005 年总第 83 期。

黄煜、曾繁旭:《从以邻为壑到政策倡导:中国媒体与社会抗争的互激模式》,《新闻学研究》(台湾) 2011 年总第 109 期。

黄月琴:《社会运动中的承认政治与话语秩序: 对厦门"散步"事件的媒介文本解读》,《传播与社会学刊》(香港) 2012 年总第 20 期。

贾广惠:《论传媒环境议题建构下的中国公共参与运动》,《现代传播》2011 年第 8 期。

贾广惠:《论环境传播中的"公民"参与》,《新闻界》2011 年第 2 期。

贾广惠:《论环境事件中传媒公共性的断裂》,《国际新闻界》2010 年第 4 期。

晋军、何江穗:《碎片化中的底层表达——云南水电开发争论中的民间环保组织》,《学海》2008 年第 4 期。

康晓光、韩恒:《分类控制: 当前中国大陆国家与社会关系研究》,《社会学研究》2005 年第 6 期。

康晓光:《权力的转移——1978—1998 年中国社会结构的变迁》,《中国社会科学季刊》(香港) 2000 年夏季号。

乐国安、纪海英:《班杜拉社会认知观的自我调节理论研究及展望》,《南开学报》(哲学社会科学版) 2007 年第 5 期。

雷蔚真、陆亨:《改革开放三十年中国舆论监督的话语变迁: 以中国新闻奖获奖作品为线索》,《传播与社会学刊》(香港) 2008 年总第 6 期。

黎群:《公共管理理论范式的嬗变: 从官僚制到网络治理》,《上海行政学院学报》2012 年第 4 期。

李富贵、熊兵:《环境信息公开及在中国的实践》,《中国人口·资源与环境》2005 年第 4 期。

李建国:《着力民生 构筑协商民主的媒体平台——杭报集团"三位一体"以民主促民生机制的实践与思考》,《新闻实践》2009 年第 6 期。

李立峰:《范式订定事件与事件常规化: 以 YouTube 为例分析香港报章与新媒体的关系》,《传播与社会学刊》(香港) 2009 年总第 9 期。

李良荣：《从单元走向多元——中国传媒业的结构调整和结构转型》，《新闻大学》2006年第2期。

李良荣、张春华：《论知情权与表达权——兼论中国新一轮新闻改革》，《现代传播》2008年第4期。

李明、朱德米：《从"知识传播"到"行动倡导"：我国环境教育新动向——"十二五"环境宣传教育政策分析》，《环境保护》2012年第4期。

李瑞昌：《理顺我国环境治理网络的府际关系》，《广东行政学院学报》2008年第6期。

李淑文：《环境传播的审视与展望——基于30年历程的梳理》，《现代传播》2010年第8期。

李万新、李多多：《中国环境信息的主动发布与被动公开——两个环境信息公开试点项目的比较研究》，《公共行政评论》2011年第6期。

李文星、郑海明：《论地方治理视野下的政府与公众互动式沟通机制的构建》，《中国行政管理》2007年第5期。

李想：《生态人本主义——人类中心主义与非人类中心主义走向整合的产物》，《理论前沿》2009年第10期。

李艳红：《传媒产制的"第三部门"：北美和澳大利亚社区媒体的实践、制度及民主价值》，《开放时代》2009年第8期。

李艳红：《大众传媒、社会表达与商议民主——两个个案分析》，《开放时代》2006年第6期。

李勇军：《政策网络与治理网络：概念辨析与研究维度》，《广东行政学院学报》2013年第1期。

林芬、赵鼎新：《霸权文化缺失下的中国新闻和社会运动》，《传播与社会学刊》（香港）2008年第6期。

林尚立：《权力与体制：中国政治发展的现实逻辑》，《学术月刊》2001年第5期。

刘建明：《传媒深度功能的多层互动》，《当代传播》2006年第3期。

刘建鸣等：《"2007年全国电视观众抽样调查"分析报告》，《电视研究》2008 年第 3 期。

刘能：《当代中国群体性集体行动的几点理论思考——建立在经验案例之上的观察》，《开放时代》2008 年第 3 期。

刘能：《怨恨解释、动员结构和理性选择——有关中国都市地区集体行动发生可能性的分析》，《开放时代》2004 年第 4 期。

刘涛：《环境传播的九大研究领域（1938-2007）：话语、权力与政治的解读视角》，《新闻大学》2009 年第 4 期。

刘小青：《公众对环境治理主体选择偏好的代际差异——基于两项跨度十年调查数据的实证研究》，《中国地质大学学报》（社会科学版）2012 年第 1 期。

刘玉照、田青：《新制度是如何落实的？——作为制度变迁新机制的"通变"》，《社会学研究》2009 年第 4 期。

陆晔、潘忠党：《成名的想象：中国社会转型过程中新闻从业者的专业主义话语建构》，《新闻学研究》（台湾）2002 年总第 71 期。

吕忠梅：《论公民环境权》，《法学研究》1995 年第 6 期。

吕忠梅：《再论公民环境权》，《法学研究》2000 年第 6 期。

罗以澄、侯迎忠：《新闻记者的角色冲突与道德失范——兼论记者的职业责任与社会责任》，《武汉大学学报》（人文科学版）2006 年第 2 期。

罗以澄、姚劲松：《中国共产党执政合法性演进中的媒介角色变迁考察》，《当代传播》2012 年第 2 期。

马克·莱伯伊：《世界公共服务广播的形势：俯瞰与分析》，《新闻与传播研究》1997 年第 2 期。

马凌：《新闻传媒在风险社会中的功能定位》，《新闻与传播研究》2007 年第 4 期。

马晓明、易志斌：《网络治理：区域环境污染治理的路径选择》，《南京社会科学》2009 年第 7 期。

孟建、董军：《"倒逼机制"与传统新闻媒体话语权的重建》，《视听界》2011 年第 6 期。

南振中：《把密切联系群众作为改进新闻报道的着力点——对"三贴

近"本质和核心的思考》,《新闻战线》2003 年第 11 期。

潘一禾:《写在〈我们圆桌会〉改版之际》,《杭州》(生活品质版) 2013 年第 3 期。

潘岳:《关于环境与发展问题的几点看法》(上),《资源与人居环境》2008 年第 19 期。

潘岳:《关于环境与发展问题的几点看法》(下),《资源与人居环境》2008 年第 21 期。

潘岳:《直面中国资源环境危机——呼唤以新的生态工业文明取代旧工业文明》,《国土资源导刊》2005 年第 2 期。

潘忠党:《"补偿网络":作为传播社会学研究的概念》,《国际新闻界》1997 年第 3 期。

潘忠党、陈力丹、赵月枝等:《反思与展望:中国传媒改革开放三十周年笔谈》,《传播与社会学刊》(香港)2008 年总第 6 期。

潘忠党:《大陆新闻改革过程中象征资源之替换形态》,《新闻学研究》(台湾)1997 年总第 54 期。

潘忠党、陆晔:《走向公共:新闻专业主义再出发》,《国际新闻界》2017 年第 10 期。

潘忠党:《新闻改革与新闻体制的改造——我国新闻改革实践的传播社会学之探讨》,《新闻与传播研究》1997 年第 3 期。

潘忠党:《作为一种资源的"社会能见度"》,《郑州大学学报》(哲学社会科学版)2003 年第 4 期。

彭波、王聪盈:《一个社区报实践者的心声》,《传媒》2012 年第 6 期。

秦鹏:《环境公民身份:形成逻辑、理论意蕴与法治价值》,《法学评论》2012 年第 3 期。

青木昌彦:《什么是制度?我们如何理解制度?》,《经济社会体制比较》2000 年第 6 期。

丘昌泰:《从"邻避情结"到"迎臂效应":台湾环保抗争的问题与出路》,《政治科学论丛》(台湾)2002 年第 17 期。

邱大昕、罗淑霞:《邻避与被邻避:身心障碍机构与设施抗争处理经验之研究》,《社会政策与社会工作学刊》(台湾) 2011 年第 1 期。

邱林川:《信息"社会":理论、现实、模式、反思》,《传播与社会学刊》(香港) 2008 年总第 5 期。

沈荣华、王扩建:《制度变迁中地方核心行动者的行动空间拓展与行为异化》,《南京师大学报》(社会科学版) 2011 年第 1 期。

石发勇:《关系网络与当代中国基层社会运动——以一个街区环保运动个案为例》,《学海》2005 年第 3 期。

石义彬、吴世文:《大众传媒在文化身份再现和建构中的角色探究》,《武汉大学学报》(人文科学版) 2011 年第 1 期。

司景新:《共识的焦虑:中国媒体知识分子对危机与风险的论述》,《传播与社会学刊》(香港) 2011 年总第 15 期。

司开玲:《"铅毒"中成长的环境公民权》,《环境保护》2011 年第 6 期。

孙瑞祥:《环境新闻社会效应的传播动力学分析》,《中国地质大学学报》(社会科学版) 2010 年第 6 期。

孙玮:《媒介话语空间的重构:中国大陆大众化报纸媒介话语的三十年演变》,《传播与社会学刊》(香港) 2008 年总第 6 期。

孙玮:《"我们是谁":大众媒介对于新社会运动的集体认同感建构——厦门 PX 项目事件大众媒介报道的个案研究》,《新闻大学》2007 年第 3 期。

孙玮:《转型中国环境报道的功能分析——"新社会运动"中的社会动员》,《国际新闻界》2009 年第 1 期。

孙五三:《批评报道作为治理技术——市场转型期媒介的政治—社会运作机制》,《新闻与传播评论》,2002 年。

唐慧玲:《"后革命"时期国家治理:基于承认政治的理论视角》,《同济大学学报》(社会科学版) 2010 年第 6 期。

唐利平:《国家与社会:当代中国研究的主流分析框架》,《广西社会科学》2005 年第 2 期。

唐亚林:《社会资本与治理》,《探索与争鸣》2003 年第 8 期。

田飞龙、王又平:《环境信息公开与环境政治治理》,《绿叶》2012

年第 9 期。

田哲轶：《环境报道如何突破局限》，《中国记者》2008 年第 8 期。

童兵：《简论新闻传媒的宣泄功能》，《新闻记者》2010 年第 2 期。

童兵：《试论休闲需求和媒介的休闲功能》，《北京大学学报》（哲学社会科学版）2006 年第 6 期。

童静蓉：《中国语境下的新闻专业主义社会话语》，《传播与社会学刊》（香港）2006 年总第 1 期。

童世骏：《关于"重叠共识"的"重叠共识"》，《中国社会科学》2008 年第 6 期。

托马斯·海贝勒：《关于中国模式若干问题的研究》，《当代世界与社会主义》2005 年第 5 期。

王才勇：《承认理论的现代意义辨析》，《马克思主义与现实》2010 年第 6 期。

王洪伟：《当代中国底层社会"以身抗争"的效度和限度分析：一个"艾滋村民"抗争维权的启示》，《社会》2010 年第 2 期。

王积龙：《环境新闻的核心价值》，《当代传播》2008 年第 2 期。

王莉：《我国环境新闻报道的公众参与及调整——环境风险的视角》，《新闻知识》2011 年第 1 期。

王利涛：《从政府主导到公共性重建——中国环境新闻发展的困境与前景》，《中国地质大学学报》（社会科学版）2011 年第 1 期。

王孟本：《"生态环境"概念的起源与内涵》，《生态学报》2003 年第 9 期。

王民：《环境意识概念的产生与定义》，《自然辩证法通讯》2000 年第 4 期。

王名、胡英姿：《探索政府与环保社会组织的合作共治》，《环境保护》2011 年第 12 期。

王名、贾西津：《中国 NGO 的发展分析》，《管理世界》2002 年第 8 期。

王强：《治理与社会资本问题研究》，《内蒙古民族大学学报》（社会科学版）2007 年第 2 期。

王诗宗：《地方治理在中国的适用性及其限度——以宁波市海曙区政府购买居家养老政策为例》，《公共管理学报》2007 年第 4 期。

王诗宗、何子英：《地方治理中的自主与镶嵌——从温州商会与政府的关系看》，《马克思主义与现实》2008 年第 1 期。

王诗宗：《治理理论与公共行政学范式进步》，《中国社会科学》2010 年第 4 期。

王晓明、单文婷：《新媒体倒逼传统媒体新闻改革》，《视听界》2011 年第 6 期。

王燕津：《"环境教育"概念演进的探寻与透析》，《比较教育研究》2003 年第 1 期。

吴飞：《新闻场与社团组织的权力冲突与对话》，《南京社会科学》2010 年第 4 期。

吴峰：《环境危机考验中国智慧》，《世界环境》2005 年第 3 期。

吴予敏：《功能主义及其对传播研究的影响之审思》，《新闻大学》2012 年第 2 期。

夏光：《构筑环境保护的"中国模式"》，《环境保护》2012 年第 1 期。

夏倩芳：《公共利益界定与广播电视规制——以美国为例》，《新闻与传播研究》2005 年第 1 期。

夏倩芳、黄月琴：《社会冲突性议题的媒介建构与话语政治：以国内系列反"PX"事件为例》，《中国媒体发展研究报告》，2010 年。

夏倩芳、袁光锋、陈科：《制度性资本、非制度性资本与社会冲突性议题的传播——以国内四起环境维权事件为案例》，《传播与社会学刊》（香港）2012 年总第 22 期。

萧苹：《介绍国外媒体监督组织 FAIR 和 Media Watch》，《新闻学研究》（台湾）1999 年总第 60 期。

徐立军、王京：《2012 年全国电视观众抽样调查分析报告》，《电视研究》2013 年第 2 期。

徐祥民：《环境权论——人权发展历史分期的视角》，《中国社会科学》2004 年第 4 期。

徐云、曹凤中：《对环境信息公开与公众参与的思考》，《中国环境管理》2011 年第 4 期。

许海：《"资本积累"与转型社会中的媒介功能》，《江淮论坛》2011 年第 1 期。

杨楠：《环境新闻传播教育功能的固有特性》，《国际新闻界》2008 年第 9 期。

鄞益奋：《网络治理：公共管理的新框架》，《公共管理学报》2007 年第 1 期。

于建嵘：《转型中国的社会冲突——对当代工农维权抗争活动的观察》，《理论参考》2006 年第 5 期。

郁建兴、王诗宗：《治理理论的中国适用性》，《哲学研究》2010 年第 11 期。

郁建兴：《治理与国家建构的张力》，《马克思主义与现实》2008 年第 1 期。

郁建兴、周俊：《公共事务治理中的公民社会》，《二十一世纪》（香港）2008 年总第 106 期。

岳璐、方世荣：《风险再现与媒介正义——以〈南方周末〉空气污染报道为例》，《湖南师范大学社会科学学报》2016 年第 5 期。

曾繁旭、戴佳、王宇琦：《媒介运用与环境抗争的政治机会：以反核事件为例》，《中国地质大学学报》（社会科学版）2014 年第 4 期。

曾繁旭：《国家控制下的 NGO 议题建构：以中国议题为例》，《传播与社会学刊》（香港）2009 年总第 8 期。

曾繁旭：《环保 NGO 的议题建构与公共表达——以自然之友建构"保护藏羚羊"议题为个案》，《国际新闻界》2007 年第 10 期。

曾繁旭：《环境抗争的扩散效应：以邻避运动为例》，《西北师大学报》（社会科学版）2015 年第 3 期。

曾繁旭、黄广生：《地方媒介体系：一种都市抗争的政治资源》，《传播与社会学刊》（香港）2013 年总第 24 期。

曾繁旭：《形成中的媒体市民社会：民间声音如何影响政策议程》，《新闻学研究》（台湾）2009 年总第 100 期。

曾庆香:《对"舆论"定义的商榷》,《新闻与传播研究》2007年第4期。

翟学伟:《从社会资本向"关系"的转化——中国中小企业成长的个案研究》,《开放时代》2009年第6期。

翟学伟:《人情、面子与权力的再生产——情理社会中的社会交换方式》,《社会学研究》2004年第5期。

翟学伟:《是"关系",还是社会资本?》,《社会》2009年第1期。

张紧跟:《从结构论争到行动分析:海外中国NGO研究述评》,《社会》2012年第3期。

张康之:《合作治理是社会治理变革的归宿》,《社会科学研究》2012年第3期。

张康之、李东:《论任务型组织的舆论资源》,《中共浙江省委党校学报》2008年第1期。

张康之、李东:《组织的舆论资源及其获取》,《东南大学学报》(哲学社会科学版)2008年第4期。

张康之:《论社会治理中的协作与合作》,《社会科学研究》2008年第1期。

张康之:《通过合作和信任把握历史的脉动》,《齐鲁学刊》2005年第2期。

张康之:《有关信任话题的几点新思考》,《学术研究》2006年第1期。

张康之:《在历史的坐标中看信任——论信任的三种历史类型》,《社会科学研究》2005年第1期。

张康之、张乾友:《论共同行动的基础》,《南京农业大学学报》(社会科学版)2011年第2期。

张康之、张乾友:《论共同行动中的共识与默契》,《天津社会科学》2011年第5期。

张康之、张乾友:《认同、承认与通向合作之路》,《长白学刊》2010年第1期。

张立伟:《从娱乐到帮闲——传媒创建和谐新功能》,《青年记者》

2006 年第 21 期。

张立伟、杨飚：《广播电视事业与产业的关系新探》，《中国广播电视学刊》2005 年第 10 期。

张敏：《协商治理：一个成长中的新公共治理范式》，《江海学刊》2012 年第 5 期。

张墨宁：《灰霾背后的环境危机》，《南风窗》2012 年第 2 期。

张瑞静、葛艳玲：《试论大众传媒的"期望设置"功能》，《中国广播》2011 年第 10 期。

张涛甫：《风险社会中的环境污染问题及舆论风险》，《西南民族大学学报》（人文社科版）2008 年第 4 期。

张威：《环境报道的宣传色彩与新闻的客观性》，《国际新闻界》2007 年第 10 期。

张兆曙：《非常规行动与社会变迁：一个社会学的新概念与新论题》，《社会学研究》2008 年第 3 期。

章剑锋：《今天，让我们有态度地呼吸》，《南风窗》2012 年第 2 期。

赵蕾：《多元治理模式与 NGO 角色复位》，《学术探索》2004 年第 5 期。

赵士林、周仲洋：《二十一世纪中国突发环境事件报道的观念变革》，《新闻记者》2012 年第 2 期。

郑保卫：《当前中国媒介批评的几个问题》，《现代传播》2010 年第 4 期。

郑镇：《环境危机的实质与我国环境问题的理性选择》，《现代哲学》1999 年第 3 期。

钟新：《危机效应与传媒功能》，《国际新闻界》2003 年第 5 期。

周葆华：《突发公共事件中的媒体接触、公众参与与政治效能——以"厦门 PX 事件"为例的经验研究》，《开放时代》2011 年第 5 期。

周葆华：《作为"动态范式订定事件"的"微博事件"——以 2010 年三大突发公共事件为例》，《当代传播》2011 年第 2 期。

周超、易洪涛：《政策论证中的共识构建：实践逻辑与方法论工具》，《武汉大学学报》（哲学社会科学版）2007 年第 6 期。

周宏春：《政府环境信息披露》，《世界环境》2008 年第 5 期。

周训芳：《环境概念与环境法对环境概念的选择》，《安徽工业大学学报》（社会科学版）2002 年第 5 期。

周翼虎：《抗争与入笼：中国新闻业的市场化悖论》，《新闻学研究》（台湾）2009 年总第 100 期。

朱德米：《网络状公共治理：合作与共治》，《华中师范大学学报》（人文社会科学版）2004 年第 2 期。

朱狄敏、谢金金：《我们圆桌会：共话城市治理》，《浙江人大》2013 年 Z1 期。

朱健刚：《草根 NGO 与中国公民社会的成长》，《开放时代》2004 年第 6 期。

朱玉宽、张鹏等：《贾峰：中国环保 NGO 尚处于儿童阶段》，《绿色视野》2013 年第 1 期。

诸葛俊、黄于恬、汪明生：《地下电台传播行为对台湾高雄地区公民社会影响之研究》，《传播与社会学刊》（香港）2012 年总第 20 期。

3. 学位论文

邓建国：《Web2.0 时代的互联网使用行为与网民社会资本之关系考察》，博士学位论文，复旦大学，2007 年。

冯敏：《中国转型期媒体与环保 NGO 关系研究》，硕士学位论文，南京师范大学，2011 年。

黄月琴：《反石化运动的话语政治：2007－2009 年国内系列反 PX 事件的媒介建构》，博士学位论文，武汉大学，2010 年。

李静：《试论我国环境报道对受众环境意识的构建》，硕士学位论文，广西大学，2007 年。

李萌：《美国发展传播研究的历史考察：发展传播现代化范式的生成、危机与重构》，博士学位论文，华中科技大学，2012 年。

孟庆垒：《环境责任论——兼对环境法若干基本理论问题的反思》，博士学位论文，中国海洋大学，2008 年。

潘祥辉：《中国媒介制度变迁的演化机制研究》，博士学位论文，浙江大学，2008年。

裴沙沙：《我国环境新闻生产影响因素的个案分析》，硕士学位论文，厦门大学，2009年。

覃哲：《转型时期中国环境运动中的媒体角色研究》，博士学位论文，复旦大学，2012年。

王凤：《公众参与环保行为的影响因素及其作用机理研究》，博士学位论文，西北大学，2007年。

王扩建：《转型期地方核心行动者行动逻辑研究》，博士学位论文，苏州大学，2011年。

王诗宗：《治理理论及其中国适用性》，博士学位论文，浙江大学，2009年。

徐艳旭：《中国环境新闻报道研究（1978—2008）》，硕士学位论文，郑州大学，2009年。

徐迎春：《环境传播对中国绿色公共领域的建构与影响研究》，博士学位论文，浙江大学，2012年。

尹瑛：《冲突性环境事件中的传播与行动——以北京六里屯和广州番禺居民反建垃圾焚烧厂事件为例》，博士学位论文，武汉大学，2010年。

余丽丽：《社会转型与媒介的社会控制——透视中国传媒调控机制嬗变的动因、轨迹与逻辑》，博士学位论文，复旦大学，2003年。

袁长波：《当前我国媒体环境报道的框架研究》，硕士学位论文，暨南大学，2011年。

张潇：《〈人民日报〉环境报道三十年：变化、趋势、影响》，硕士学位论文，西北大学，2010年。

英文部分

1. 专著

Alison Anderson, *Media, Culture and the Environment*, London: UCL Press, 1997.

Anders Hansen (eds.), *The Mass Media and Environmental Issues*, Leicester: Leicester University Press, 1993.

Anders Hansen, *Environment, Media and Communication*, Milton Park: Routledge, 2010.

Arthur Charity, *Doing Public Journalism*, New York: The Guilford Press, 1995.

Arvind Singhal and Everett Rogers, *Entertainment – Education: A Communication Strategy for Social Change*, Marwah: Lawrence Erlbaum Associates Publishers, 1999.

Beate Kohler – Koch and Rainer Eising, *The Transformation of Governance in the European Union*, London: Routledge, 1999.

Herbert I. Schiller, *Mass Communications and American Empire*, Boston: Beacon Press, 1971.

Jack Martin, Jeff Sugarman and Sarah Hickinbottom, *Persons: Understanding Psychological Selfhood and Agency*, New York: Springer, 2009.

James S. Fishkin, *Democracy and Deliberation: New Directions for Democratic Reform*, New Haven: Yale University Press, 1991.

Jane Goodall, *Jane Goodall: 40 years at gombe*, New York: Stewart, Tabori & Chang, 1999.

Libby Lester, *Media and Environment: Conflict, Politics and the News*, Cambridge: Polity Press, 2010.

Manuel Castells, *The Power of Identity*, Oxford: Blackwell Publishing Ltd, 1997.

Michael Polanyi, *The Tacit Dimension*, Chicago: University of Chicago Press, 2009.

Robert Cox, *Environmental Communication and the Public Sphere*, Thousand Oaks: Sage publications, 2006.

Tim O'Sullivan, John Hartley and Danny Saunders et al., *Key Concepts in Communication and Cultural Studies*, New York: Methuen & Co. Ltd, 1983.

Timothy J. Nulty, *Primitive Disclosive Alethism: Davidson, Heidegger, and the Nature of Truth*, New York: Peter Lang Publishing, 2006.

2. 专著中析出的文献

Alejandro Portes, "Economic Sociology and the Sociology of Immigration: A Conceptual Overview", In Alejandro Portes and Robert K. Merton, eds. *The Economic Sociology of Immigration: Essays on Networks, Ethnicity, and Entrepreneurship*, New York: Russell Sage Foundation, 1995.

Chin-Chuan Lee, "Mass Media of China and about China", In Chin-Chuan Lee, eds. *Voices of China: The Interplay of Politics and Journalism*, New York: The Guilford Press, 1990.

David R. Roskos-Ewoldsen et al., "Media Priming: A Synthesis", In Jennings Bryant and Dolf Zillmann, eds. *Media Effects: Advances in Theory and Research* (2nd ed.), New Jersey: Lawrence Erlbaum Associates, 2002.

Erik Hans Klijn, "Policy Networks: An Overview", In Walter J. M. Kickert, Erik-Hans Klijn and Joop F. M. Koppenjan, eds. *Managing Complex Networks: Strategies for the Public Sector*, Leicester: SAGE Publications Ltd, 1997.

Gordon White, "The Dynamics of Civil Society in Post-Mao China", In Brian Hook, eds. *The Individual and the State in China*, Oxford: Oxford University Press, 1996.

Hua Wang and Arvind Singhal, "Entertainment-Education Through Digital Games", In Ute Ritterfeld, Michael Cody and Peter Vorderer, eds. *Serious Games: Mechanisms and Effects*, New York: Routledge, 2009.

Jack McLeod, Zhongdang Pan and Dianne Rucinski, "Levels of Analysis in Public Opinion Research", in Theodore Lewis Glasser and Charles T. Salmon, eds. *Public Opinion and the Communication of Consent*, New York: The Guilford Press, 1995.

Maxwell McCombs and Amy Reynolds, "News Influence on Our Pictures of the World", In Jennings Bryant and Dolf Zillmann, eds. *Media Effects: Advances in Theory and Research* (2nd ed.), New Jersey: Lawrence Erlbaum Associates, 2002.

Michael Gurevitch and Jay G. Blumler, "Political Communication Systems and Democratic Values", In Judith Lichtenberg, eds. *Democracy and the Mass Media: A Collection of Essays*, Cambridge: Cambridge University Press, 1990.

Pierre Bourdieu, "The Forms of Capital", In John G. Richardson, eds. *Handbook of Theory and Research for the Sociology of Education*, Westport: Greenwood Press, 1986.

Sharon Dunwoody, "Scientists, Journalists, and the Meaning of Uncertainty", In Sharon M. Friedman, Sharon Dunwoody and Carol L. Rogers, eds. *Communication Uncertainty: Media Coverage of New and Controversial Science*, Mahwah: Lawrence Erlbaum Associates, 1999.

Thomas Tufte, "Entertainment – education in Development Communication: Between Marketing Behaviours and Empowering People", In Oscar Hemer and Thomas Tufte, eds. *Media & Glocal Change: Rethinking Communication for Development*, Buenos Aires: Clacso Books/Nordicom, 2005.

William J. Brown and Arvind Singhal, "Entertainment – Education Media Strategies for Social Change: Promises and Problems", In David Demers and K. Viswanath, eds. *Mass Media, Social Control and Social Change: A macrosocial perspective*, Ames: Iowa State Univenity Press, 1999.

3. 期刊论文

Anders Hansen, "Media and Environmental Change", *Media Development*, Vol. 56, No. 2, 2009.

Anthony A. Leiserowitz, "Day After Tomorrow: Study of Climate Change

Risk Perception", *Environment: Science and Policy for Sustainable Development*, Vol. 46, No. 9, April 2004.

Antonio López, "Defusing the Cannon/Canon: An Organic Media Approach to Environmental Communication", *Environmental Communication*, Vol. 4, No. 1, March 2010.

Arvind Singhal, Everett M. Rogers and William J. Brown, "Harnessing the Potential of Entertainment – Education Telenovelas", *International Communication Gazette*, Vol. 51, No. 1, 1993.

Bob Jessop, "Interpretive Sociology and the Dialectic of Structure and Agency", *Theory Culture Society*, Vol. 13, No. 1, 1996.

Bryan W. Husted and David B. Allen, "Strategic Corporate Social Responsibility and Value Creation among Large Firms", *Long Range Planning*, Vol. 40, No. 6, 2007.

Carol Ebdon and Aimee L. Franklin, "Searching for a Role for Citizens in the Budget Process", *Public Budgeting & Finance*, Vol. 24, No. 1, March 2004.

Daniel Riffe and Tom Hrach, "Study Explores Audience's Views on Environmental News", *Newspaper Research Journal*, Vol. 30, No. 3, 2009.

Daniel Riffe, "Frequent Media Users See High Environmental Risks", *Newspaper Research Journal*, Vol. 27, No. 1, 2006.

Donald Horton and Richard Wohl, "Mass Communication and Para – Social Interaction: Observations on Intimacy at a Distance", *Psychiatry*, Vol. 19, No. 3, 1956.

Emily Moyer – Gusé, "Toward a Theory of Entertainment Persuasion: Explaining the Persuasive Effects of Entertainment – Education Messages", *Communication Theory*, Vol. 18, No. 3, 2008.

Guobin Yang, "Environmental NGOs and Institutional Dynamics in China", *The China Quarterly*, No. 181, March 2005.

Guobin Yang, "The Internet and Civil Society in China: A Preliminary Assessment", *Journal of Contemporary China*, Vol. 12, No. 36, 2003.

Guobin Yang, "Weaving a Green Web: The Internet and Environmental Activism in China", *China Environment Series*, No. 6, 2003.

Heather J. Hether, Grace C. Huang, Vicki Beck, Sheila T. Murphy and Thomas W. Valente, "Entertainment – Education in a Media – Saturated Environment: Examining the Impact of Single and Multiple Exposures to Breast Cancer Storylines on Two Popular Medical Dramas", *Journal of Health Communication*, Vol. 13, No. 8, 2008.

Herbert Blumer, "Social Problems as Collective Behavior", *Social Problems*, Vol. 18, No. 3, January 1971.

James S. Coleman. "Social Capital in the Creation of Human Capital", *The American Journal of Sociology*, Vol. 94, Supplement, 1988.

Jan Kooiman, "Social – Political Governance: Overview, Reflections and Design", *Public Management Review*, Vol. 1, No. 1, 1999.

Jan van Cuilenburg and Denis McQuail, "Media Policy Paradigm Shifts: Towards a New Communications Policy Paradigm", *European Journal of Communication*, Vol. 18, No. 2, June 2003.

Jesper Strömbäck, "In Search of a Standard: Four Models of Democracy and Their Normative Implications for Journalism", *Journalism Studies*, Vol. 6, No. 3, 2005.

Jingfang Liu, "Picturing a Green Virtual Public Space for Social Change: A Study of Internet Activism and Web – based Environmental Collective Actions in China", *Chinese Journal of Communication*, Vol. 4, No. 2, 2011.

Jonathan Sullivan and Lei Xie, "Environmental Activism, Social Networks and the Internet", *The China Quarterly*, No. 198, June 2009.

Katherine A. McComas, James Shanahan and Jessica S. Butler, "Environmental Content in Prime – Time Network TV's Non – News Entertainment and Fictional Programs", *Society & Natural Resources: An International Journal*, Vol. 14, No. 6, 2001.

Louise Phillips, "Mediated Communication and the Privatization of Public Problems: Discourse on Ecological Risks and Political Action", *European Journal of Communication*, Vol. 15, No. 2, June 2000.

Lyn Kathlene and John A. Martin, "Enhancing Citizen Participation: Panel Designs, Perspectives, and Policy Formation", *Journal of Policy Analysis and Management*, Vol. 10, No. 1, 1991.

Mariel Vilella Casaus, "Press News Coverage of GM Crops in Catalonia in 2005: A Case Study in Environmental Communication", *Catalan Journal of Communication & Cultural Studies*, Vol. 2, No. 1, 2010.

Merilee S. Grindle, "Good Enough Governance: Poverty Reduction and Reform in Developing Countries", *Governance: An International Journal of Policy, Administration, and Institutions*, Vol. 17, No. 4, 2004.

Michael B. Salwen, "Setting the Agenda for Environmental News: The Effects of Media and Public Characteristics", *Communication Research Reports*, Vol. 5, No. 1, 1988.

Peter Ho, "Embedded Activism and Political Change in a Semiauthoritarian Context", *China Information*, Vol. 21, No. 2, 2007.

Peter Ho, "Greening Without conflict? Environmentalism, NGOs and civil society in China", *Development and Change*, Vol. 32, No. 5, 2001.

Phillip J. Tichenor, George A. Donohue and Clarice N. Olien, "Mass Media Flow and Differential Growth in Knowledge", *Public Opinion Quarterly*, Vol. 34, No. 2, 1970.

Qingjiang Yao, "Media Use, Postmaterialist Values, and Political Interest: the Making of Chinese Environmentalists and Their Views on Their Social Environment", *Asian Journal of Communication*, Vol. 18, No. 3, 2008.

R. A. W. Rhodes, "The New Governance: Governing Without Government", *Political Studies*, Vol. 44, No. 4, 1996.

Ricky Y. K. Chan, "Determinants of Chinese Consumers' Green Purchase Behavior", *Psychology & Marketing*, Vol. 18, No. 4, April 2001.

R. Lance Holbert, Nojin Kwak and Dhavan V. Shah, "Environmental Concern, Patterns of Television Viewing, and Pro – Environmental Behaviors: Integrating Models of Media Consumption and Effects", *Journal of Broadcasting & Electronic Media*, Vol. 47, No. 2, 2003.

Robert Cox, "Nature's 'Crisis Disciplines': Does Environmental Communication Have an Ethical Duty?", *Environmental Communication*, Vol. 1, No. 1, 2007.

Sanna Inthorn and Michael Reder, "Discourses of Environmental Citizenship: How Television Teaches Us to be Green", *International Journal of Media & Cultural Politics*, Vol. 7, No. 1, 2011.

Sony Jalarajan Raj and Rohini Sreekumar, "The Commercial Misrepresentation of Environmental Issues: Comparing Environmental Media Coverage in the First World and the Developing Nations", *Amity Journal of Media & Communications Studies*, Vol. 1, No. 2, 2011.

Subas P. Dhakal, "Can Environmental Governance Benefit from ICT – Social Capital Nexus in Civil Society?", *Triplec (Cognition, Communication, Co – Operation): Open Access Journal for a Global Sustainable Information Society*, Vol. 9, No. 2, 2011.

Thomas Payne, "The Role of Consensus", *The Western Political Quarterly*, Vol. 18, No. 3, Sep. 1965.

Wanxin Li, "Environmental Governance: Issues and Challenges", *Environmental Law Reporter*, Vol. 36, No. 7, 2006.

Xiaoquan Zhao, "Personal Values and Environmental Concern in China and the US: The Mediating Role of Informational Media Use", *Communication Monographs*, Vol. 79, No. 2, June 2012.

4. 会议论文

Bruno Takahashi, "Discourse Coalitions in the Media: The Reconfiguration of Peru's Environmental Governance", paper delivered to the annual meeting of the International Communication Association, Suntec City,

Singapore, June 22 – 26, 2010.

C. Uppal, "Providing Mobilizing Information: A New Approach to Studying Environmental Issues in the Media", paper delivered to the annual meeting of the International Communication Association, New Orleans, Louisiana, May 27 – 31, 2004.

D. Maher and S. Jacobs, "The Clayoquot Sound Controversy: News Coverage and Public Deliberation of Environmental Issues", paper delivered to Alta Conference on Argumentation, sponsored by the National Communication Association/American Forensic Association, 1995.

Jingfang Liu, "A Green Virtual Space for Social Changes in China: Internet Activism and Chinese Environmental NGOs", paper delivered to the annual meeting of the International Communication Association, Marriott, Chicago, IL, May 21 – 25, 2009.

Philip S. Hart, Erik C. Nisbet and James E. Shanahan, "The Influence of Environmental Values and Media Use on Predispositions for Public Engagement in Wildlife Management Decision Making", paper delivered to the annual meeting of the International Communication Association, Marriott, Chicago, IL, May 21 – 25, 2009.

Qingjiang Yao, Zhaoxi Liu and Stephens Lowndes, "Exploring the Social Dynamics in the U. S. Democracy: Presidential and Public Opinions About, and Media Coverage of, Environmental Issues", paper delivered to the annual meeting of the International Communication Association, Marriott, Chicago, IL, May 21 – 25, 2009.

Shi Song, "Web2.0 Useamong Chinese Civil Society Organizations", paper delivered to the annual meeting of the International Communication Association, Suntec City, Singapore, June 22 – 26, 2010.

5. 学位论文

Jane E. Knight, Building an Environmental Agenda: A Content and Frame Analysis of News about the Environment in the United States, 1890 to

1960, Ph. D. dissertation, Ohio University, 2010.

6. 报告

Shayne Bowman and Chris Willis, *We Media: How Audiences are Shaping the Future of News and Information*, The Media Center at the American Press Institute, July 2003.

后 记

又是一年桂花香。

在馥郁袅袅的香气中,尤感时间过得太快,从2000年进入大学算起,涉入新闻传播学领域已近二十载,执教新闻传播学已有十一载。这本很不完美的书稿,是我的第一本学术专著,也是对近二十年学习与积累的一种检阅。

书稿历经多次修改与完善,之间曾无数次幻想写后记时的愉悦与激动。然而,真到这一刻,更多的却是惶恐与感激!

曾期望自己的第一本专著能优秀一些。然而,尽管在写作过程中全力以赴,未敢有半点懈怠,但相关学科知识的"根底浅""腹中空"常让我陷入心有余而力不足的窘境,也让我深刻体会到"书到用时方恨少"的焦虑。所以,这本书离自己的期望仍有相当的距离,我心存惶恐。

回望书稿写作与修改的过程,一路艰辛,一路感动,一路温暖……

感谢我的博士生导师罗以澄教授,恩师言传身教,耳提面命,时时敦促,刻刻提醒,催我上进,更是在书稿写作过程中给了我莫大的指导与帮助,大到角度选定与框架设计,小到行文中的注意事项,都给予细心指导,言行之间无不体现出名师的风采。

感谢吴定勇教授、陈刚教授等在书稿修改完善过程中给予的指导与帮助,让我得以突破自身视野的狭隘。感谢我的硕士生导师张立伟研究员对我的鼓励与建议。

感谢中国社会科学出版社刘艳编辑的鼓励与帮助,她事无巨细地操心着每一个环节，使得书稿能够顺利出版。

感谢我的家人。我的父母用勤劳的双手、厚重的臂膀和殷切的希望将我一步步托出贫困的大山。我的岳父母为我分担了很多家庭重担。爱人在繁忙的工作之余，承担着烦琐的家务和育儿的任务。他们竭尽所能地为我创造最好的环境和条件，使我能够心无旁骛地投入到书稿的撰写当中。

感谢关心和帮助过我的所有人！

写作书稿带来的满心惶恐与全身温暖，是警醒，更是激励，我将继续俯身于新闻传播这片沃土，深耕细作！

隐隐一股清香袭来，桂花虽平凡，但暗香依旧。

2018 年 9 月 28 日
于怀化宜园